U0836694

财政部规划教材
全国高职高专院校财经商贸类教材

新媒体营销

刘金荣　李丽群　主　编
孙海涛　林　旭　副主编

中国财经出版传媒集团
中国财政经济出版社
北京

图书在版编目（CIP）数据

新媒体营销 / 刘金荣，李丽群主编. -- 北京：中国财政经济出版社，2024.1

财政部规划教材　全国高职高专院校财经商贸类教材

ISBN 978-7-5223-2413-5

Ⅰ. ①新…　Ⅱ. ①刘… ②李…　Ⅲ. ①网络营销－高等职业教育－教材　Ⅳ. ①F713.365.2

中国国家版本馆 CIP 数据核字（2023）第 153529 号

责任编辑：王佳欣　　通　读：杨　波

封面设计：卜建辰　　责任校对：胡永立

新媒体营销

XINMEITI YINGXIAO

中国财政经济出版社 出版

URL：http：//www.cfeph.cn

E-mail：cfeph@cfeph.cn

（版权所有　翻印必究）

社址：北京市海淀区阜成路甲 28 号　邮政编码：100142

营销中心电话：010-88191522

天猫网店：中国财政经济出版社旗舰店

网址：https：//zgczjjcbs.tmall.com

廊坊市佳艺印务有限公司印刷　各地新华书店经销

成品尺寸：185mm×260mm　16 开　17 印张　403 000 字

2024 年 1 月第 1 版　2024 年 1 月河北第 1 次印刷

定价：58.00 元

ISBN 978-7-5223-2413-5

（图书出现印装问题，本社负责调换，电话：010-88190548）

本社质量投诉电话：010-88190744

打击盗版举报热线：010-88191661　QQ：2242791300

编写说明

随着移动互联网的快速发展和5G技术的普及应用，互联网营销领域的营销方式与营销模式迎来了一场新的变革。社交平台、短视频平台、直播平台等不同类型的新媒体平台迅速成长和壮大，尤其是以视频为主的内容营销与传播已成为网络营销领域的主阵地。

“新媒体营销”课程是高等职业院校（含职业本科）商科类专业的一门专业核心课程。本教材注重以学生为中心，以立德树人为根本，强调知识、能力、思政目标并重，紧紧围绕高素质技术技能人才培养目标，对接专业教学标准和新媒体职业能力评价标准，结合行业实际，精选营销案例，科学组织教材内容，对教材内容进行模块化处理，设计了大量操作性强的活动任务，形成了多元多维、全时全程的评价体系，并配套开发了丰富的数字化资源，最终形成立体化活页式教材。与其他同类教材相比，本教材具有以下特点：

1. 内容表达生动

本教材的理论知识和营销实践结合图文案例、二维码、图片、表格等不同表达形式，使本书内容活泼新颖、直观生动，从而增强了教材的趣味性和可读性，能够有效提升学生的学习兴趣，帮助读者理解相关知识。

2. 组织引导性强

本教材在每个项目首页设有“知识概览”，为读者呈现章节的主要内容；每个活动设有引导性的“学习目标”“重点难点”“活动描述”，不仅可以帮助教师灵活安排教学内容，也可以引导读者轻松进入学习环境并更好地理解所学知识。此外，每个活动末设有“拓展训练”环节，可以帮助读者巩固本模块已掌握的知识技能。

3. 能力培养无缝衔接

本教材编写团队遵循工作手册式教材建设理念，深入践行“产教融合、校企合作”的职教改革理念，与国内红人数据平台型企业——天下秀数字科技（集团）股份有限公司和中广星领（北京）文化信息科技有限公司合作，将企业的真实项目和工作任务融入教材中，并以“理论认知＋营销实战”的内容组织方式实现了学生职业技能与岗位需求“0距离”。

4. 思政元素贯穿始终

本教材以“立德树人、德技并修”为根本目标，每个活动任务中均设有“素质素养目标”和“素质素养养成”，在任务考核评价中也细分了“素质素养达成”的评价指标，通过自带思政元素的活动案例对学生进行课程思政教育，培养学生的互联网思维意识、创新创业意识、责任担当意识、职业道德意识和法律法规意识，厚植家国情怀，树立社会主义核心价值观。

本教材编写团队来自上海三所职业院校和天下秀数字科技集团。其中，上海城建职业学院的刘金荣负责本书的整体策划和统稿，并参与了项目四和项目六的编写，上海科学技术职业学院的李丽群参与了项目二和项目五的编写，上海城建职业学院的孙海涛参与了项目三的编写，上海城建职业学院的胡伟和上海邦德职业技术学院的汪海燕共同参与了项目一的编写，上海城建职业学院的郑佳老师参与了部分章节思政元素的提炼和完善。天下秀数字科技集团教育与认证事业部华东区总监林旭参与了教材编写提纲的讨论和修订，并提供了企业培训手册及部分案例。上海行健职业学院数字商贸学院院长孙天慧也参与了教材编写提纲的讨论和修订，并提供了本书具体内容的修改意见。

此外，本教材在编写过程中得到了中国财政经济出版社编辑们的具体指导，参阅并借鉴了国内同类优秀教材和网络资料，在此一并表示感谢！

本教材既可以作为高等职业院校电子商务类、市场营销类、企业管理类、商业贸易类、媒体传播类专业学生的教学用书，也可以供新媒体营销、新媒体运营等相关岗位的从业人员使用。

教师可以通过电子邮件方式向中国财政经济出版社索取本书的配套资源（请注明学校、书名、版次），Email：caijingjiaocai@163.com。配套资源亦可登录以下网址下载：http://jiaocai.cfeph.cn。

限于编写团队人员水平，加之编写时间仓促，书中疏漏、错误之处在所难免，敬请各位专家、同仁和广大读者批评指正。

编者

2024 年 1 月

目　录

项目一　新媒体营销导论　1
　模块一　新媒体营销认知　1
　　活动一　新媒体营销知识了解　1
　　活动二　新媒体营销模式应用　12
　模块二　新媒体营销岗位要求　22
　　活动一　新媒体营销岗位任职要求　22
　　活动二　新媒体营销岗位职责要求　27

项目二　微博营销　34
　模块一　微博营销认知　34
　　活动一　微博营销知识了解　34
　　活动二　微博用户与内容定位　43
　模块二　微博营销实战　53
　　活动一　微博内容创作　53
　　活动二　微博营销活动策划与推广　64

项目三　微信营销　75
　模块一　微信营销认知　75
　　活动一　微信营销知识了解　75
　　活动二　微信用户与内容定位　81
　模块二　微信营销实战　89
　　活动一　公众号营销实战　89
　　活动二　微信群营销实战　110

项目四　短视频营销　121
　模块一　短视频营销认知　121
　　活动一　短视频营销知识了解　121
　　活动二　短视频用户与内容定位　129

模块二 短视频营销实战 136
活动一 短视频内容策划 136
活动二 短视频拍摄与剪辑 148
活动三 短视频运营推广 157

项目五 直播营销 176
模块一 直播营销认知 176
活动一 直播营销知识了解 176
活动二 主播人设打造 184
模块二 直播营销实战 192
活动一 直播营销方案策划 192
活动二 直播营销活动实施 199
活动三 直播营销推广 213

项目六 微工具营销 228
模块一 二维码营销 228
活动一 二维码营销认知 228
活动二 二维码营销实战 237
模块二 微场景 H5 营销 244
活动一 H5 营销认知 244
活动二 H5 营销实战 254

参考文献 264

项目一
新媒体营销导论

知识概览

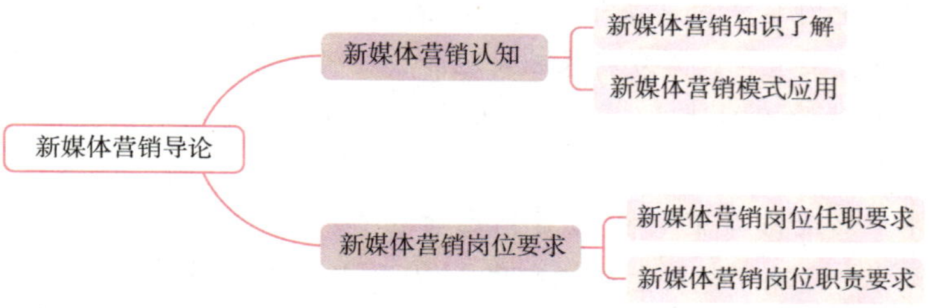

模块一
新媒体营销认知

活动一　新媒体营销知识了解

学习目标：

1. 知识目标

（1）了解新媒体营销的概念。

（2）理解新媒体营销的核心理论。

（3）掌握新媒体营销的变现模式。

2. 能力目标

（1）能区分新媒体营销和传统营销的异同。

（2）能熟练运用新媒体营销的核心理论。

3. 素质素养目标

（1）践行社会主义核心价值观，传播正能量。

（2）培养互联网思维和创新思维意识。

（3）培养诚实守信、遵纪守法的意识。

重点难点：

1. 重点

（1）新媒体营销的概念。

（2）新媒体营销核心理论的运用。

2. 难点

（1）新媒体营销和传统营销的区别。

（2）新媒体营销变现。

活动描述

习近平总书记在中国共产党第二十次全国代表大会上的报告中指出，要发展乡村特色产业，拓宽农民增收致富渠道，统筹乡村基础设施和公共服务布局，建设宜居宜业和美乡村。①

电商助农，一头连着田间地头，一头连着消费市场，而无数成长起来的“新农人”，则成为这个甜蜜产业链上不可或缺的关键一环。“85后”返乡创业“新农人”陈小敏做起了“荔枝大王”品牌，他透露目前自己的店铺已卖出50万斤电商精品荔枝，年增速20%～30%。“之前，我们通过抖音电商一周就卖出了30万斤家乡的荔枝。今年荔枝季我们的目标要卖100万斤！”一个个“小目标”能够达成的背后，绝非是简单的“人”与“货”的对接，还在于电商平台对于荔枝产业链里仓储、冷链、分拣、包装、发运的标准建设。基于此，一趟趟直通车正在从“果园”开往“餐桌”。

电商助农，让美好生活更给“荔”。作为上天的馈赠，茂名荔枝因为甜蜜的滋味让人欲罢不能。让更多人品尝到它的美味，无疑是对甜蜜的更好诠释。味蕾满足了、笑容灿烂了、腰包鼓起了，这些就是电商助农的价值体现。它始于优质的商品，更合于理念的共识。

通过资料的介绍，试分析“85后”返乡创业“新农人”陈小敏成功的原因主要有哪些？你认为新媒体营销和传统营销比较起来具有哪些优势？

资料来源：韦丰，电商助农，让美好生活更给“荔”. 光明网，2023年7月4日。

知识准备

一、新媒体营销的概念

（一）新媒体营销的定义

新媒体是相对于报纸、杂志、电视、广播等传统媒体而言，狭义上包括互联网媒体、数

---

① 习近平：高举中国特色社会主义伟大旗帜 为全面建设社会主义现代化国家而团结奋斗——在中国共产党第二十次全国代表大会上的报告. 新华网，2022年10月25日.

字电视、移动电视、手机等；广义上新媒体可以被看作在各种数字技术和网络技术支持下，以互联网、局域网和无线网等为渠道，利用计算机、手机和数字电视等终端向用户提供信息和服务的传播形态。

新媒体营销是指利用互联网和数字技术手段，在新媒体平台上进行市场推广和品牌宣传的一种营销方式。常见的新媒体营销平台主要有微博、微信、短视频平台和直播电商平台等。通过在新媒体平台上进行营销，可以吸引和引导目标用户，提升品牌知名度、拓展市场份额，促进产品或服务的销售和业务增长。

（二）新媒体营销的优势

新媒体营销优势

新媒体营销相比传统媒体营销有很多优势，主要包括以下 6 点：

1. 用户的自主选择性

新媒体平台上的用户具有一定的自主选择性。用户可以根据自身需求以及喜好，浏览相关内容，并将感兴趣的内容通过转发、@ 等形式，传播给其他用户；也可以根据不同平台、不同用户的使用体验，选择适合自己的产品进行购买，并根据自身使用体验，决定是否对产品进行评价、如何评价、如何选择评论发表的平台等。例如，图 1－1 中快手影视观看完毕后，用户可以选择精彩的视频进行点赞、评论和分享。图 1－2 中怡宝在百度平台做广告，用户亦可选择点赞、评论转发。

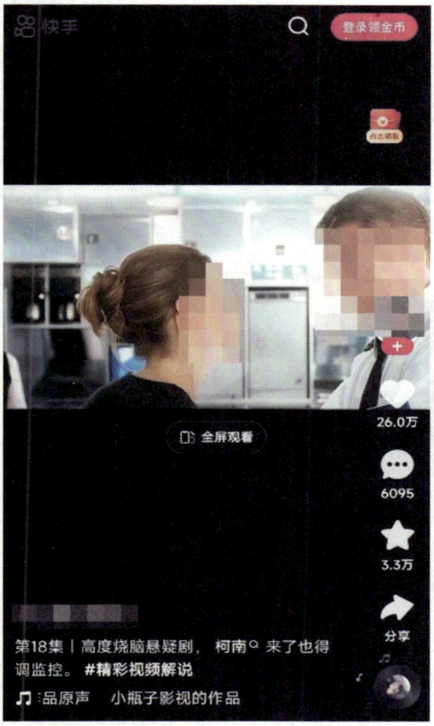

图 1－1　快手影视播放可点赞分享

图 1－2　微博图文广告

2. 营销成本的低廉性

企业在进行新媒体营销时，其成本可以分为平台成本和传播成本。平台成本低是因为大部分新媒体平台都可以免费注册账号，或者只需要缴纳少量服务费用就可注册账号。传播成本低是因为当用户产生兴趣后，就会产生自发传播，可以达到用较少的成本、在较短的时间内，就可传播到更广范围的目的。除此之外，企业也可以根据曝光人次或有效互动进行付费推广，如抖音“DOU＋”、微博“粉丝”通。

3. 目标用户的精准性

在新媒体平台上，网站会利用大数据，通过用户填写的社交资料、发布的社交内容、浏览记录等，推算出用户的偏好，为其推荐其感兴趣的内容，用户可根据这些内容判断是否关注相应账号。因此，企业在进行新媒体营销时，营销信息的直接接收者往往是对企业产品或品牌感兴趣的用户，精准性强。例如，图1－3和图1－4中，百度和今日头条通过用户兴趣调查发现其最感兴趣的话题并进行推荐，增强了内容与用户需求的匹配度。

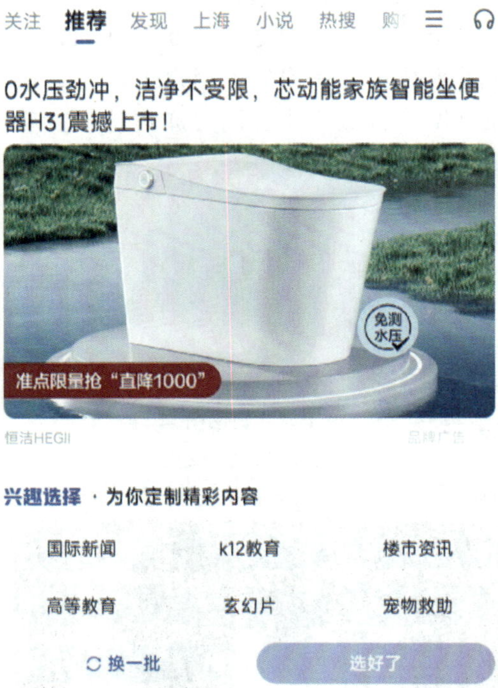

图1－3　百度对用户进行兴趣调查

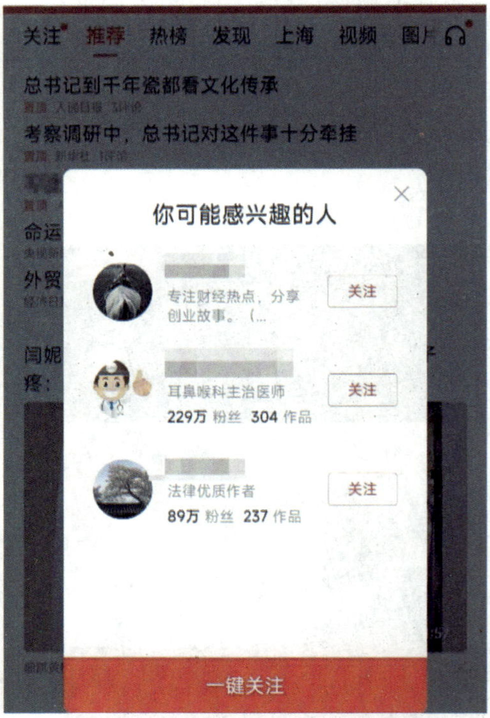

图1－4　今日头条推荐关注对象

4. 企业与用户的互动性

企业可以借助新媒体平台开展活动、进行问答，与用户互动，让用户参与到营销计划中，成为营销活动的一部分；此外，还可以收集用户对产品或活动的创意及意见，让用户参与创造内容或产品，与用户共享利润，这样不仅保障了产品的创造性和多元性，还能提高用户的忠诚度。例如，百度用户可以就感兴趣的文章进行评论，而且淘宝植入广告提供近日用户频繁搜索的产品信息，降低了用户搜索成本。

5. 营销内容的创意性

新媒体的发展使营销方式越来越同质化，只有那些具有创意、能引起用户好奇心的营销内容，才有可能在竞争激烈的营销市场中获得成功。新媒体营销内容的创意性体现在 3 个方面：一是独特性，好的创意应该是独一无二的、与众不同的，能够引起用户的兴趣和好奇心，让用户愿意花时间去了解和参与；二是创新性，创意应该具有创新性，能够突破传统思维模式，给用户带来新鲜感和惊喜，能够吸引用户的眼球，使用户产生共鸣；三是可行性，创意不仅要有吸引力，还要具备可行性，符合实际情况，能够在新媒体平台上实施和传播，是保证创意能够落地的基础。如图 1－5 所示为短视频内容创意营销。

6. 传播形式的多样性

新媒体平台支持多种形式的内容传播，包括文字、图片、视频等，可以根据不同平台和用户偏好选择适合的传播方式，如图 1－6 所示的内容传播为图文形式的微博营销。

图 1－5　短视频内容创意营销

图 1－6　微博图文营销

课堂思考：新媒体能取代传统媒体吗？为什么？

二、新媒体营销的核心理论

市场营销中，拥有如 4P、4C、4R、4V 和 4I[①] 等多种模型和理论，这些模型和理论可以帮助营销者更好地理解和规划新媒体营销策略，其中，4I 理论则是非常适合新媒体营销的一种营销策略指导原则，也是新媒体营销的核心理论。

① 4P 指 Product（产品）、Price（价格）、Place（渠道）、Promotion（促销）；4C 即 Customer（顾客）、Cost（成本）、Convenience（便利）、Communication（沟通）；4R 指 Relevance（关联）、Response（反应）、Relationship（关系）、Reward（回报）；4V 即 Variation（差异化）、Versatility（功能化）、Value（附加价值）、Vibration（共鸣）。

4I 理论是随着网络媒体发展，产生的能将内容整合得有趣（Interesting）、给用户带来利益（Interests）、做到和用户互动（Interaction）、让用户彰显个性（Individuality）的营销理念。

（一）趣味原则

趣味性是吸引眼球并引发关注的前提。趣味性强调营销传播过程要有趣味性、有话题感，要尽量选择一些公众和网民关心和感兴趣的话题，策划和构思要能激发公众的想象力，激发其参与的冲动。通过这些趣味性的话题，引导公众关注产品或品牌理念、功能、价值。

（二）利益原则

趋利是人的本性，新媒体营销内容也必然需要让目标受众深切感受并认同营销的商品带来的利益和价值，消费者才会愿意掏腰包购买。这种利益和价值不但是经济上的，还包括实用性和娱乐性。企业在营销策划过程中，要习惯于反向思维，多从客户角度考虑问题，通过营销策划让客户看到拥有该产品自己能够获得什么样的利益和价值，以知识和理念驱动市场，通过价值认同促进销售发展。

（三）互动原则

互动是黏住客户、影响客户的手段。互动的目的就是要黏住客户。只有抓住了客户的兴趣点，才能引起关注、引发共鸣和参与，才能黏住客户。只有黏住了客户，才能在顾客的参与和互动中传播经营理念、引导市场。所以，互动和参与只是黏住客户的手段，目的是要传播理念，影响市场和顾客。一个再“好”的创意，如果没有话题度、没有共鸣、没有互动，顾客只是看一眼、一笑了之，就无法黏住顾客，当然也就无法影响到顾客的思维方式和购买行为。

（四）个性原则

商品在设计生产过程中应该根据消费者的个性化需求为消费者提供多样化、个性化的选择，方便消费者自由选择，从而形成心理上的“焦点关注”和“量身打造”的满足感，这也将在另一方面促使消费者与经营者之间的互动。随着经济的发展，用户的消费需求在逐渐发生转变，开始追求个性化。为迎合用户的个性化心理需求，企业和品牌应该分析用户的心理需求，根据需求推出个性产品。例如，2018 年 vivo 针对足球迷推出的 X21 FIFA 世界杯非凡版手机。

三、新媒体营销的变现

互联网运营的核心目的是促进用户的增长，最终目标是变现，即实现营收的增长。当营销人员在长时间更新且拥有一定数量的“粉丝”后，就可以通过广告、平台分成、知识付费和电商等营利模式将积累的资源转化成资金，实现变现。变现可以激励营销人员的创作积极性，为其带来直观的利益，下面从变现的模式和注意事项进行介绍。

（一）新媒体营销变现模式

新媒体营销变现的模式有很多种，下面介绍较为常见的 4 种模式。

1. 内容变现

内容变现是指通过创造和提供有价值的内容来获得收入或利润。常见的内容变现方式包括付费内容、会员制度、平台分成、版权授权等。最常见的各种视频软件如优酷、爱奇艺、腾讯等都采用会员制进行销售获利，如图 1－7 和图 1－8 所示。

新媒体营销变现

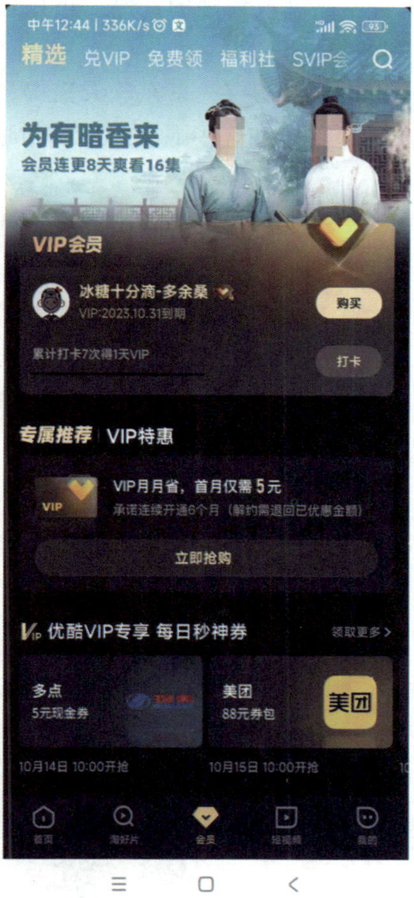

图 1－7　优酷会员制

图 1－8　爱奇艺会员制

（1）付费内容。提供独家或高质量的付费内容，如在线课程、报告、音频书籍等，要求用户支付费用才能获得访问权限。

（2）会员制度。通过为用户提供特殊的访问权限、专属服务和优惠，如订阅付费会员、使用会员专区等，来获得收益。

（3）平台分成。使用第三方平台发布内容，如视频网站、电子书平台、音乐网站等，在平台上出售自己的产品或内容，平台从销售额中提取一定的分成。

（4）版权授权。将自己的作品进行出版或者授权，如文章、图书、歌曲、电影等，通过版权费从中获得收入。

内容变现具体应该选择哪种方式，还需要根据自己的受众群体、内容类型、市场需求等多种因素进行综合考虑。在实践中，一些成功的内容变现策略都是建立在持续发布高质量的内容和与受众有密切联系的基础之上的。

2. 电商变现

电商变现通过推广产品或参与电商合作来获取佣金或销售回报。可以通过自营电商、电商平台销售、电商合作等形式。

（1）自营电商。在自己建立的电商平台上销售自家品牌或代理的产品。可以选择经营特定行业或特定类型的产品，通过直接销售实现盈利。

（2）电商平台销售。在第三方电商平台上开设店铺。如淘宝、京东、天猫等，使用平台的流量和资源来进行销售，如图 1－9 和图 1－10 所示。通过这些平台的推广和曝光，吸引用户购买自己的产品。

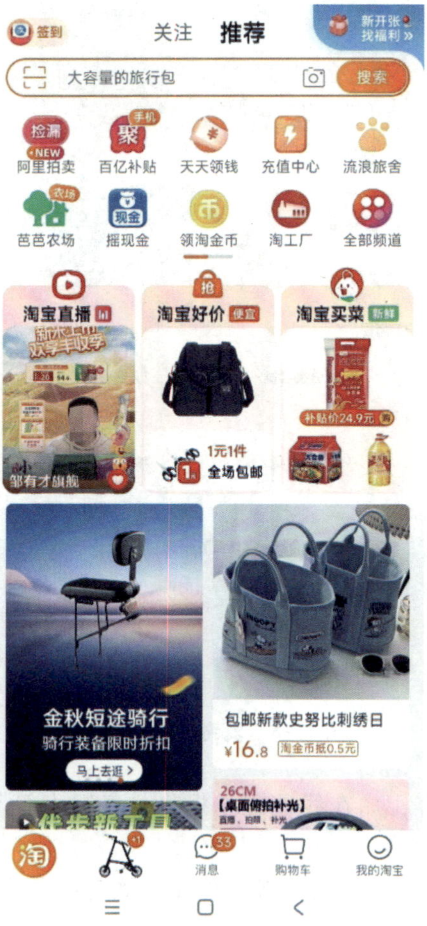

图 1－9 商家变现平台——淘宝

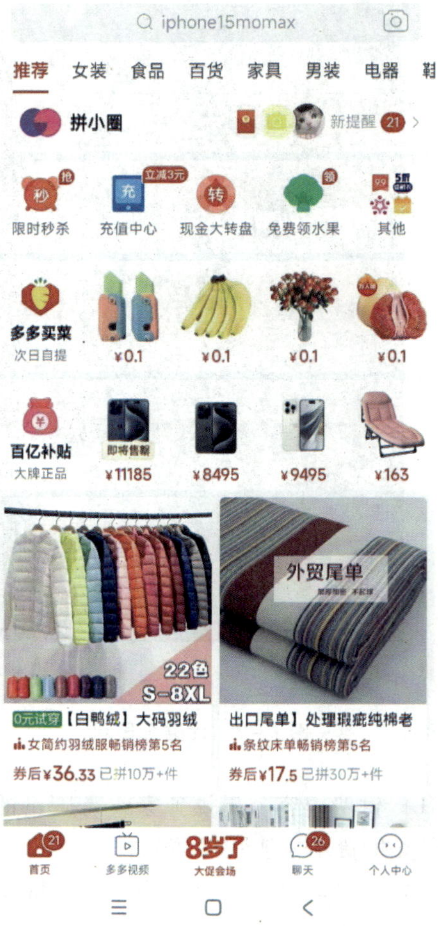

图 1－10 商家变现平台——京东

（3）电商合作。与其他企业或品牌进行合作，共同销售产品。可以选择与供应商、制造商、品牌商等建立战略合作关系，共同开展销售活动，实现双赢的效果。

电商变现方式包括利用粉丝基础推荐产品，使用推广链接、优惠码或加入电商平台的联盟计划。当用户通过新媒体平台购买产品时，可以获得一定比例的佣金。大部分营销流程推广是基于各种开放平台，设置不同的小程序，抢占市场红利和自营 App，可以与微信生态中的知识商店有机结合。

3. 广告变现

广告变现通过在自己的新媒体平台上展示广告，可以获得广告商支付的费用。包括显示广告、原生广告、视频广告、赞助和推广帖、搜索广告等形式。图 1－11、图 1－12 所示分别为今日头条房屋广告和新浪微博的 TI12 赛事广告。

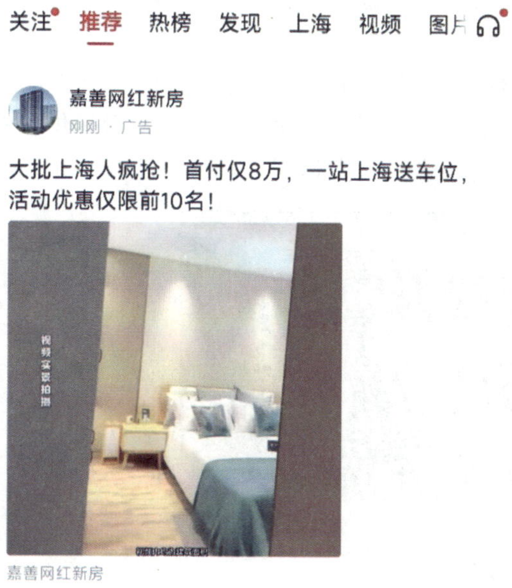

图 1－11　今日头条广告

图 1－12　新浪微博广告

（1）显示广告。将广告横幅、图像或文字放置在网站、博客、移动应用程序等内容平台的页面上。广告主会按照点击次数、千次展示或其他方式支付费用。

（2）原生广告。将广告融入内容中，使其符合用户的阅读或浏览体验，与正文或页面布局相似。原生广告通常在新闻网站、社交媒体等平台上使用，可以提供更好的用户体验和更高的点击率。

（3）预视频广告。在视频播放之前插入广告，或在视频中间进行插播。当用户观看视频时，会被要求观看一段广告，或者可以选择跳过广告。广告主会根据广告播放次数或用户点击量来付费。

（4）赞助和推广帖。与品牌或公司合作，在内容中发布赞助的帖子或进行产品推广。包括撰写产品评测、推荐使用特定品牌的产品或服务等。与广告主达成合作协议后，将从中获得费用或佣金。

（5）搜索广告。在内容平台上集成搜索引擎的广告系统。如百度，当用户使用搜索功能时，相关广告会显示在搜索结果页面上，并从点击的广告中获得收入。

开展新媒体营销的时候，需要考虑自身内容平台的受众、流量规模、内容定位以及与广告主的合作条件等因素。此外，要注意遵守相关法律法规，确保广告内容合规，不侵犯用户隐私权，并提供良好的广告体验，以获得长期稳定的广告变现收入。

4. 知识付费变现

知识付费变现是指通过向用户提供优质的知识或专业技能，以及相关的教育培训服务，并从用户那里收取费用来获取收入的方式，可分为内容打赏变现、演讲培训变现及咨询顾问变现 3 个部分。

（1）内容打赏变现。营销人员发布的内容因为获得了用户的喜爱而得到用户的赞赏和打赏。例如，用户被某主播的直播内容逗笑，为主播刷“嘉年华”，这个“嘉年华”就是内容打赏类的资金。

（2）演讲培训变现。通过在网络平台上组织直播活动、传授知识、分享经验或进行互动交流进行变现。可以提供针对特定主题的在线研讨会或讲座，为参与者提供收费的参与机会。常见的如图 1－13 所示的在哔哩哔哩网站上的付费课程。

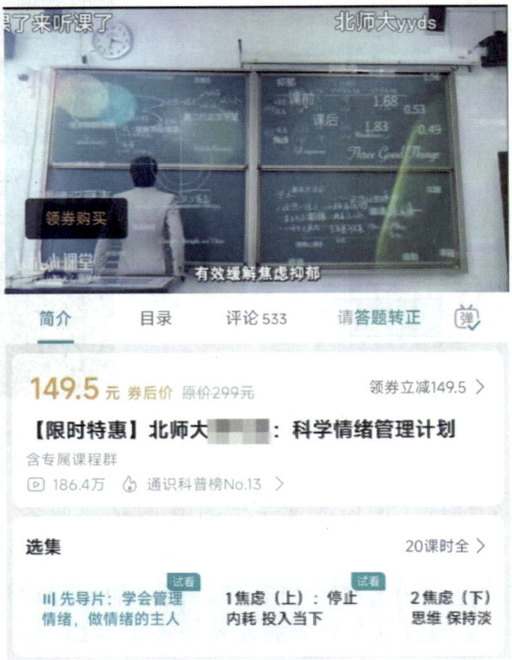

图 1－13 哔哩哔哩网站上的付费课程

（3）咨询顾问变现。作为专家或顾问，在特定领域提供个人化的咨询和指导服务。可以根据时间段或项目收取费用，为客户解决问题、提供建议或支持。

在进行新媒体营销时，需要确保所提供的知识或服务具有真实的价值，并与目标受众的需求相匹配。关键是建立良好的品牌声誉，提供卓越的用户体验，并与用户保持良好的沟通和互动，以持续吸引用户并实现可持续的变现收入。

（二）新媒体营销变现的注意事项

新媒体营销的变现的确可以带来收益，甚至很多营销人员通过变现已经获得了成功，但在变现的过程中，还需要注意以下内容，避免给新媒体账号带来负面影响。

1. 产品和目标受众

确保新媒体的变现方式与企业的产品和目标受众相匹配。了解目标受众的兴趣、需求和消费习惯，选择适合他们的变现方式，以提高变现效果。

2. 内容品质和定位

提供高质量的内容是吸引用户和广告主的关键。确保新媒体营销内容有独特性、有价值性，并以专业的形象展示自己。保持一致的内容定位，与目标受众和广告主的品牌形象相符。

3. 广告审查和透明度

审查广告内容，确保其符合法律法规和道德标准。避免敏感、误导性或欺诈性的广告，保持透明度。

4. 用户体验和反馈机制

关注用户体验，确保广告不会给用户带来干扰或负面影响。设立反馈机制，让用户能够报告不良广告或提供意见和建议，以持续改进广告策略和内容。

5. 数据安全和隐私保护

确保广告合作伙伴遵守数据安全和隐私保护的法律要求，保护用户的个人信息和隐私。避免泄露用户数据或滥用用户信息，建立信任与可靠性。

6. 合规和法律风险

遵守相关法律法规，特别是广告相关的规定，如广告虚假宣传、涉及敏感行业的限制等，避免违反法律法规造成的风险和处罚。

总之，新媒体营销变现需要注意对内容品质、广告合作、用户体验和合规性的把握。保持诚信、专业和透明，同时紧密关注用户需求和市场趋势，以获得稳定的变现收入并建立良好的品牌形象。

素质素养养成

（1）在理解新媒体营销的优势时，同学们要践行社会主义核心价值观，传播正能量。

（2）在学习新媒体营销核心理论的过程中，要养成互联网思维和创新思维意识。

（3）在学习新媒体商业变现模式时，同学们要恪守诚实守信的职业道德，遵守法律法规。

活动分组

活动分组如表 1－1 所示。

表 1－1　学生活动分配表

<table>
<tr><td>班级</td><td></td><td>组号</td><td></td><td>指导教师</td><td></td></tr>
<tr><td>组长</td><td></td><td>学号</td><td colspan="3"></td></tr>
<tr><td rowspan="6">组员</td><td>姓名</td><td>学号</td><td colspan="3">活动分工</td></tr>
<tr><td></td><td></td><td colspan="3"></td></tr>
<tr><td></td><td></td><td colspan="3"></td></tr>
<tr><td></td><td></td><td colspan="3"></td></tr>
<tr><td></td><td></td><td colspan="3"></td></tr>
<tr><td></td><td></td><td colspan="3"></td></tr>
</table>

合作研学

（1）试分析“85后”返乡创业“新农人”陈小敏成功的主要原因。
（2）新媒体营销和传统媒体营销的区别有哪些？

考核评价

填写表1－2所示的考核评价表。

表1－2 **考核评价表**

被评小组：__________ 小组成员：__________

序号	评价内容	分值	自评	互评	教师评分	教师点评
1	是否分析出陈小敏创业成功的原因	40				
2	是否清楚新媒体营销和传统媒体营销的区别	30				
3	素质素养目标是否达成	30				

总分：__________

拓展训练

通过查询网络资源资料，列举传统媒体和新媒体的种类。

活动二　新媒体营销模式应用

学习目标：

1. 知识目标

（1）了解新媒体营销模式。
（2）理解每种新媒体营销模式的应用方法。

2. 能力目标

（1）能够区分不同新媒体营销模式之间的异同。

（2）能够选择合适的新媒体营销模式。

3. 素质素养目标

（1）关注社会热点，把握时代的发展方向。

（2）厚植家国情怀，弘扬爱国主义精神。

重点难点：

1. 重点

（1）新媒体营销模式。

（2）新媒体营销模式的应用方法。

2. 难点

（1）新媒体营销模式的有效应用。

（2）新媒体营销模式的选择。

活动描述

2018 年的父亲节，999 感冒灵在微博上发布了一则父亲节广告《爱应有回声》，其讲述了一个工作压力较大的女儿思佳和不善表达的父亲老秋的故事，如组图 1－14 所示。

广告中，女儿思佳是一名电台主播，某一天晚上，思佳在和妈妈打电话时，就谈起自己的近况。打电话的过程中，在妈妈身旁听着电话的老秋频频向妻子使眼色让她询问思佳的新工作情况。和大多数年轻人一样，思佳说一切都好。在挂掉电话前，老秋询问起了思佳的节目名字。

图 1－14　999 感冒灵父亲节广告《爱应有回声》片段节选组图

第二天一大早，老秋便找出了很久不用的收音机，调频到了思佳的电台，开始一点一点地听了起来，并细心地记下了思佳节目中存在的问题，想要帮助女儿改进节目。但没想到在思佳回家时，他刚刚将笔记本翻开，建议的话还未说出口，便被女儿的一句“你又不懂”堵了回去。

随着工作慢慢地忙了起来，思佳便想着将家里自己的东西搬走，就在她整理好东西，拿着父亲为她准备的保温杯和999感冒灵准备出发时，却意外在书房发现了父亲放在桌上的笔记本。当打开笔记本的那一刻，看到里面的计划和条幅时，思佳才知道，父亲一直在背后默默付出、帮助自己，但长久以来，自己却总是在忽略父亲。思佳借着电台向父亲真情告白。

最后，999感冒灵的广告语“真情虽无言，爱应有回声”出现。视频上线后全网播放量即突破千万，微博大V纷纷转发，获得了不错的营销效果。

通过资料的介绍，从新媒体营销模式角度分析该视频广告火爆的原因有哪些？

知识准备

新媒体营销模式是指企业或品牌利用新兴的媒体和技术手段，运用创新的策略和方式进行宣传推广，与目标受众进行互动和沟通的营销模式。饥饿营销、口碑营销、事件营销、情感营销、IP营销、借势营销等是常见的新媒体营销方式。

新媒体营销模式

一、饥饿营销

饥饿营销是指企业或商家通过一系列策略（如限时、限量），营造一种“供不应求”的假象，使用户产生紧迫感，进而促进产品销售或宣传品牌形象的营销手段。饥饿营销的核心是制造“供不应求”的假象，以增加用户的购物欲望，刺激用户快速做出购物决定。下面是饥饿营销常用的4种方式。

（1）限量供应。将产品或服务的供应量限制在一个较低的数量，告知消费者只有有限数量可用。这种方式激发了消费者的紧迫感，认为如果不立即购买，就会错过机会。限量供应最具代表性的经典案例，就是如图1－15所示的小米手机限量式饥饿营销。小米手机以1 999元的低价，利用稀缺心理造成宣传效应，成为年轻人的第一台性价比超高的手机，3小时竟卖出10万台！

图1－15 小米限量式饥饿营销

（2）限时优惠。设定促销活动的截止日期，告知消费者只有在特定的时间内才能享受优惠价格或特殊权益。这种方式促使消费者在限定时间内做出购买决策，以免失去优惠。

（3）独家特权。创造独特的特权或福利，如提供仅限会员的特别折扣、提前订购或尊享服务等。这种方式激发了消费者的归属感和独特体验的渴望。

（4）抢购/秒杀。通过限时抢购或秒杀活动，让消费者在短时间内以更低的价格购买产品。这种方式造成了一种紧迫感和竞争环境，促使消费者迅速下单。

二、口碑营销

口碑营销是企业运用各种有效的手段，引发企业的目标用户对其产品、服务以及企业整体形象的讨论，并激励用户向其周边人群推荐的营销模式。以下是口碑营销常用的 5 种方式。

（1）优质产品和服务。提供优质的产品或服务，让客户对企业的品牌产生积极的体验和感受。满意的客户更有可能通过口口相传来推荐企业的品牌给他们的朋友和家人。如图 1－16 所示的海底捞提供的产品和服务，例如，有一位网友吃火锅的时候跟朋友说出门忘了戴头绳了，现在吃火锅太不方便了，结果不多一会儿服务员就贴心送来了头绳；如果一个人到海底捞过生日，海底捞会在顾客对面放一个很大的布娃娃，因为觉得顾客一个人可能太孤单了；还有的等候区甚至都有婴儿床。海底捞几近“变态”的服务使得消费者口口相传，品牌享誉全国。

图 1－16 海底捞的口碑营销

（2）用户评价和评论。鼓励客户在网上平台上分享他们的购买体验，并撰写产品或服务的评价和评论。这些评价和评论可以帮助其他人做出购买决策，同时也增加了品牌的曝光度。

（3）与社交媒体影响力者合作。与社交媒体上具有影响力的个人或相关领域的专家进行合作。他们的推荐和评价可以引导他们的粉丝或关注者对企业品牌产生兴趣，进而产生口碑效应。

（4）用户生成内容。鼓励用户创造和分享与品牌相关的内容，如图片、视频、故事等。这样的用户生成内容可以在社交媒体上迅速传播，并吸引更多人了解和关注企业品牌。

（5）品牌故事和价值观。通过讲述品牌的故事和宣传品牌的价值观，建立与消费者之间的情感联系。当消费者认同企业品牌价值观时，他们更有可能通过口碑传播来支持和推荐企业的品牌。

三、事件营销

事件营销是指企业通过策划、组织和利用具有新闻价值、社会影响力以及名人效应的人物或事件，引起媒体、社会团体和目标用户的兴趣，从而提高企业产品和服务的知名度、美誉度，树立良好的品牌形象，并最终促成产品成交的营销手段和模式。以下是事件营销常用的 5 种方式。

（1）主办活动。企业可以自行组织并主导活动，如产品发布会、品牌推广活动或庆祝活动。通过这些活动，企业可以向受邀嘉宾展示产品、服务或品牌的特点和优势，并与他们建立联系。

（2）参加展览。参加行业相关的展览会或贸易展览，展示和推广自己的产品或服务。这为企业提供了一个展示产品、与潜在客户互动、了解市场趋势和竞争对手的机会。

（3）赞助活动。通过赞助某个活动来提高品牌曝光度。如赞助体育赛事、文化活动或慈善活动，以获得更多的公众关注和认可。如图 1 – 17 所示，鸿星尔克在举步维艰的情况下毅然捐款 5 000 万元给河南灾民，感动了全国人民，引发了一波“事件营销”小高潮。据说

图 1 – 17　鸿星尔克的事件营销

当时有细心网友发现，鸿星尔克的微博账号居然连会员都没舍得开，有人看不下去自费给鸿星尔克充了 3 个月微博会员，然后一发不可收拾，不断有人给鸿星尔克续费。直播间里一夜之间粉丝暴涨 90 万人，销售额从平时的不到 5 万元涨到 1 400 多万元。

（4）社区参与。参与社区活动、慈善项目或社会责任活动，增强企业的社会形象和拉近与当地社区的关系。这种参与可以加强消费者对品牌的信任和好感。

（5）线上活动。通过网络平台举办在线研讨会、直播活动、线上竞赛等形式的活动。这种方式可以覆盖更广泛的受众，提高在线品牌曝光度，并与潜在客户进行互动和沟通。

四、情感营销

情感营销主要从用户的情感需要出发，唤起用户的情感需求，引发用户心灵上的共鸣，寓情感于营销之中，让有情的营销赢得无情的竞争。以下是情感营销常用的 5 种方式。

（1）品牌故事。通过讲述引人入胜的品牌故事，展示品牌的起源、使命和价值观。这种故事可以激发消费者的情感共鸣，与他们的个人或情感需求产生连接，形成情感纽带。

（2）情感化广告和宣传。设计具有情感吸引力的广告和宣传内容，如使用动人的音乐、感人的故事情节或有趣的角色形象。通过这些元素的渲染，激发消费者的情感反应，并增加品牌在他们心中的印象。如图 1－18 所示的小红书某餐厅的营销创意格外令人浮想联翩。

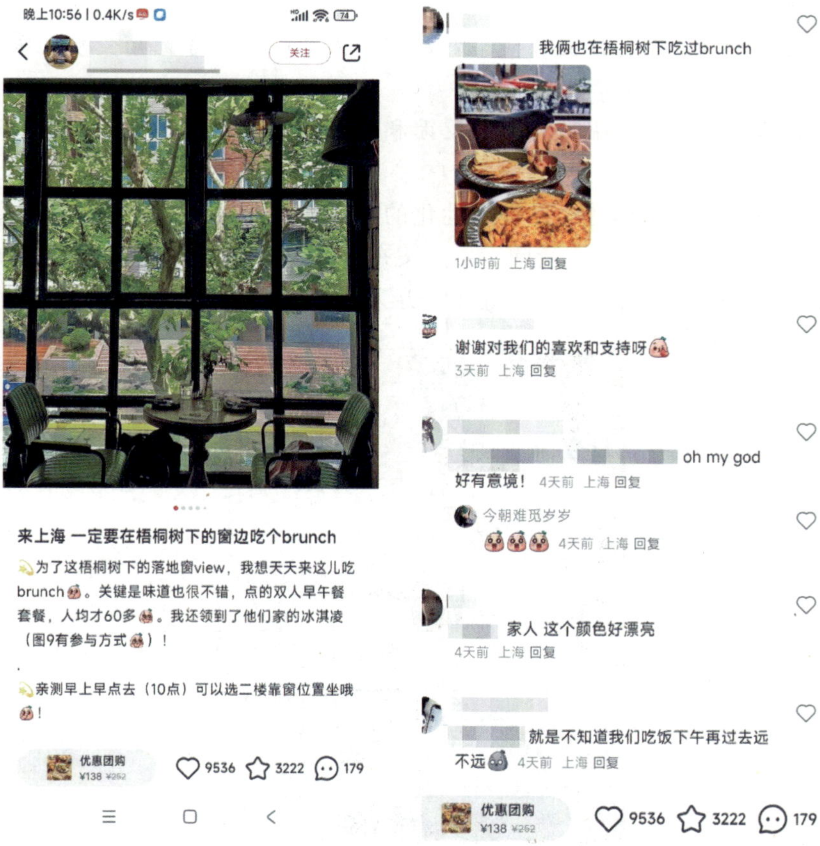

图 1－18　小红书餐馆营销主打“梧桐树下的窗边”激发人们对美好生活的情感

（3）社交媒体互动。积极利用社交媒体平台与消费者进行互动，回应他们的评论、分享他们的内容，与他们建立真实、亲近的关系。这种互动可以增强消费者对品牌的情感认同和忠诚度。

（4）品牌体验和事件营销。创造独特、令人难忘的品牌体验，如举办主题活动、品牌庆典或与公益活动相关的活动。这些活动可以引发消费者的情感共鸣，使他们与品牌之间产生深层次的情感联系。

（5）用户生成内容。鼓励用户创造与品牌相关的内容，如图片、视频、故事等。这些内容可以传达消费者对品牌的情感连接和体验，同时也可以通过分享和传播扩大品牌的影响力。

五、IP 营销

当前新媒体环境下，我们可以理解为 IP 是能够仅凭自身的吸引力，挣脱单一平台的束缚，在多个平台上获得流量，进行内容的分发，它是一种“潜在资产”。只要具备知名度、话题的品牌和产品以及个人，都可以看作是一个 IP。在进行 IP 营销时，主要通过以下 5 种形式。

（1）品牌故事讲述。通过讲述品牌、产品或个人的故事，传递独特的价值观和吸引人的情感连接，以建立品牌或个人的认知度和认可度。

（2）多渠道推广。利用多种渠道进行推广，如广告、社交媒体、公关活动、线下活动等，以扩大影响力和曝光度。

（3）社交媒体营销。通过社交媒体平台建立个人或品牌形象，与受众互动，并分享有价值的内容，增加关注度和粉丝基础。

（4）用户口碑营销。利用用户的正面反馈和推荐，通过口碑传播来增加品牌或产品的可信度和影响力。

（5）个性化体验。为目标受众提供个性化的购买或使用体验，以增强用户满意度和忠诚度。例如，图 1 – 19 所示的某直播间，一边买东西，一边学英语，物质和精神都得到了满足。仅用 3 天时间，该直播间粉丝增加近 200 万人，销售额增加近2 000 万元。主播在带货

图 1 – 19　某直播间，一边买东西，一边学英语

过程中出口成章的学识，以及浅显易懂的英语知识，更是让人们看到了不同于“321 上链接”的直播模式，从中得到的不仅是商品，还有如沐春风的片刻宁静。

六、借势营销

借势营销是将销售目的隐藏在营销活动中，将产品推广融入用户喜闻乐见的环境，使用户在该环境中了解产品并接受产品的营销手段。以下是事件营销常用的 5 种方法。

（一）借节日之势

中国有许多传统文化节日，几乎每个月都在过节。因为这种节日的认知根深蒂固且受众广泛，所以依赖于节日做借势营销就变得异常普遍了，有许多企业的营收源自节日的销售额就占比大半。比如每到端午之际的粽子、中秋的月饼、春节的对联，这些企业都会提前很长一段时间来做营销。

而对于电商来说，几乎每天都是节日，运营的伙伴会策划出各种主题的促销活动，如 38、618、88、双 11、双 12、年货节，再如踏春季、清凉季、丰收季、保暖季。最有意思的借势营销当属围绕情感出发的，如情人节、女神节、七夕节、双 11、平安夜、圣诞节、元旦等，对于婚恋、花企、珠宝相关的企业来说，都不会错过。

（二）借热点之势

网络越发达，信息传播越广。现在，我们每天都能从各大平台上看到热榜，如神舟飞船载人、中国奥运夺冠、热门电影票房，以及 YYDS 这样的网络流行语等。对于做内容的创作者来说，每天看热榜是必做的事情，生活热点、科技财经、影视作品等。而挖掘热榜中发现合适的题材内容，很容易做出爆款。再如图 1-20 所示，2020 年疫情之下，五菱汽车喊出了“人民需要什么，五菱就造什么”的口号，陆续做了很多次成功的热点营销，生产口罩、螺蛳粉、流动餐车，以及连续月销过万的五菱 MINI 等。

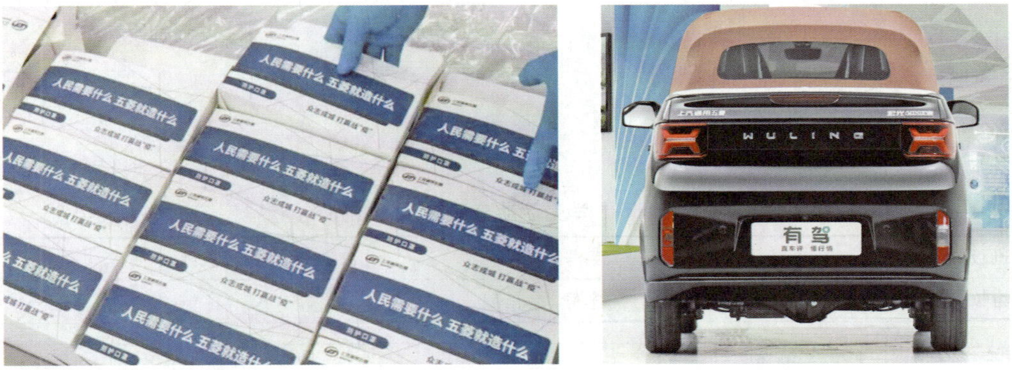

图 1-20 五菱借势营销

（三）借名人之势

为什么电影、企业要请名人来做广告、当主角，因为名人有着巨大的号召力和认知度。不同的企业、不同区域、不同用户在选择名人上有不同的标准。名人不一定指全国皆知的明星，而是在某个区域、某个领域有突出成就的人即可。如果某用户在县城开了一家小吃店，那他只要找本地的电视台主持人、抖音网红帮忙宣传、就能号召客户到店铺来消费了。如果是一家艺术类的培训机构，那只要找一个画家、舞蹈家、钢琴家来上课或代言就有巨大的影响力了。

（四）借行业之势

2020 年直播带货火，ToB 服务火，私域 IP 火；2021 年线下消费火、跨境电商火、抖音 IP 火。只要在以上任何一个领域里面做事情，都有可能获得成功。除了借助行业的大趋势，还要关注行业的一些政策、展会，这对于企业来说都有重要影响。

（五）借权威之势

百年老年、国家认证、技术专利、非遗传承、行业第一这些听起来就高大上的词汇，都会被企业用于对外宣传和展示。大多数用户是愿意相信权威的，因此，企业要把历史、荣誉、技术都对外展示出来，借权威之势。

知识链接

当营销人员选定一种新媒体营销模式后，就可以实施具体的营销过程。新媒体营销的步骤分为六步：第一步是明确营销目标；第二步是定位目标用户；第三步是定位营销内容；第四步是选择恰当的新媒体营销平台；第五步是分析新媒体营销数据；第六步是评估和改进营销效果。

新媒体营销步骤

素质素养养成

（1）在选择新媒体营销模式时，同学们要关注社会热点，把握和引领时代发展方向。

（2）在开展新媒体营销活动的过程中，同学们要厚植家国情怀，弘扬爱国主义精神。

活动分组

活动分组如表 1－3 所示。

表 1－3 学生活动分配表

<table>
<tr><td>班级</td><td></td><td>组号</td><td></td><td>指导教师</td><td></td></tr>
<tr><td>组长</td><td></td><td>学号</td><td colspan="3"></td></tr>
<tr><td>组员</td><td colspan="5">
<table>
<tr><td>姓名</td><td>学号</td><td>活动分工</td></tr>
<tr><td></td><td></td><td></td></tr>
<tr><td></td><td></td><td></td></tr>
<tr><td></td><td></td><td></td></tr>
<tr><td></td><td></td><td></td></tr>
<tr><td></td><td></td><td></td></tr>
</table>
</td></tr>
</table>

合作研学

（1）在表 1 -4 中说明 999 感冒灵在父亲节营销中所采用的营销平台/媒体。

表 1 -4　　营销分析表

营销平台/媒体	优点	缺点

（2）从新媒体营销模式角度分析 999 感冒灵在父亲节营销中成功的原因。

____

____

____

____

____

考核评价

填写表 1 -5 所示的考核评价表。

表 1 -5　　考核评价表

被评小组：__________　小组成员：______________________________

序号	评价内容	分值	自评	互评	教师评分	教师点评
1	是否识别出 999 感冒灵广告中的平台/媒体	25				
2	是否阐明各营销平台/媒体的优缺点	25				
3	是否分析出 999 感冒灵营销广告成功的原因	30				
4	素质素养目标是否达成	20				

总分：__________

拓展训练

查找网络资料，列举除本节所讲的 6 种新媒体营销模式之外的其他营销模式。

模块二
新媒体营销岗位要求

活动一　新媒体营销岗位任职要求

学习目标：

1. 知识目标

（1）了解新媒体营销岗位任职的要求。

（2）理解新媒体营销岗位任职的技能。

2. 能力目标

（1）学会分析新媒体营销岗位任职的要求。

（2）能够明确新媒体营销岗位任职的技能。

3. 素质素养目标

（1）培养互联网思维、创新思维和数据思维意识。

（2）培养团队协作能力和沟通能力。

（3）培养自主学习和终身学习意识。

重点难点：

1. 重点

（1）新媒体营销岗位任职的要求。

（2）新媒体营销岗位任职的技能。

2. 难点

（1）准确分析新媒体营销岗位任职的要求。

（2）匹配新媒体营销岗位与个人兴趣和特长。

活动描述

2023年5月30日，“一带一路”TOP10影响力社会智库网经社电子商务研究中心与国内专业数字产业产教融合协同育人机构——赢动教育共同发布了《2022年度中国电子商务人才状况调查报告》，报告显示，39.6%的企业急需淘宝天猫等传统运营人才；36.63%的企业急需新媒体、内容创作、社群方向人才；43.56%的企业急需主播（助理）、网红达人方向人才；24.75%的企业需要数据分析与运营分析人才；18.81%的企业需要客服、地推、销售人才。其中，主播（助理）、网红达人方向人才，淘宝天猫等平台的传统运营人才，新媒体、内容创作、社群方向人才是企业迫切需要的三类人才。

知识准备

随着新媒体营销的发展，逐渐衍生出新媒体营销岗位，负责企业在新媒体营销方面的相关工作，如收集网络热点、制定营销策略、运营新媒体账号等。在从事新媒体相关岗位前，从业人员需要了解该类岗位任职的基本要求，努力掌握从事该类岗位所需的必备技能，为后期的营销工作做好准备。

新媒体营销岗位任职要求

一、新媒体营销岗位任职要求

《2022年度中国电子商务人才状况调查报告》显示，在电商人才应具备的素质上，被调查企业认为刚毕业大学生或实习生如果想快速成才，需具备的15项素质，其中最重要的5项素质有：工作执行能力占比63.37%；持续学习能力占比62.38%；责任心与敬业度占比38.61%；积极主动有目标感占比36.62%；行业敏锐度与创新能力占比32.67%，此外专业知识与技能、团队协同合作能力均占比28.71%。结合如图1－21所示的招聘网站对新媒体营销专员和主管/经理岗位的任职要求，接下来将从专业要求、经验要求、知识要求和能力要求4个方面对新媒体营销岗位的任职要求进行说明。

职位要求:

- 大专及以上学历，新闻、传播等相关专业优先;
- 2年以上新媒体渠道运营经验，有成功案例者优先;
- 熟悉新媒体平台的特点和运营规律，有较强的内容创意能力;
- 良好的沟通协调能力和团队协作意识，具备一定的社会活动策划能力;
- 具有较强的数据分析和决策能力，熟悉常用的数据分析工具;
- 热爱新媒体行业，有创新精神和创业意识。

职位要求:

- 本科以上学历，市场营销、广告专业优先。
- 5年以上新媒体营销从业经验，有成功的项目管理经验。
- 熟悉新媒体营销渠道和工具，具有敏锐的新闻敏感性和创新思维。
- 具备良好的团队协作能力和沟通能力，能够与团队成员和客户进行有效的沟通和协调。
- 热爱互联网行业，对新兴科技和趋势有浓厚的兴趣。
- 了解新媒体营销法规和行业标准，为公司提供合规指导。

图1－21　招聘网站上新媒体营销专员和主管/经理岗位任职要求

（一）专业要求

由于新媒体营销具有营销属性，需要制定营销策略、撰写营销内容等，一般要求从业人员是新闻、中文、营销、广告、设计、工商管理等相关专业毕业的人才。根据企业规模的不同，该类岗位对学历的要求也不同，但绝大多数企业都会要求学历水平在大专或本科及以上，一些专业性较强的企业也会要求学历水平在硕士研究生及以上。

（二）经验要求

根据具体岗位及薪资水平的不同，新媒体营销岗位对从业人员的经验要求也不同。一般来说，企业对实习生的经验要求较低，大多不做硬性规定。对新媒体营销专员则要求至少具有 2 年及以上的工作经验，对新媒体营销主管更是要求具有至少 3 年或 5 年及以上的工作经验。

（三）知识要求

因为新媒体营销涉及新媒体平台、互联网的运用，因此从业人员要了解一定的互联网运用、数字化营销、新媒体平台、网络营销和营销策划等知识，熟悉 PS、AI、PR 等软件操作，且有一定的文字功底，能够独立完成视频主题策划及素材的采集、剪辑。具备扎实的新媒体知识，包括熟悉各种社交媒体平台（如微博、微信、抖音、小红书等），了解 SEO（搜索引擎优化）和 SEM（搜索引擎营销）等相关概念和操作。

（四）能力要求

从事新媒体营销工作的基本能力包括快速学习能力、创新能力和思维能力等。快速学习能力是指在工作中能够在短时间内快速熟悉陌生事物，学会使用并融会贯通到其他方面的能力。创新能力是指能够不断提出具有推广意义、能运用到实际工作中的意见的能力。思维能力是指能够独立思考，面对问题能够提出解决方法的能力。

二、新媒体营销岗位必备技能

随着新媒体营销成为营销市场的主流，对新媒体营销人才的需求也逐渐增加，同时应聘新媒体营销岗位的人数也在逐渐上涨，要想在众多应聘人员中获得企业的青睐，成功进入新媒体营销岗位，应聘人员还需要具备以下技能。

（一）基本技能

1. 策划技能

新媒体营销中的策划，可以分为营销内容策划和营销活动策划。

（1）营销内容策划。营销内容策划是指对新媒体营销内容的策划，包括确定市场定位、用户倾向、生成关键词创意、评估关键词优先级等步骤，是新媒体营销的基本手段，决定了营销活动的成败，是新媒体行业必备的首要技能。但需要注意的是，在进行营销内容策划时，营销人员必须结合企业理念和产品特征，而不能使内容浮于表面，无法让用户联想到产品或品牌。

（2）营销活动策划。营销活动策划是指对新媒体营销活动的策划，包括从产品定位、构建用户画像到活动复盘的一系列工作，需要营销人员有较强的综合实力，特别是对用户的观察和理解能力。一般而言，活动策划分为线上和线下两种，需要有具体的活动策划方案，需要对活动创意来源、开展方式、活动时间以及活动细节等各方面内容进行阐述。

2. 营销技能

营销技能是新媒体营销必不可少的一项技能。了解数字营销的基本知识和技巧，包括搜索引擎优化（SEO）、搜索引擎营销（SEM）、电子邮件营销、社交媒体广告等。在新媒体营销过程中，新媒体内容本身就是“产品”，营销人员必须理解产品，熟悉其历史、功能、使用场景、使用效果等；针对营销对象，即平台“粉丝”和潜在用户的属性，制定营销策略，打造适合的营销方案。

（二）专业技能

1. 文案写作技能

文案写作技能是营销人员的基础技能，需要具备良好的文案撰写和创意思维能力，能够制定出吸引人的内容策略。要想写出好的文案，营销人员必须具备逻辑能力和语言风格切换能力，并掌握一定的文案写作技巧。

2. 音视频剪辑技能

音视频剪辑技能是指营销人员可以从已有的视频、音频中剪辑出营销活动所需的部分，以及为已剪辑好的视频添加背景音乐。

3. 数据分析技能

进行新媒体营销的过程中，营销人员需要掌握数据分析的能力，对营销的效果进行评定，并根据数据分析的结果制定或调整营销策略。数据分析中的数据包括阅读数、点赞数、转发数、新增“粉丝”数等，能够帮助营销人员分析用户的属性以及营销信息取得的效果。具备市场调研和用户洞察的能力，能够进行市场分析、竞争对手分析、用户行为分析等，为营销活动提供数据支持。

（三）拓展技能

（1）创新思维和创业能力。培养创新思维和创业能力，能够迅速应对变化和挑战，并提出创新的营销策略和解决方案。

（2）团队合作和沟通能力。具备良好的团队合作和沟通能力，能够与团队成员和合作伙伴有效沟通，协调各方资源，共同完成营销任务。

（3）多任务管理能力。具备良好的自我管理和组织能力，能够同时处理多个项目和任务，并按时交付高质量的工作成果。

素质素养养成

（1）调查新媒体营销人才需求状况时，同学们要养成互联网思维、创新思维和数据思维意识。

（2）在学习新媒体营销岗位任职要求时，要注意提升团队协作能力和沟通能力。

（3）在分析新媒体营销岗位必备技能过程中，要适应岗位需求，养成自主学习和终身学习意识。

活动分组

活动分组如表 1－6 所示。

表 1-6 学生活动分配表

<table>
<tr><td>班级</td><td></td><td>组号</td><td></td><td>指导教师</td><td></td></tr>
<tr><td>组长</td><td></td><td>学号</td><td colspan="3"></td></tr>
<tr><td>组员</td><td colspan="5">
<table>
<tr><td>姓名</td><td>学号</td><td>活动分工</td></tr>
<tr><td></td><td></td><td></td></tr>
<tr><td></td><td></td><td></td></tr>
<tr><td></td><td></td><td></td></tr>
<tr><td></td><td></td><td></td></tr>
<tr><td></td><td></td><td></td></tr>
</table>
</td></tr>
</table>

合作研学

（1）搜索网络资料，分析不同行业对新媒体营销人员有哪些任职要求？

（2）新媒体营销从业人员需要掌握哪些职业技能？

____

____

____

____

____

____

考核评价

填写表 1-7 所示的考核评价表。

表 1-7 考核评价表

被评小组：__________ 小组成员：______________________

序号	评价内容	分值	自评	互评	教师评分	教师点评
1	是否阐述了不同行业新媒体营销人员的任职要求	40				
2	是否清晰表达了新媒体营销人员需掌握的职业技能	35				
3	素质素养目标是否达成	25				

总分：__________

拓展训练

零经验的应届毕业生能胜任新媒体营销的岗位吗？还需要做哪些技能准备？

活动二　新媒体营销岗位职责要求

学习目标：

1. 知识目标

（1）了解新媒体营销岗位的工作任务。

（2）理解新媒体营销岗位的分类。

（3）掌握新媒体营销岗位的工作职责。

2. 能力目标

（1）能准确分析新媒体营销的岗位分类。

（2）能利用多种求职招聘网络平台搜索相应企业、岗位，了解岗位工作职责。

3. 素质素养目标

（1）培养职业生涯发展与规划意识。

（2）培养职业认同感和选择理念。

重点难点：

1. 重点

（1）新媒体营销岗位分类。

（2）新媒体营销工作职责。

2. 难点

（1）准确分析新媒体营销岗位分类。

（2）判断企业新媒体营销岗位职责描述的合理性。

活动描述

随着新媒体平台在营销活动中的作用增大，社会各行各业对新媒体相关岗位的需求也越来越大。图 1－22 所示为前程无忧网站上某企业招聘新媒体主管岗位的招聘启事，明确了职位描述、主要职责、职位要求等。

首先在百度、搜狗等搜索网站，知乎、简书等新媒体平台，查找互联网上对新媒体营销岗位的描述并进行整理；其次在 BOSS 直聘、智联招聘、前程无忧等招聘网站，查找关于新媒体营销的招聘启事。再次，对招聘网站内、外的新媒体岗位描述信息进行对比分析，最后制作 2～3 个不同学历或不同岗位的新媒体营销岗位招聘启事。

图 1-22　前程无忧网站上某企业招聘新媒体主管岗位招聘启事

知识准备

一、新媒体营销岗位工作任务

新媒体营销岗位的主要工作任务是利用各种媒介技术和渠道，采用数据分析、创意策划等方式，完成信息的加工和传播，包括对媒介和受众进行数据化分析，对文字、声音、影像、动画、网页等信息内容进行策划和加工，构建多维度立体化的信息出入口等工作。总体来说，新媒体营销的工作任务主要集中在以下 3 个领域。

（一）前期策划

设定明确的营销目标，如增加品牌知名度、增加销售量、提高用户参与度等。目标应该具体、可衡量，并与整体营销战略一致。基于目标受众和所选渠道，制订一个详细的战略计划，包括内容策略（内容类型、频率、形式）、用户参与策略、推广活动计划等。了解当前的热点话题、新闻动向，然后结合自身运营内容的调性，进行选题。确定好要做什么内容，然后开始搜集和内容相关的知识、观点、素材，并确定内容的展现形式

（图文、视频、解说等）。

（二）内容制作

在完成前期策划之后，开始根据策划要点制作内容，制作内容是所有步骤中相对简单的一项。但仍然需要注意以下 5 点：

（1）创意和独特性。努力创造有创意和独特性的内容，以吸引受众的注意力。尝试与众不同的想法、角度和故事，以区别于竞争对手并引起共鸣。

（2）多样化的内容格式。利用各种不同的内容格式来保持受众的兴趣和参与度，包括文字、图片、视频、音频和互动式内容等。多样化的内容形式可以满足不同受众的喜好和阅读习惯。

（3）高质量的内容。提供高质量、有价值的内容，满足受众的需求和期望。确保内容准确、可靠，并提供有帮助的信息、见解或娱乐价值。

（4）良好的视觉呈现。注重内容的视觉呈现，包括布局、配色、图像选择和排版等。确保内容易读、美观，适用于不同设备和平台的显示。

（5）制作技巧。如果涉及视频内容制作，注意拍摄和剪辑技巧，以及音频和字幕的质量。考虑使用吸引人的缩略图和封面图片来增加点击率。

（三）后期运营

完成内容制作之后，需要根据不同的发布平台，确定相应的发布时间、内容标题、内容封面。在内容正式发布后，开始推动内容传播，包括转发、粉丝互动、抽奖等方法。之后在固定时间进行数据记录，每个内容的数据在一定期间内要进行数据分析，由此对后期创作的内容进行调整优化。

同时还需要监测和评估，制定一个系统的监测和评估计划，以跟踪营销活动的效果。选择适当的指标和工具来测量品牌曝光度、用户参与度、转化率等关键数据，并根据结果进行必要的调整和改进。加强风险管理，识别并评估潜在的风险和挑战，制订相应的风险管理计划，包括预先考虑解决方案、危机管理和负面舆情应对计划等。

二、新媒体营销岗位分类

新媒体营销相关的工作岗位其实有很多，从具体的工作种类又可以分为直播运营、视频运营、社区运营、社群运营、文案编辑等；根据媒体平台又分为公众号运营、微博运营、抖音运营、快手运营、小红书运营、知乎运营、B 站运营等；从新媒体的技能上分为运营、策划、文案、推广、设计、编辑、剪辑、配音、编辑等。

新媒体营销岗位

新媒体营销岗位涵盖了多个不同职能和专业领域，根据新媒体营销的流程，将新媒体营销岗位划分为以下 10 类。

（一）新媒体经理（Social Media Manager）

负责策划、执行和管理公司或品牌在社交媒体平台上的营销活动。他们需要制定社交媒体战略、管理社交媒体账号、撰写并发布内容、与受众互动，并监测和分析社交媒体数据。

（二）内容营销专员（Content Marketing Specialist）

负责策划和执行内容营销战略，通过创作和发布高质量的内容吸引受众，提升品牌知名度和用户参与度。他们需要了解目标受众需求、制订内容计划、策划内容推广活动，并分析内容效果。

（三）主播（Anchor）

主播是指在直播过程中，负责主持、引导、讲解和互动的人员。通常来说，主播需要具备较高的演讲能力、话题敏锐度和互动技巧，能够吸引观众关注，提高观看体验和参与度。一些主要的直播平台有抖音、快手、哔哩哔哩、斗鱼、虎牙等。

（四）场控（Field Control）

场控是指负责管理并协调直播全过程的人员，主要职责包括安排直播流程、准备直播设备、监控直播画面和声音、及时处理突发事件等。场控需要具备丰富的直播经验和对整个直播环节的掌控能力，保证直播质量和效果。一些自建直播平台或公司内部直播团队会设有专门的场控人员。

（五）视频拍摄（Director of Photography）

负责整个视频项目的筹备、组织和协调工作，包括招募团队成员、制定预算、确保项目按时完成等。负责指导和协调拍摄全过程，包括制定剧本解读、安排拍摄进度、指导演员表演、确定镜头构图等。负责摄影工作，包括确定镜头选取、调整光线、掌握摄影技巧等，以达到所需的画面效果。

（六）视频制作（Video Editor）

剪辑师（Video Editor）：负责将拍摄素材进行剪辑、修剪、拼接等后期制作工作，通过编辑软件进行剪辑、音频处理和特效添加等操作。负责录音和后期音频处理工作，包括选择合适的声音效果、混音、音频修复等，以确保声音效果的质量。负责添加和处理视频中的特效，包括动画、合成、颜色校正等操作。

（七）数据分析师（Data Analyst）

负责收集、分析和解释与新媒体营销相关的数据，以提供数据驱动的决策支持。他们使用各种分析工具和技术，深入挖掘数据，发现趋势和模式，并向团队提供有关受众行为、营销效果和 ROI 的洞察。

（八）品牌经理（Brand Manager）

负责管理和推广品牌在新媒体平台上的形象和声誉。他们制定品牌战略、执行品牌营销活动、监测品牌声誉，并与内部和外部利益相关者进行沟通和合作，以实现品牌目标。

（九）市场营销经理（Marketing Manager）

负责整体市场营销策略规划和执行，包括新媒体营销。他们制订市场营销计划、协调各种营销活动、管理预算，并监测和评估市场营销效果，以实现公司的销售和品牌目标。

（十）社交广告专员（Social Advertising Specialist）

负责在社交媒体平台上进行广告投放和推广活动。他们需要选择合适的广告渠道和目标受众、制定广告策略、创建和管理广告内容，以提高品牌曝光度和广告回报率。

以上仅是常见的新媒体营销岗位类别，实际上还有许多其他的相关职位，如社交媒体分析师、影响者营销经理、搜索引擎优化专员等。具体的岗位要求和职责可能因公司规模、行业特点和团队结构而有所不同。

三、新媒体营销岗位职责描述

互联网上存在众多企业，不同的企业对新媒体营销岗位的描述也不同，如图 1－23 所示为 BOSS 直聘网站对新媒体营销专员和主管/经理岗位的职责描述。

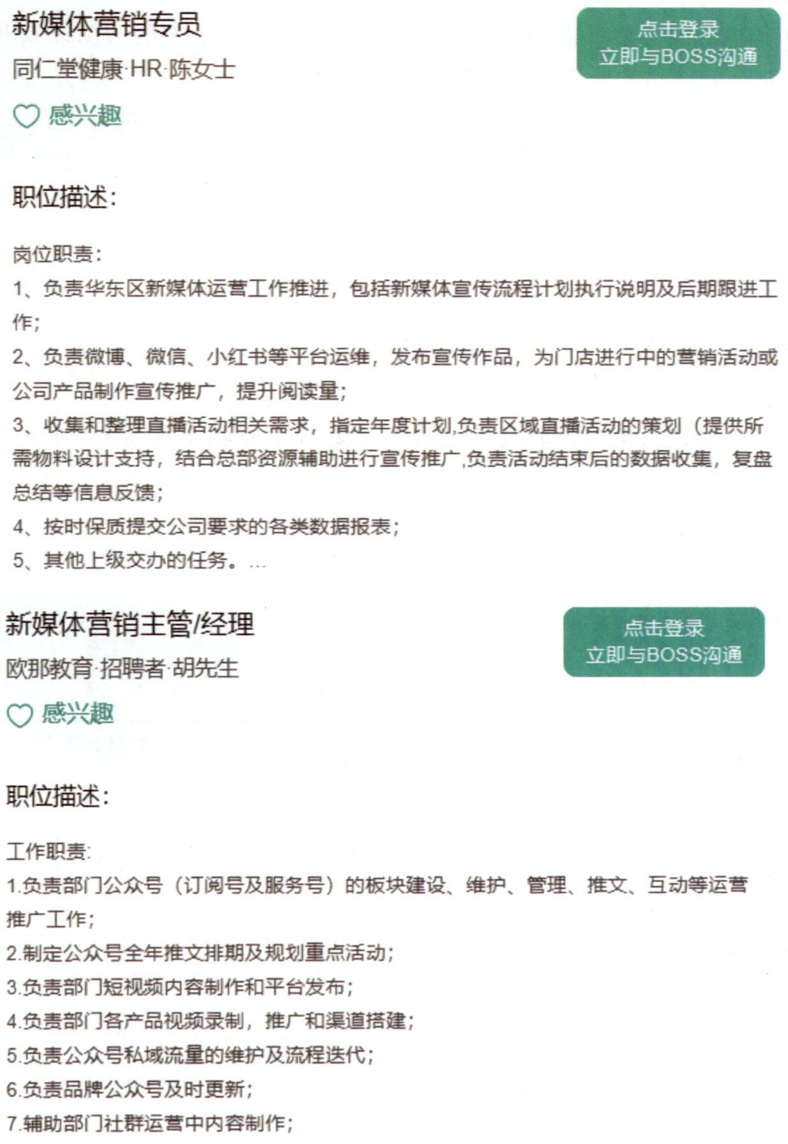
新媒体营销专员

同仁堂健康·HR·陈女士

点击登录
立即与BOSS沟通

感兴趣

职位描述：

岗位职责：

1、负责华东区新媒体运营工作推进，包括新媒体宣传流程计划执行说明及后期跟进工作；

2、负责微博、微信、小红书等平台运维，发布宣传作品，为门店进行中的营销活动或公司产品制作宣传推广，提升阅读量；

3、收集和整理直播活动相关需求，指定年度计划,负责区域直播活动的策划（提供所需物料设计支持，结合总部资源辅助进行宣传推广,负责活动结束后的数据收集，复盘总结等信息反馈；

4、按时保质提交公司要求的各类数据报表；

5、其他上级交办的任务。…

新媒体营销主管/经理

欧那教育·招聘者·胡先生

点击登录
立即与BOSS沟通

感兴趣

职位描述：

工作职责：

1.负责部门公众号（订阅号及服务号）的板块建设、维护、管理、推文、互动等运营推广工作；

2.制定公众号全年推文排期及规划重点活动；

3.负责部门短视频内容制作和平台发布；

4.负责部门各产品视频录制，推广和渠道搭建；

5.负责公众号私域流量的维护及流程迭代；

6.负责品牌公众号及时更新；

7.辅助部门社群运营中内容制作；

图 1－23 BOSS 直聘上不同的企业对新媒体营销岗位的职责描述

针对新媒体营销岗位进行综合分析，可发现，其工作职责大致能够分为收集资料、制订方案、日常运营和协助其他部门 4 个部分，下面分别对其进行介绍。

（1）收集资料。关注网络热点，收集相关资料，整合收集到的资料，挑选其中的可用信息，完成专业的策划、编辑，制作等工作。收集用户、媒体等在新媒体平台上的使用习惯，为之后制定营销策略做准备。

(2) 制订方案。根据产品的特征。结合已收集到的可用资料，制定企业的新媒体营销战略，为线上、线下活动制订方案，为产品的推广和优化制订方案。

(3) 日常运营。负责新媒体平台的日常更新、渠道维护，为企业的新媒体平台账号互相引流。撰写推广文案，为新媒体账号积累“粉丝”。

(4) 协助其他部门。协助市场部制订企业推广计划，确定发展蓝图以及开展市场活动；协助技术部门对企业网站的修改、更新以及后台维护等。

对于希望从事新媒体营销岗位的读者来说，应先选择希望进入的行业，收集该行业中有关新媒体营销岗位的招聘信息，分析其中的岗位要求，有针对性地学习和练习，为入职新媒体营销岗位做好准备。

素质素养养成

(1) 在学习岗位工作任务和岗位分类时，同学们要对自己未来职业生涯做出规划，有清晰的职业定位。

(2) 在分析新媒体营销岗位职责的过程中，要对未来职业有高度认同感，并愿意为匹配选择的岗位而努力学习。

活动分组

活动分组如表1-8所示。

表1-8 学生活动分配表

班级		组号		指导教师	
组长		学号			
组员	姓名	学号	活动分工		

合作研学

(1) 请在百度、搜狗等搜索网站，知乎、简书等新媒体平台，查找互联网上对新媒体营销岗位的描述并进行整理；再在BOSS直聘、智联招聘、前程无忧等招聘网站，查找关于新媒体营销的招聘启事，填表1-9。

表 1-9 新媒体营销岗位描述分析表

招聘网站外查找的岗位描述	招聘网站中查找的岗位描述	招聘网站内外岗位描述的异同点

(2) 制作 2~3 个不同学历或不同岗位的新媒体营销岗位招聘启事，并填入表 1-10 中。

表 1-10 新媒体营销岗位招聘启事

招聘启事 1	招聘启事 2	招聘启事 3

考核评价

填写表 1-11 所示的考核评价表。

表 1-11 考核评价表

被评小组：________ 小组成员：______________________

序号	评价内容	分值	自评	互评	教师评分	教师点评
1	是否搜索并整理了招聘网站内、外主要新媒体营销岗位的岗位描述	30				
2	是否对比分析了招聘网站内、外主要新媒体营销岗位的岗位描述	20				
3	是否制作了 2~3 个表述较为恰当的新媒体营销岗位招聘启事	30				
4	素质素养目标是否达成	20				

总分：________

拓展训练

如果你是一家传统餐饮店老板，想要对店铺品牌和特色菜品进行推广，那么，你希望招聘到哪些岗位的新媒体人才？他们应该具有什么样的岗位能力？

2 项目二 微博营销

知识概览

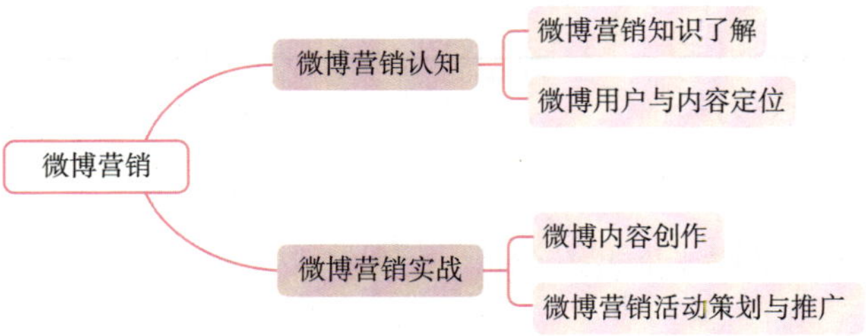

模块一 微博营销认知

活动一　微博营销知识了解

学习目标：

1. 知识目标

（1）掌握微博营销的基础知识。

（2）理解微博营销的商业变现模式。

2. 能力目标

（1）能阐明微博营销的优势。

（2）能描述微博营销的应用模式。

3. 素质素养目标

（1）培养互联网思维和流量思维意识。

（2）培养诚实守信的职业道德和职业操守。

重点难点：

1. 重点

（1）微博营销的优势。

（2）微博营销的应用模式。

2. 难点

（1）微博营销的应用模式。

（2）微博营销的商业变现。

活动描述

2022 年 11 月，鸿星尔克对外公开发起“英雄帖”①：穿着鸿星尔克全套竞赛装备并获得上海站全马冠军的中国跑者，奖励总奖金人民币 100 万元整。鸿星尔克发布的“百万奖金征集上海站跑马英雄”招募帖，瞬间在跑圈中炸裂。足以证明敢喊出百万奖金的鸿星尔克有足够的硬实力底气。鸿星尔克通过《对话中国跑者》等系列活动，对跑步领域长期布局，为之后中国跑者服务蓄力。对鸿星尔克而言，中国跑者值得拥有更好的产品，更好的回报，更多的关注，更广泛的认可，如图 2－1 所示。

图 2－1 鸿星尔克《对话中国跑者》

此次活动，鸿星尔克被广泛关注，微博的聚众效应放大了 140 字的能量。请在微博上查找活动微博，并依据微博营销的相关知识，分析鸿星尔克“百万奖金征集上海站跑马英雄”活动成功的原因。

---

① 100 万奖金上马 鸿星尔克装备竞猜已在圈内开启．ZAKER 新闻．

知识准备

一、微博营销的定义

微博营销，是由微博诞生后产生的一种网络营销方式。微博是基于用户关系的社交媒体平台，微博营销是个人或者企业以微博作为营销平台，以每一个听众（粉丝）作为潜在营销对象，传播自身品牌、产品信息，树立良好的企业形象和产品形象的一种社会化营销方式。

2010 年中国的互联网互动式营销迎来了“微博”时代。对很多企业或品牌商来说，微博营销已经成为新媒体营销的标配，微博是众多企业重要的新媒体营销阵地之一。企业或品牌商可以通过微博与用户沟通，挖掘精准目标用户群体，为用户提供服务，进而树立或提升品牌形象。

二、微博营销的优势

（一）高热点聚合力

作为重要的社交媒体平台，微博用户的每一次互动行为背后都潜藏着有待挖掘的商业价值，而各类“热搜”事件也彰显着微博强大的热点聚合能力，如图 2－2 所示。微博 2023 年 8 月公布的数据显示，截至 2023 年第二季度末，微博月活跃用户达到 5.99 亿人，日活跃用户达到 2.58 亿人。因此，通过微博营销接触用户，已成为企业或品牌商的常见做法。

图 2－2　强热点聚合属性

（二）强即时性

一条微博，只需要简单构思，就可以完成一条信息的发布。信息通过微博发出后，短时间内就能被转发至世界的每个角落，甚至成为“热搜”。

（三）强互动性

微博能与粉丝即时沟通，及时获得用户反馈，微博营销在某种程度上淡化了企业的商业形象，让企业可以亲近消费者，从而为彼此搭建了一种沟通的桥梁。

（四）高精准度

微博营销的交流方式看起来随意，其实用户渗透率更高，传播影响力也更大，这样产生的潜移默化的影响效果比直白的广告更有优势。企业可以关注有潜在消费力的微博用户，观察用户感兴趣的活动和话题，直接接触到市场一线。无论企业是通过微博搜集市场反馈信息，还是品牌传播营销，微博营销面对的将是更精准的消费群体。

（五）强传播力

微博可以随时随地发布和转发信息，基本不受地理环境的影响。传播方式犹如原子核裂变一样，由一个人传给一圈人，由一圈人传给一群人，如滚雪球般瞬间冒出至大量人群中，其传播力可想而知。

三、微博营销的分类

（一）个人微博营销

个人微博营销是由个人本身的知名度来得到别人的关注和了解的，以明星、成功商人或者社会中比较成功的人士为主，他们运用微博让自己的粉丝更进一步地去了解自己和喜欢自己，微博对于他们而言就是平时抒发感情，功利性并不是很明显，如图 2－3 所示。

图 2－3　个人微博营销账号

（二）企业微博营销

企业一般是以营利为目的性的，运用微博往往是想通过微博来增加自己的知名度，最后能够将自己的产品卖出去，往往企业微博营销要难上许多，因为微博字数有限，不能让消费者直观了解商品。但是微博更新速度快，信息量大，所以企业进行微博营销时，应当建立固定的消费群体，与粉丝多交流，多做企业宣传，如图 2－4 所示。

图 2－4 企业微博营销账号

四、微博营销的应用模式

微博营销应用模式

（一）微矩阵

微矩阵常见的模式是 1＋N 矩阵，即 1 个母品牌以产品线为主导，建立品牌官方微博，同时，再开设 N 个产品专项微博，构成完整的微博宣传体系。其主要的营销作用是对于产品结构和品牌构成相对简单的企业，可以起到弱化品牌定位、强化产品卖点的作用，有利于旗下产品在网友心中形成各自鲜明的产品特色，准确影响自己的目标受众。如图 2－5 所示，是小米公司打造的微博矩阵，以小米公司为主要产品展现，建立小米手机、小爱同学、小米智能生态产品专项微博。

图 2－5 小米企业微博矩阵

（二）微同步

微同步是将品牌活动网站与企业微博账号打通，实现内容的同步。如图 2－6 所示，2023 年 10 月 26 日，小米公司在其官网上公告了 xiaomi14 系列手机发布会，在小米官方微博也同步了该新品发布会活动。微同步可以实现同一活动内容在不同平台的企业账号之间或者同一平台的不同所属账号之间的实时共享。

（a）小米官网 （b）小米官微

图 2－6 小米官网和官微微同步

（三）微直播

微直播是指通过微博整合媒体、名人等资源，让网民用微博互动，实现创新性的网络直播发布会或线下活动。

2020 年 2 月 13 日，小米 10 联合新浪微博、腾讯视频、淘宝直播、京东直播等平台进行的全社交网络发布会开幕，其中新浪微博是本次发布会的核心聚合阵地。

新浪微博进行在线直播，并通过小米官方微博、小米微博矩阵、雷军个人微博等进行宣传，除了传播品牌还要卖货！此次小米发布会直播做到了品效合一，同步淘宝云发布直播，让大家边看边买：首发 1 分钟销售额破 2 亿元，很快被抢购一空。发布会结束之后，直播并没有结束，而是马上来了个开箱上手和“云采访”，各大媒体采访完之后的新闻稿件让发布会热度持续发酵，如图 2－7 所示。

同时擅长微博营销的小米在微博创造的“#小米 10#”话题，还在持续升温，总阅读次数达到 12.8 亿次，讨论次数达到 77.4 万次，被业内称作品牌营销的又一成功案例。[①]

图 2－7 小米 10 网络直播发布会

（四）微应用

微应用是指一种轻量级的应用程序，特点是体积小、功能简洁、操作简单，并且可以快速响应用户的需求。微应用可以提供一些常用的功能和服务，如天气查询、路况信息、新闻

① 从小米 10 首次纯线上发布会，聊聊活动直播营销如何做？

阅读、打车服务等。微应用的目的是为用户提供方便快捷的服务，节省用户的时间和精力。例如，在微博发送@月老，返回一条微博，随机将另一个微博推荐给发送者，将可以得到如下回复，如图 2 – 8 所示。

图 2 – 8 “月老”微应用

（五）微签到

微签到是指利用新浪微博 + LBS，实现线上 + 线下结合的微博营销。LBS = Location Based Service，即基于地理位置信息服务的网络新应用。结合 LBS，可以策划线上 + 线下结合的主题活动。例如，用户到指定的品牌销售店进行线上或线下“签到”，即可有机会获得品牌提供的优惠券，如图 2 – 9 所示。

图 2 – 9 微签到

五、微博营销的商业变现模式

商业化变现是所有内容创作者们最关注的话题。所有平台都已意识到，提升创作者变现能力，是一个长期性的工程。微博，早在 2012 年商业化起步阶段就开始为创作者打造不同的变现工具，以个人创作者为例，介绍一下微博常见的变现工具。个人创作者可以通过微博手机端依次点开“我”→“创作者中心”→“查看更多”→“变现工具”，找到微博的变现渠道。主要有：粉丝订阅、付费专栏、直播、赞赏、付费问答、小店、站外激励等，如图 2－10 所示。

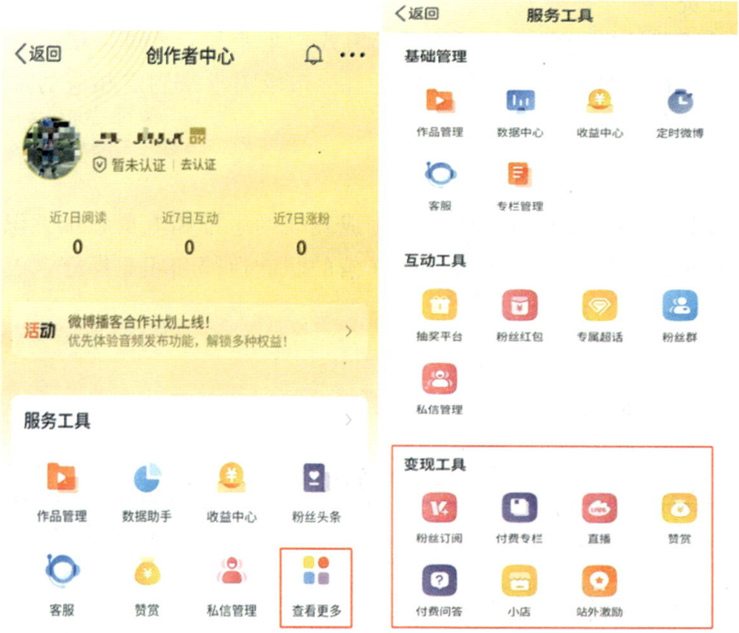

图 2－10 个人创作者变现渠道

企业微博营销的商业变现形式主要包含以下 4 种：

（一）广告代言

商家可以在微博上购买广告位，将自己的产品、服务或品牌信息展示给用户。还可以通过微博广告平台进行投放，选择不同的广告形式（如横幅广告、原生内容推广等）和定向策略，以达到更精准的受众覆盖。

（二）KOL 合作

与受欢迎的 KOL 合作是一种常见的微博营销方式。商家可以与有影响力和粉丝基础的 KOL 合作，让其代言或推荐产品、服务，吸引更多用户关注和购买。这种方式可以借助 KOL 的影响力和粉丝群体来扩大品牌曝光度和影响力。

（三）自媒体变现

自媒体账号在微博上发布有价值的内容来吸引粉丝，并通过粉丝数量和内容质量实现商业变现。自媒体可以通过付费文章、赞赏打赏、付费阅读等方式获取收入。同时，也可以与商家进行品牌合作，在内容中插入品牌宣传或推广链接。

例如，新浪微博内容创作者启用了相关的功能后，粉丝就可以通过预付费来获取该用户的文章内容。用户可按月、季度、半年、全年 4 个周期给内容定价，粉丝任选其一订阅，同时也可以订阅单篇的文章，这些在后台都可以设置。不过，要让粉丝们长期付费订阅，真的还是有难度的，除非你能长时间源源不断产出特别有价值的内容。

（四）电商导流

新浪微博免费开放 API（应用程序接口），允许第三方接入。商家可以在微博上开设店铺或链接到自己的电商平台。新商家通过发布商品信息、优惠促销等方式，吸引用户点击进入购买页面进行消费。

以上是利用微博营销进行商业变现的常见模式。企业和个人可以根据自身情况选择适合自己的模式，并结合粉丝数量、内容特点以及目标市场需求来制定相应的策略。

素质素养养成

（1）在学习微博优势和应用模式时，要养成互联网思维和流量思维意识。

（2）在学习微博的变现时，要养成诚实守信的职业道德和职业操守。

活动分组

活动分组如表 2－1 所示。

表 2－1　学生活动分配表

<table>
<tr><td>班级</td><td colspan="2"></td><td>组号</td><td></td><td>指导教师</td><td></td></tr>
<tr><td>组长</td><td colspan="2"></td><td>学号</td><td colspan="3"></td></tr>
<tr><td rowspan="6">组员</td><td>姓名</td><td>学号</td><td colspan="2">姓名</td><td colspan="2">学号</td></tr>
<tr><td></td><td></td><td colspan="2"></td><td colspan="2"></td></tr>
<tr><td></td><td></td><td colspan="2"></td><td colspan="2"></td></tr>
<tr><td></td><td></td><td colspan="2"></td><td colspan="2"></td></tr>
<tr><td></td><td></td><td colspan="2"></td><td colspan="2"></td></tr>
<tr><td></td><td></td><td colspan="2"></td><td colspan="2"></td></tr>
<tr><td>活动分工</td><td colspan="6"></td></tr>
</table>

合作研学

从微博营销的优势和应用模式分析鸿星尔克“百万奖金征集上海站跑马英雄”活动成功的原因，填至表 2－2。

表 2－2　成功原因分析表

优势	应用模式	原因

考核评价

填写表 2－3 所示的考核评价表。

表 2－3　考核评价表

被评小组：__________　小组成员：______________________________

序号	评价内容	分值	自评	互评	教师评分	教师点评
1	是否结合微博营销的优势	25				
2	是否合理选择了微博营销的应用模式	25				
3	是否分析出了活动成功的原因	25				
4	素质素养目标是否达成	25				

总分：__________

拓展训练

如果你是鸿星尔克的新媒体营销人员，你会如何利用微博营销提升活动效应？

活动二　微博用户与内容定位

学习目标：

1. 知识目标

（1）理解微博用户和内容定位的内涵。

（2）掌握微博用户定位的方法。

（3）掌握微博内容的表现形式。

2. 能力目标

（1）能根据微博用户画像推测用户的基本需求。

（2）能区分不同企业微博之间用户和内容定位的差异。

（3）能为企业推荐微博创作内容的类型。

3. 素质素养目标

（1）培养互联网思维、创新思维和数据思维意识。

（2）培养严谨细致的科学态度和自主探究能力。

重点难点：

1. 重点

（1）微博用户画像构建的步骤。

（2）微博数据分析的指标。

2. 难点

（1）构建微博用户画像，进行用户定位。

（2）微博内容合理定位。

活动描述

图 2－11 为波波数据上某美妆博主的简介和粉丝画像，请结合网络调查，推测美妆用户的基本需求，并为特定国潮美妆品牌企业提供微博用户和内容定位的建议。

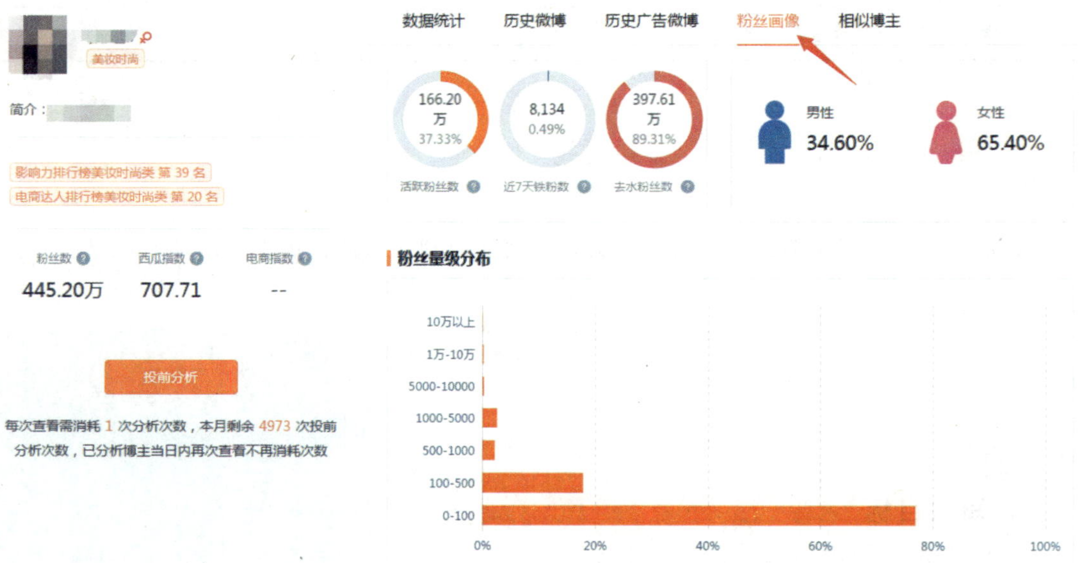

图 2－11　波波数据某美妆博主的粉丝画像

知识准备

一、微博用户定位

（一）微博用户定位方法

为了能够获得产品或品牌精准的目标用户，微博账号在创作之前，需要先进行用户定位。

1. 了解用户属性

用户属性是指描述用户特征和特点的一组属性或特征值。这些属性可以包括个人信息、兴趣爱好、消费习惯、地理位置、年龄、性别、教育水平等。用户属性可以帮助企业或组织更好地了解其目标用户群体，以便制定精准的市场策略、提供个性化的产品或服务。用户属性也可以用于数据分析和个性化推荐等领域，以提升用户体验和满意度。微博本身就有比较完整的用户注册引导、用户信息完善任务、认证用户审核，以及大量的合作对象等。因此，在收集用户属性的过程中，需要注意规范标签以及对不同来源信息的验证。

2. 观察用户行为

用户行为指用户在使用产品、服务或访问网站时展示出的行动和互动。用户行为包括点击、浏览、搜索、购买、评论、分享等各种活动。用户行为可以通过多种方式进行记录和分析，如使用数据分析工具、用户跟踪技术和用户反馈等。

通过分析用户行为，企业或组织可以了解用户的偏好、需求和行为模式，从而优化产品、服务和市场策略。用户行为分析可以帮助企业判断用户对产品的满意度，发现用户痛点和改进的机会，提供个性化推荐和定制化服务，以增强用户体验和忠诚度。微博中的用户行为包括关注、点赞、转发、评论、打赏、取关等，用户的行为多样且碎片化，不同行为反映出的兴趣差异也较大，通过用户行为分析，我们就可以知道什么样的微博内容用户会喜欢。

3. 构建用户画像

对于微博而言，其用户基数比较大，因此在构建用户画像时，还需要根据用户群体进行进一步的细化研究，了解不同用户在不同情境（交通过程中、上班途中、睡觉前）下的典型使用行为与习惯，在不同的情境下，不同用户的操作行为和习惯有什么不同。另外，还需要研究不同行业人士、不同职业背景、不同身份地位的人的行为，细化专业人员与专业行业，以使用行为模式为特征提取共性，探索其在不同典型场景的行为从而开发出新的需求点。

微博用户画像构建

（1）收集用户的基本信息。用户的基本信息是指微博用户在网上观看和转发微博的各种数据，主要分为：人口学变量、用户目标、用户使用场景和用户行为数据，具体如表 2－4 所示。

表 2－4　用户基本信息

序号	数据分类	属性	作用
1	人口学变量	用户的年龄、性别、婚姻状况、教育程度、职业和收入	通过对这些人口学变量进行分类，可以了解每类用户对微博内容的需求差异
2	用户目标	用户在观看微博过程中出现各种行为的目的。例如，用户使用微博特别关注美食类微博的目的等	了解不同目的的用户的用户特征，有助于查找微博营销的目标用户

续表

序号	数据分类	属性	作用
3	用户使用场景	微博用户在什么时候、什么情况下观看微博的相关信息。例如，用户下班后在地铁上观看搞笑类微博	通过这些信息可以了解用户在各类使用场景下的偏好或行为差异
4	用户行为数据	用户在观看微博过程中的各种行为特征。例如，观看微博的频率、市场，通过微博购物的客单价等	可以分析和划分用户的活跃等级以及用户价值等级等，为微博的内容定位和脚本创作提供数据支持

（2）归纳用户的特征属性。用户特征属性包括：用户基本属性以及用户规模、日均活跃用户数量、使用频次、使用时长、活跃度分布等。

①用户规模是指某个行业、领域中用户的数量，用户规模越大，说明该行业、领域的商业营利能力和发展潜力越强。

②日均活跃用户数量是指使用微博平台的每日活跃用户数量的平均值，能够反映微博平台的运营情况、用户的黏性。

③使用频次是指使用微博平台的频率和次数，根据这个数据能够判断出用户对于微博平台的喜爱程度和对微博的关注程度。

④使用时长是指微博平台程序界面处于前台激活状态的时间，通常以日使用时长为单位。

⑤活跃度分布可以反映用户黏性，分析用户的活跃度可以按一天 24 小时进行数据统计，也可以根据工作时间和节假日的不同时间段进行数据统计。

（3）生成用户画像。获取用户数据最简单、最常用的方法就是通过专业的数据统计网站查看，例如，利用波波数据（https：//wb. topsocial. com. cn/home）查看用户画像。微博创作者还可以在 PC 端微博“创作者中心”-“数据中心”页面或者微博手机客户端中依次点击“我”→“创作者中心”，打开“数据助手”，找到粉丝的数据，生成用户的画像。

微博创作者可以从用户画像信息中推导出用户偏好的微博内容类型，再针对用户偏好进行选题，从而有效地促进用户增长，提升内容定位的精准度。

（二）微博用户画像特点

作为一个开放平台，微博吸引了来自不同地区、年龄段、职业的用户，形成了独特的用户群体。用户画像则完美地抽象出一个用户的信息全貌，可以看作企业应用大数据的根基。用户画像一般是指将用户信息标签化的过程，在分析用户属性这种静态维度时，通过平台自身的合理引导便能获取到精准的用户信息。

《微博 2020 用户发展报告》数据显示，微博用户人群的主要特点如下：

1. 年龄分布广泛

占比最大的年龄段是 20～30 岁的年轻人，其中 90% 以上是“80 后”和“90 后”。此外，微博还拥有许多 40～50 岁的中年人和老年人，在 60 岁以上的群体中也存在微博用户。因此，微博“青少年化”的现象在近几年已经得到了很好的缓解。

2. 城市用户占比较高

与其他社交媒体平台相比，微博的用户更集中在城市，尤其是一二线城市。据统计，

50% 的微博用户居住在北京、上海、广州、深圳、杭州等城市。

3. 高学历高收入

微博用户中大多数人持有学士及以上学位，约占总用户数的 55%。由于微博与各行业的大 V 在平台上交流频繁，因此微博用户的平均收入也比较高。

4. 热衷于时事资讯

微博用户对当前事件的关注度和参与度非常高，因此平台上的热点话题、新闻事件、娱乐圈八卦等话题总是引发大量用户关注和转发。这也是微博的另一大特色。

5. 倡导新潮流和文化

微博用户群体中存在很多“网络先锋”和“文艺青年”，他们通常具有开放、前卫的思想，更加关注新兴的文化和潮流，同时也对环保、公益、社会责任等议题有着强烈的兴趣和参与度。

总之，微博的用户群体非常广泛，覆盖了不同地区、年龄段、职业和教育背景的人。微博用户通常更加热衷于时事资讯和文化新潮流，同时注重自我表达和个性化定制。

（三）微博粉丝数据分析

在微博手机客户端中依次点击“我”→“创作者中心”→“数据助手”，可以查看粉丝数据。粉丝数据包含粉丝增长、活跃分布和粉丝画像。

1. 粉丝增长

微博粉丝分析包括粉丝趋势分析和近 7 日取关粉丝列表（见图 2－12）。微博粉丝趋势分析又包括粉丝总数、新增粉丝数、粉丝减少数、粉丝增长率、主动关注粉丝数。其中，粉丝增长率 =（当天粉丝数 － 昨日粉丝数）/昨日粉丝数。运营人员可以对近 7 天、近 30 天、近 90 天或更久远时间段的粉丝总数、粉丝净增数进行趋势图分析，以快速掌握粉丝增长或减少的情况，并结合所发布微博内容的分析，找出粉丝变化的原因。

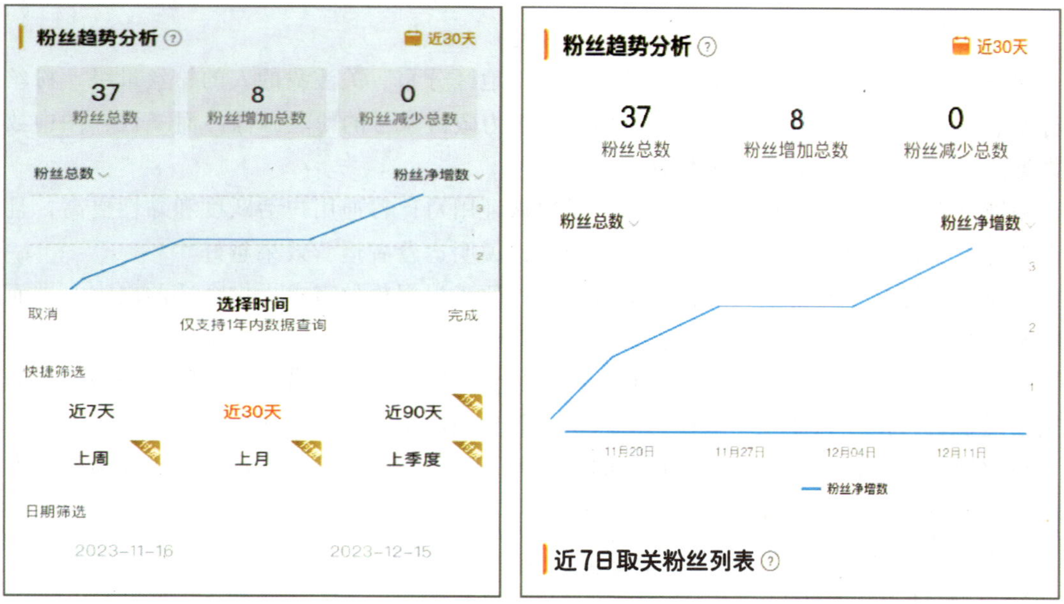

图 2－12　粉丝趋势分析

2. 活跃分布

活跃分布主要是对活跃粉丝数进行分析。微博账号粉丝根据活跃度分为活跃粉丝和“僵尸粉”（即只关注没有任何互动的用户），通过活跃分布即可查看微博账号近 7 日的粉丝活动情况，了解粉丝活跃度较高的时段，分析粉丝产生活跃行为的原因，更好地选择运营的时间。图 2－13 所示为某账号近 7 日粉丝活跃按天分布情况（注：图中数据为微博后台免费试用版的非真实数据）。

图 2－13　近 7 日粉丝活跃按天分布

3. 粉丝画像

粉丝画像分析是对粉丝的来源、性别年龄、地区分布、关注我的人的粉丝量级、粉丝兴趣标签、类型、星座等数据进行分析。图 2－14 为微博账号的粉丝画像界面（注：图中数据为微博后台免费试用版的非真实数据）。

粉丝类型分为认证用户和普通用户，微博认证用户比普通用户活跃度和黏性更高，且对运营者更有价值。故粉丝中认证用户比例越高，说明运营者运营效果越好。

粉丝兴趣标签：对粉丝兴趣标签进行分析，便于根据粉丝需求提供合适的内容，进而提高粉丝黏性。

粉丝星座：不同星座的人，性格和喜好可能会不同。微博后台提供了粉丝星座分布的雷达图，运营者将鼠标悬浮在图上任意一点均可看到当前星座的所占比例。

粉丝地区分布：运营者统计出粉丝的地区分布，更利于规划线下活动及规划运营内容。

二、微博内容定位

（一）微博内容定位方法

微博内容定位可以根据用户类别，分为个人微博的内容定位和企业微博的内容定位。

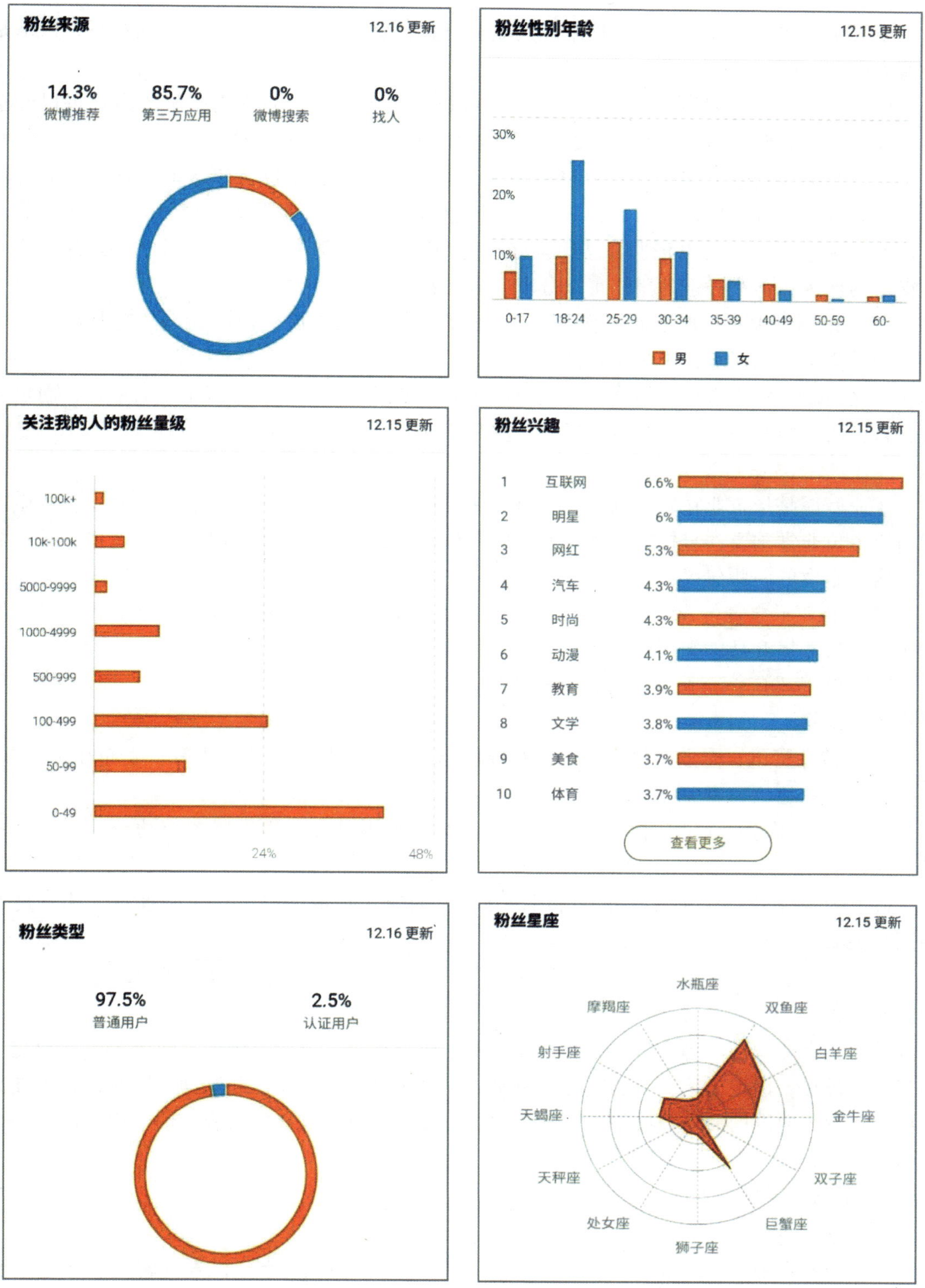
粉丝来源
12.16 更新
14.3%
微博推荐
85.7%
第三方应用
0%
微博搜索
0%
找人
粉丝性别年龄
12.15 更新
30%
20%
10%
0-17
18-24
25-29
30-34
35-39
40-49
50-59
60-
男
女
关注我的人的粉丝量级
12.15 更新
100k+
10k-100k
5000-9999
1000-4999
500-999
100-499
50-99
0-49
24%
48%
粉丝兴趣
12.15 更新
1 互联网 6.6%
2 明星 6%
3 网红 5.3%
4 汽车 4.3%
5 时尚 4.3%
6 动漫 4.1%
7 教育 3.9%
8 文学 3.8%
9 美食 3.7%
10 体育 3.7%
查看更多
粉丝类型
12.16 更新
97.5%
普通用户
2.5%
认证用户
粉丝星座
12.15 更新
水瓶座
双鱼座
白羊座
金牛座
双子座
巨蟹座
狮子座
处女座
天秤座
天蝎座
射手座
摩羯座

图 2－14 粉丝画像

1. 个人微博的内容定位

个人微博在内容方面可以根据个人兴趣、职业、爱好、市场需求等多方面进行，以下是微博内容定位的一些建议：

（1）个人兴趣：可以根据自己的兴趣爱好进行内容定位，如喜欢旅游的用户可以分享旅游攻略、风景照片等，喜欢美食的用户可以分享美食制作、餐厅推荐等。

（2）职业或行业：可以根据自己的职业或行业进行内容定位，如从事教育行业的用户可以分享教育心得、教育资讯等，从事医疗行业的用户可以分享健康知识、医疗资讯等。

（3）兴趣爱好：可以根据自己的爱好进行内容定位，如喜欢阅读的用户可以分享读书心得、书评等，喜欢音乐的用户可以分享音乐推荐、音乐评论等。

（4）市场需求：可以根据市场需求进行内容定位，如当前热门的话题、趋势等，可以分享相关资讯、观点等，满足用户的需求。

总之，微博内容定位要结合个人兴趣、职业、爱好、市场需求等多个方面进行，制定出适合自己的内容策略，以吸引更多用户关注和互动。

2. 企业微博的内容定位

企业微博是指企业在新浪微博或腾讯微博等社交媒体平台上开设的官方账号。企业微博的内容定位非常重要，直接影响到企业品牌形象、产品推广和用户互动的效果。以下是企业微博内容定位的一些建议：

（1）企业形象宣传：企业微博可以发布企业的新闻动态、企业文化、员工活动等，展示企业形象，提升品牌知名度。

（2）产品推广：企业微博可以发布产品介绍、产品优势、使用技巧、用户评价等信息，促进产品销售。

（3）行业资讯：企业微博可以关注行业动态、市场趋势、竞争对手等，发布相关资讯，展示企业行业地位和专业性。

（4）客户服务：企业微博可以提供客户咨询、投诉处理、售后服务等功能，提高客户满意度。

（5）互动交流：企业微博可以与用户互动，回应用户的问题、建议和评价，建立良好的用户关系。

（6）社会公益：企业微博可以关注社会公益事业，参与公益活动，展示企业社会责任和公益形象。

总之，企业微博内容定位要结合企业形象、产品推广、行业资讯、客户服务、互动交流等多方面进行，制定出适合自己的内容策略，以吸引更多用户关注和互动。同时，企业微博也要注意发布内容的质量、频率和时机，避免过度宣传或无意义的内容，影响用户体验和企业形象。

（二）微博内容数据分析

1. 博文分析

博文分析包括对全部微博的阅读趋势（阅读总数、发博总数），微博转发、评论和赞（转发总数、评论总数和赞总数）以及对单条微博的阅读趋势（阅读总数、阅读总人数），转发、评论和赞（转发总数、评论总数和赞总数），点击趋势（点击总数、图片点击总数、短链点击总数)，阅读来源、粉丝阅读等数据进行分析。图 2－15 和图 2－16 分别为微博阅读趋势和微博阅读人数界面。(注：图 2－16 中微博阅读人数为微博后台免费试用版的非真实数据)

微博阅读趋势反映了账号某段时间内的微博被阅读次数，根据这些数据可以分析该账号阅读数据差异较明显的部分，总结用户感兴趣的博文内容。单条微博被转发、被评论的次数和人数越多，证明该博文的传播力越强，当天登录的粉丝数和转评赞的粉丝数越多，覆盖度越高。

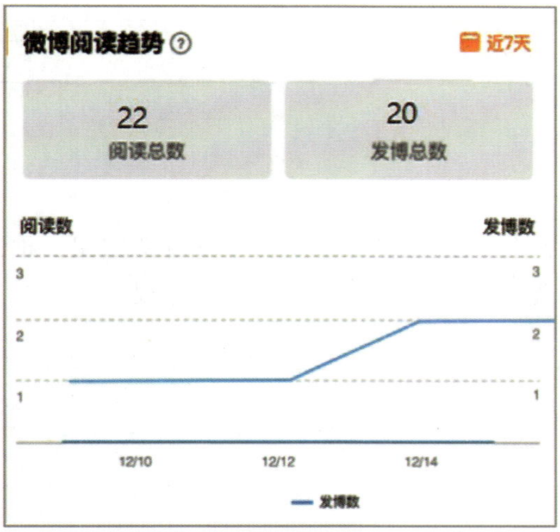

图 2－15　微博阅读趋势

图 2－16　微博阅读人数

2. 互动分析

互动界面包含了近 7 天账号互动 TOP10、影响力、我的评论。微博影响力是衡量一个微博账号每天在微博江湖中影响力大小的数字，可通过发微博情况、被评论、转发的情况以及活跃粉丝的数量来综合评定。

3. 视频分析

与博文分析类似，视频分析主要对全部视频播放趋势，视频转发、评论和赞，以及单条视频的数据进行分析。运营人员可以通过统计视频的播放量和点赞数，找到优化视频内容的方法，以增强运营效果。

素质素养养成

(1) 微博用户定位时，同学们要养成互联网思维、创新思维和数据思维意识。

(2) 微博内容定位时，同学们要具有严谨细致的科学态度和自主探究能力。

活动分组

活动分组如表 2－5 所示。

表 2－5 学生活动分配表

班级		组号		指导教师	
组长		学号			
组员	姓名	学号	姓名	学号	
活动分工					

合作研学

根据图 2－11 波波数据上某美妆博主的粉丝画像，结合网络调查和本节所学知识，推测美妆用户的基本需求，为特定国潮美妆品牌企业提供微博用户和内容定位的建议。

____

____

____

____

____

考核评价

填写表 2－6 所示的考核评价表。

表 2－6 考核评价表

被评小组：__________ 小组成员：______________________________

序号	评价内容	分值	自评	互评	教师评分	教师点评
1	是否推测出美妆用户的基本需求	25				
2	是否对国潮美妆品牌企业进行了用户定位	25				
3	是否对国潮美妆品牌企业进行了内容定位	30				
4	素质素养目标是否达成	20				

总分：__________

拓展训练

调查鸿星尔克的官微粉丝数据和博文数据，并进行微博用户和内容定位。

模块二
微博营销实战

活动一　微博内容创作

学习目标：

1. 知识目标

（1）了解微博内容创作的基础知识。

（2）掌握微博内容的撰写方法。

（3）掌握微博选题的方法。

2. 能力目标

（1）能对标热门领域的大 V 账号设置某领域的微博账号。

（2）能根据要求撰写微博文案。

（3）能在微博内容中熟练使用图片、视频、音频、链接等功能。

3. 素质素养目标

（1）遵守平台规定，树立社会主义核心价值观。

（2）培养爱国爱党意识，弘扬中华优秀传统文化。

（3）培养用户营销意识和互联网思维意识。

重点难点：

1. 重点

（1）微博账号设置。

（2）微博选题策划。

（3）微博内容设计。

2. 难点

（1）微博选题策划。

（2）微博内容设计。

活动描述

选择一个热门科技领域，对标参考图 2－17 所示的小米手机账号新品发布会微博，设置微博账号、规划微博选题和内容，并撰写一条微博文章。

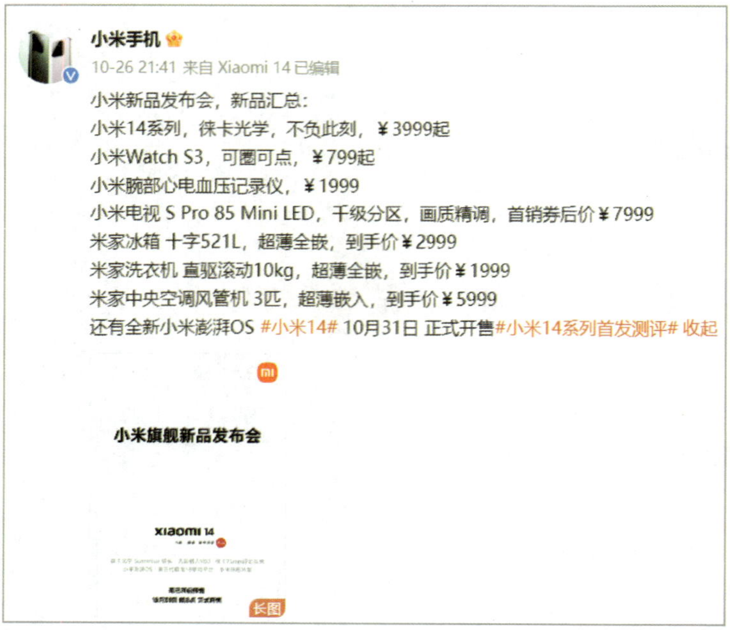

图 2－17　小米新品发布会

知识准备

微博的内容创作包括账号设置、选题策划、内容设计、内容发布。

一、微博账号设置

微博账号设置

（一）微博昵称的设置

微博昵称设置要简单、拼写方便、避免雷同，主要有以下 5 种方法。

1. 直接命名法

直接命名法即直接以企业、品牌、组织机构、个人的名字来命名，如“天猫”“京东”“中国新闻网”等，如图 2－18 所示。

图 2－18　直接命名

2. 相似命名法

相似命名法是以影响力较大，或具备代表性的微博名为模板来命名的一种方法，如“V微博搞笑排行榜V”等，如图2-19所示。

图2-19　相似命名

3. 功能命名法

功能命名法即根据企业、品牌、产品等的功能来命名，突出某个用途或功能等，如“滴滴代驾”“滴滴出租车”等，如图2-20所示。

图2-20　功能命名

4. 形象命名法

形象命名法是指利用拟人、拟物、比喻等形象化的手法，将无形的事情或事物有形化的一种方法，如“电影工厂”“拇指阅读”等，如图2-21所示。

图2-21　形象命名

5. 抽象命名法

抽象命名法是一种在微博或其他社交媒体平台上常见的命名方式。它通常使用一些抽象词语或短语来命名账号或发布内容，以引起注意和表达个人或主题的特点。这种命名方式不局限于个人身份，也可以是商业品牌或组织的名称。

微博抽象命名法的好处是可以给人留下深刻的印象，提供一种独特而有趣的方式来表达自己的观点或吸引关注。例如，一个抽象命名为“小道消息”的账号可能意味着该用户热衷于收集并讨论各类资讯信息，如图 2－22 所示。

图 2－22　抽象命名

但需要注意的是，抽象命名可能会导致一定的歧义或理解的困难，特别是对新关注者来说。因此，在选择抽象命名时，最好确保它与自己的核心主题或品牌形象相关，并能够清晰地传达出自己的意图或特点。

（二）设置微博头像

对个人微博来说，微博头像的设置比较随意，可以是清晰的真人照片，也可以是个性化的卡通头像、特殊标志等。对于企业、政务、组织机构的微博来说，微博头像最好选择能够代表其形象的企业 Logo、政府部门名称、拟人形象等。

微博头像风格应该与微博类型一致。例如，“插画绘画”以插画作为头像，“华为中国”以企业 Logo 作为头像，都非常具有代表性，如图 2－23 所示。

图 2－23　企业 Logo 头像

（三）设置微博简介

微博简介是对个人、企业、组织机构等的简单介绍。一般来说，微博简介可以简明扼要地表达个人的特长和能力等，也可以采用比较有趣的句子，展现其微博的趣味性。对于企业、政府部门、组织机构等的微博而言，其简介应简明扼要，以让用户快速了解，也可以用个性化的文案展示微博形象，如图 2－24 所示的中国新闻周刊官方微博（含邮箱、版权说明）。

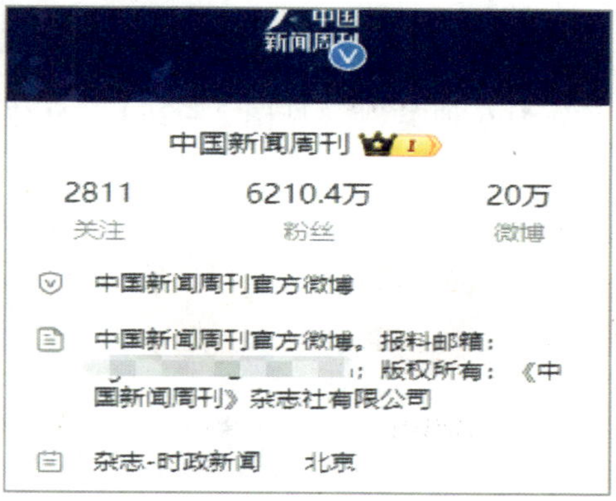

图 2－24　微博简介

（四）添加微博标签

微博标签是对微博账号所运营领域的一个缩略。对于个人微博来说，可在编辑个人信息时添加标签信息，在其中对自己的特长、爱好等进行展示，吸引具有相同兴趣爱好的用户群体；对于企业、组织机构的微博来说，标签可描述其所处行业、领域，或者经营的产品、服务等，如图 2－25 所示。

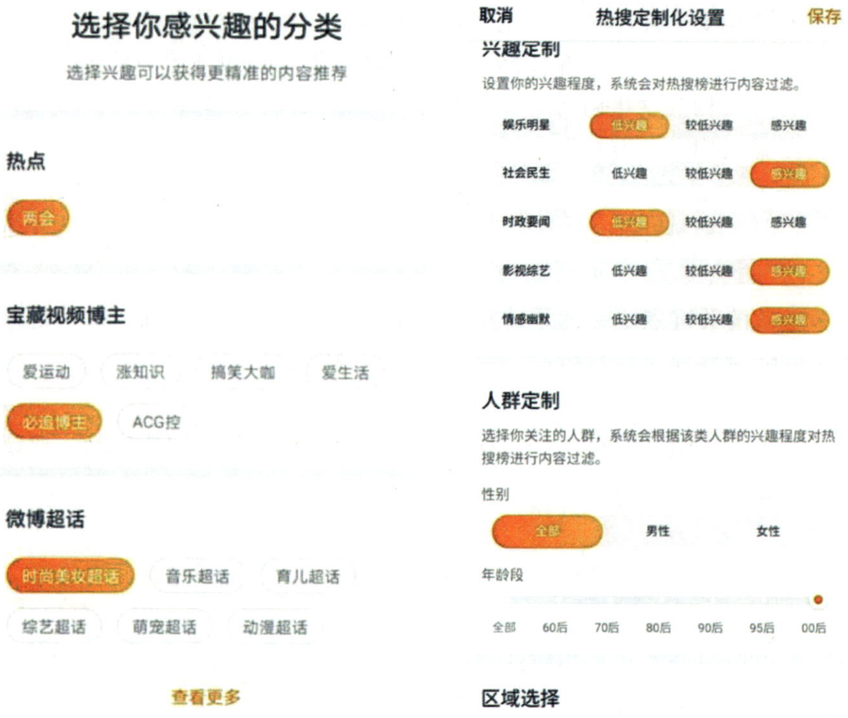

图 2－25　添加微博标签

（五）申请微博认证

微博认证的申请分为个人认证和机构认证。

1. 个人认证

个人认证的标识是一个橙色的字图标，认证成功后会显示在微博昵称后。根据认证类型的不同，个人认证又可分为6种类型（见图2－26），每种类型需要符合不同的申请条件。

图2－26 微博个人认证

2. 机构认证

机构认证也叫蓝V认证，包括企业认证、机构团体认证、政府认证、媒体认证、校园认证、公益组织认证，认证成功的微博昵称后会有一个蓝色的图标。

（1）营利性组织、企业、个体工商户等可申请企业认证。

（2）公立行政机构、体育、“粉丝”、社会团体等民间组织可申请机构团体认证。

（3）各党政机构及事业单位、国企、行政属性的社团可申请政府认证。

（4）电视台、报纸、杂志、媒体网站、新媒体等机构可申请媒体认证。

（5）校园官方机构及学生组织等相关团体可申请校园认证。

（6）社会公益组织、公益性账号可申请公益组织认证。

二、微博选题规划

（一）建立微博素材库

做好微博运营的关键点之一就是建立素材库，以微博定位为基础，保持持续、有效的微博信息更新，有针对性地寻找与微博定位相匹配的内容。

1. 选择优秀的信息源

阅读优秀作品时要随手保存，统一存放，可以使用有道云笔记等工具。建议先阅读再保存，或者先存放在一个统一的临时笔记本中，阅读完再分类。

2. 对收藏夹进行整理

整理收藏夹时，可以进行合理归类，并为收藏的作品加上标签，便于搜索。

3. 应用并不断更新

应用时，可以按照分类找到相应的资料，也可以直接使用搜索，对于有些已经没有保存价值的资料，建议及时清理掉。

（二）制作微博选题时间地图

按时间（节日、节气、假日）地图策划内容，因为节假日是最好的话题，所以必须有张话题表，如图2－27所示的某年8～12月节假日选题时间地图。也就是说，微博话题不能是临时的、即兴的话题，应该是有规划的。节假日包括法定节假日、国际纪念日、民俗节假日、行业营销季、本地文化节等，如果运营者每年都可以提前整理时间地图，对运营微博、提前准备发布内容会非常有帮助。

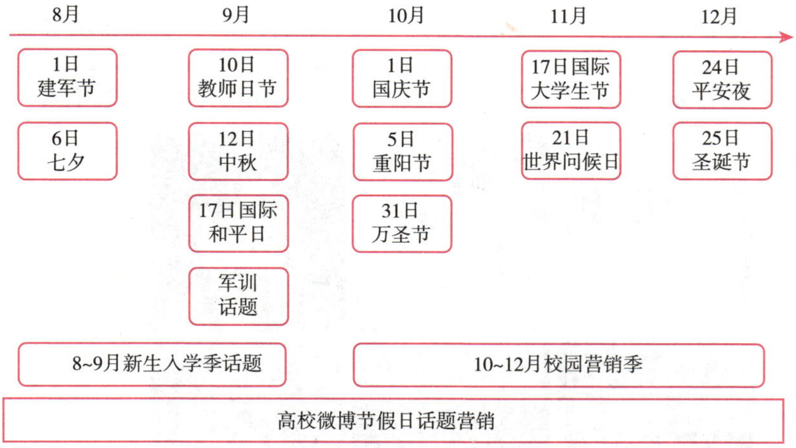

图 2－27　选题时间地图

三、微博内容设计

个人微博或者企业微博根据所在行业、市场需求、社会公益等方面进行定位后，需要根据微博的形式，进行内容的设计。微博内容设计主要有短文、头条文章、视频、话题等。

微博内容设计

（一）短微博

纯文字短微博是指可以直接通过微博首页文字输入框发布的内容。短微博发布的内容一般比较随意，不要求特定的内容与格式，可以是百字以内的随笔感悟，也可以是上千字的整理归纳等，如图 2－28 所示。

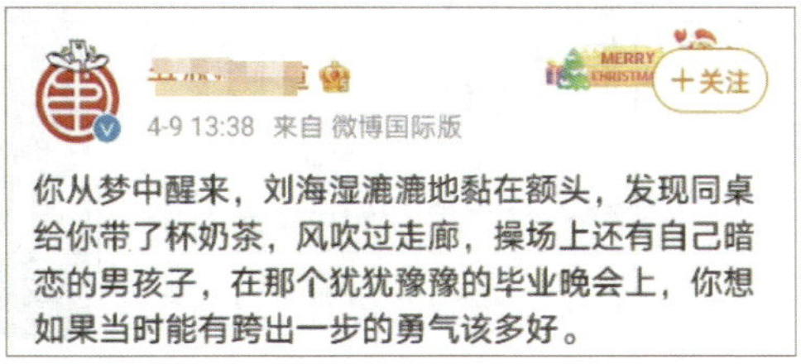

图 2－28　纯文字短微博

图文结合的短微博包括单图、多图和拼图 3 种形式，其图片可以是长图，也可以是动图。图片要与文字互相搭配，尽量简单浅显，结合一些网络热点，进行合理扩展，如图 2－29 所示。

（二）微博头条文章

头条文章能获得更多的推广，容易被更多用户看到，形成二次传播，因此能产生较大的影响力，提高文章的阅读数和互动量。

微博头条文章主要包括：标题、摘要和正文内容。

图 2－29　图文结合短微博

微博文章的表达风格与微博博主的写作风格有关，可以是严谨的，也可以是幽默的、风趣的，但应该与用户的特点相呼应，可根据目标用户的喜好来调整。

此外，微博文章排版质量关系着用户的阅读体验，一般应选择适中的字号，将标题、重要句子和词语等加粗显示，让文章的字体和字号产生对比，也可以添加一些图片、表情等，增加版面的美观性，提升用户的阅读体验，如图 2－30 所示。

图 2－30　微博头条文章

（三）微博视频

除了微博短文和头条文章，运营人员还可以在微博中发布视频、开设直播等。微博视频的关键因素是内容，内容的好坏直接决定了视频的传播度和影响力。在微博中进行直播，可以与用户进行实时互动，能快速与用户建立起情感共鸣，如图 2－31 所示。

图 2－31　微博视频

（四）微博话题

话题指微博中围绕一个主题展开的讨论，一般以"#××#"的形式出现，是微博运营的一大利器。发布微博话题时，应该使微博话题的内容与微博主要内容保持一致，保证其能够引起用户的注意，让用户主动参与微博话题，提升微博话题的热度，增加微博话题的覆盖范围，如图 2－32 所示话题为：#一人一句送给我们的 2023#。

四、微博内容发布

（一）注意转发和原创比例

运营者进行内容策划时，要考虑自己微博原创和转发的比例。微博原创，运营者的运营难度大，也不利于建设微博矩阵；但转发太多，缺乏原创也会让用户不想关注。所以适度的原创是必需的。转发微博时，要特别注意微博平台上大量来源不明、耸人听闻的消息，这些消息比一般消息更吸引人转发，运营者转发后也会得到更多粉丝的转发，但是传播谣言后果很严重。一般来说干货类、推荐类、美图类、热点类内容是比较受欢迎的 4 类微博。

（二）把握发布时机

除了话题内容和时间策划，微博发布时间也会影响微博的阅读打开率。所谓最佳发布时间，是指你期望的人最先看到微博的时间。微博内容的发布时机需要根据实际反馈和微博数据进行动态调整，并没有固定的时间段。根据调查，微博用户一般在上午 9：30—12：00、下午 3：30—5：30、晚上 8：30—11：30 较为活跃，因此，这 3 个时间段就是发布微博的黄金时段，如图 2－33 所示的微博发布界面。

图 2－32　微博话题

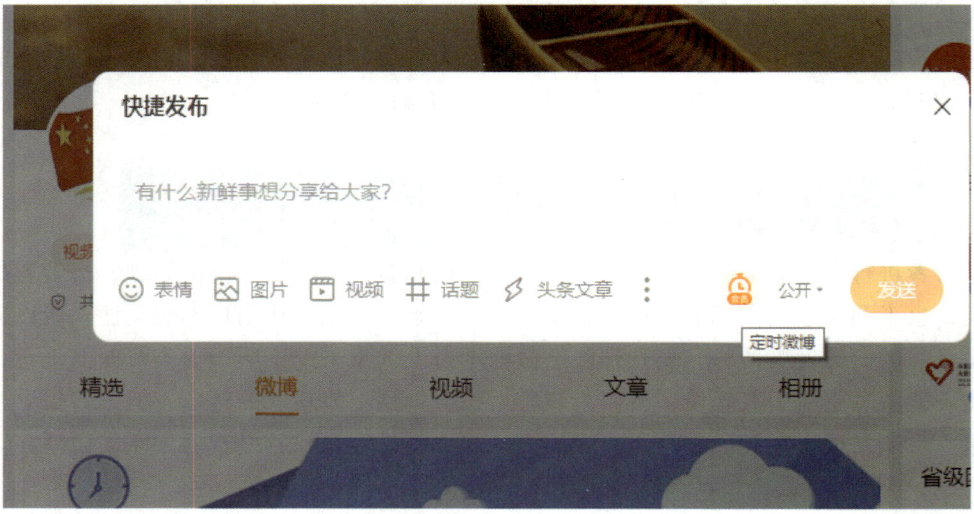

图 2－33　微博发布界面

素质素养养成

（1）微博账号定位时，同学们要遵守平台规定，符合社会主义核心价值观。

（2）微博内容设计时，要有爱国爱党意识，弘扬中华优秀传统文化。

（3）在微博内容发布时，要养成用户营销意识和互联网思维意识。

活动分组

活动分组如表 2 –7 所示。

表 2 –7　　学生活动分配表

班级		组号		指导教师	
组长		学号			
组员	姓名	学号	姓名	学号	
活动分工					

合作研学

（1）对标科技领域的热门账号及其微博内容，设置一个微博账号并策划短微博选题和内容，填写表 2 –8。

表 2 –8　　短微博选题策划表

领域	对标账号和内容	账号设置（账号名称、简介、标签）	选题与内容规划

（2）根据该领域近期发生的热点事件，撰写一条微博文章。

考核评价

填写表 2－9 所示的考核评价表。

表 2－9　考核评价表

被评小组：＿＿＿＿＿＿　小组成员：＿＿＿＿＿＿＿＿＿＿＿＿＿＿＿＿＿

序号	评价内容	分值	自评	互评	教师评分	教师点评
1	是否对标设置了微博账号	20				
2	微博选题和内容规划是否合理	20				
3	是否撰写了微博文章	20				
4	微博文章结构是否合理	20				
5	素质素养目标是否达成	20				

总分：＿＿＿＿＿＿

拓展训练

根据当前微博热搜榜单，发布一篇相关微博视频。

活动二　微博营销活动策划与推广

学习目标：

1. 知识目标

（1）理解微博活动的理论知识。

（2）掌握微博活动的推广技巧。

2. 能力目标

（1）能熟练设置微博活动。

（2）能阐述微博活动类型。

（3）能策划微博的活动。

（4）能设计微博活动推广方案。

3. 素质素养目标

（1）培养全局意识和营销意识。

（2）培养团队协作精神。

重点难点：

1. 重点

（1）策划微博的活动。

（2）推广微博的活动。

2. 难点

（1）设置微博活动内容。

（2）分析设计微博矩阵。

活动描述

根据活动一【合作研学】中规划的微博内容，参考图 2－34，策划一场微博转发抽奖活动，与网友互动，推出新品，吸引用户消费。

图 2－34 微博活动

知识准备

微博活动是个人或者企业在微博营销中非常重要的一种手段和方法，主要是通过现金、虚拟货币或者实物的奖励来吸引用户参与活动，从而达到账号推广、增加粉丝、同时引导消费的目的。

一份可执行、可操作、创意突出的活动策划可以有效提高企业的知名度和品牌美誉度。因此，成功的微博营销活动策划对于企业的产品推广、品牌建设及核心业务的宣传是非常有帮助的。

微博营销活动

一、策划微博活动

（一）确定微博活动名称和话题

活动名称：短小精悍，朗朗上口。

活动主题：要易于理解，突出主题。

海报设计：重点突出，吸引人眼球。

话题：一方面，节日里用户参与活动的热情总是会比平常要高，因此活动话题应与节日紧密相关。另一方面，也可与其他微博账号合作，一起策划推广活动。

例如，酷派手机“用酷派大胆说爱、七夕送情侣好礼”微博活动。

（二）制定微博的活动简介

活动简介可简单分为引言、参与方式、活动介绍、时间、地点、获奖宣布时间、其他。活动规则要简单，易于参与，因为简单的活动规则比复杂的活动规则更能吸引用户参加。

（三）设置奖品

活动奖品是最吸引人的部分，也是大多数参与用户的目的，吸引人的奖品能够吸引更多用户。

二、发布微博活动

2019 年 4 月 1 日起，微博活动中心下线，如需在微博上发布有奖活动，微博抽奖平台是微博官方唯一的抽奖工具，如图 2－35 所示。

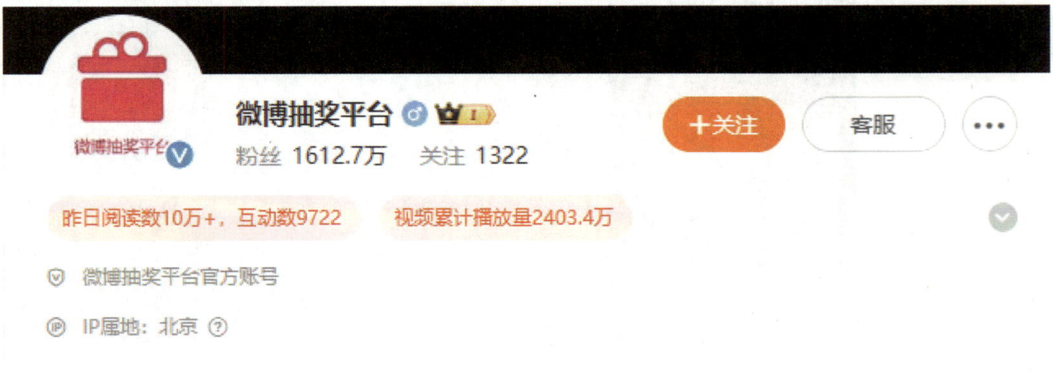

图 2－35　微博抽奖平台

（一）微博抽奖平台介绍

微博抽奖平台面向已认证的蓝 V 用户、VVIP 用户以及购买超级粉丝服务包/品牌服务包的用户。目前微博抽奖平台支持手机端和 PC 端抽奖，支持定时抽奖。抽奖方式有“转发抽奖”“评论抽奖”“点赞抽奖”等，每次只能选一种，不可同时选中。

转发抽奖：短时间增加曝光率，有效增加粉丝，推广品牌，引导消费。但增加的粉丝不易转化为忠实用户，易流失。

评论抽奖：互动性强，可以知晓用户需求，提高微博知名度。

点赞抽奖：推广产品，引导消费，引导舆论导向，推广微博知名度。

设置抽奖活动时，抽奖筛选条件可以设置“关注”“@ 好友”“关键字筛选”或者同时关注他人；活动奖品支持实物奖品、虚拟卡券（只 PC 端可支持，包含优惠券、游戏码等）、现金、微博会员 4 种类型。抽奖结果由系统自动抽取产生并发布公示微博，同时自动给中奖用户发送中奖私信，全程保证公平公正。

（二）微博抽奖活动总流程

一个微博抽奖平台发起的完整有奖活动包括【发布活动】、【设置抽奖】、【活动开奖】、【活动发奖】4 个步骤。

1. 发布活动

（1）发布有奖活动。直接发布一条带有【活动规则】、【活动奖品】、【抽奖时间】的微博并@ 微博抽奖平台即可，如图 2－36 所示杭州图书馆的年末抽奖活动。

图 2－36　微博抽奖活动

（2）设置活动规则。目前@ 微博抽奖平台支持的活动规则有：关注、转发微博，评论微博、点赞微博、@ 好友（最多 3 位）、关键词、同时关注其他账号（最多支持 1 人）。活动规则的设定与用户的抽奖权限相关，截至 2023 年，微博抽奖活动的规则是，只有开通了高级抽奖权限的用户在发起活动时才可设置对应权限的活动规则。

（3）设置抽奖时间。单个抽奖活动，抽奖时间期限为设置时间起至 30 天内。

（4）设置活动奖品要求。

①活动奖品的设置必须真实、客观、准确，不得存在歧义、误导性、随机性，不确定性；

②不得设置无实际价值类、测试类、不可实现类活动奖品；

③单个奖项奖品总价值（即以单个中奖用户所得奖品金额为参考）不得超过 5 万元；

④奖品的发放规则必须在活动发出时明确说明。

(5) 发布有奖活动注意事项。

①所有活动发布时必须明确说明活动规则、活动奖品、抽奖时间;

②抽奖活动不得以招聘、违规兼职信息，宣扬宗教、仇恨，危害国家安全，违反法律法规等形式进行;

③活动奖品总价值大于5万元且其中单个奖品总价值不超过5万元的抽奖活动发起前需先私信@微博抽奖平台报备提交申请，报备申请通过后方可发起；报备方式为私信@微博抽奖平台，回复“报备”查收。

④有奖活动微博发出后一旦有人参与，不可私自更改活动规则、活动奖品、抽奖时间；如因特殊原因需要重新编辑文案，也应该保持活动规则、活动奖品、抽奖时间不变;

⑤有奖活动微博发出后一旦有人参与，不得私自删除活动，不得设置仅自己可见或仅好友可见。

2. 设置抽奖

(1) 抽奖入口。活动发起后，抽奖人需要在事先规定的开奖时间按时抽奖或者提前设置定时抽奖；所有抽奖均需要抽奖人去抽奖后台设置，如自己不设置，系统不会自动开启。PC端抽奖入口：创作者中心→运营助手→抽奖中心，如图2-37所示。手机端抽奖入口：我→创作者中心→查看更多→抽奖平台，如图2-38所示。

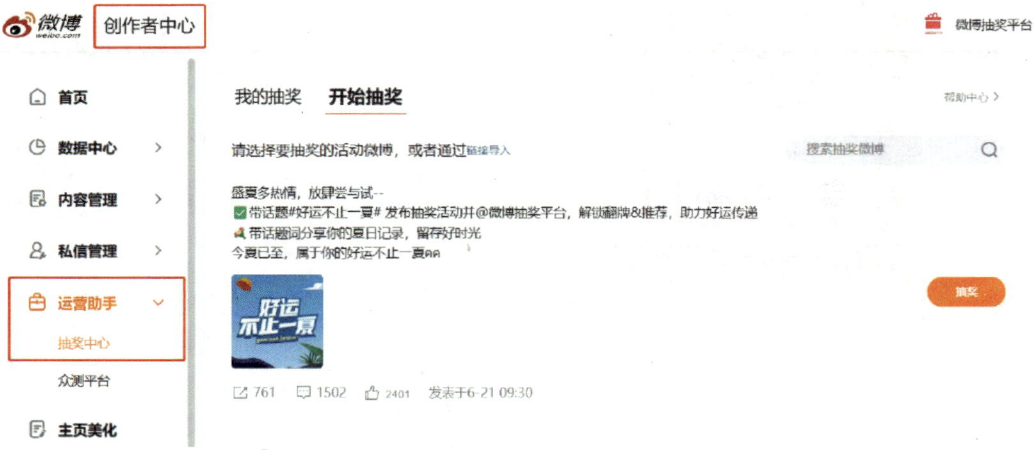

图2-37 PC端抽奖入口

(2) 选取抽奖微博。进入抽奖平台后即可选取需要抽奖的活动微博，抽奖人只能选取自己发布的微博进行抽奖；仅自己可见、仅好友可见、仅粉丝可见及半年不可见等设置公开权限的微博不可设置抽奖。

(3) 设置抽奖奖品。

①实物奖品设置：需要线下邮寄或者无法线上发放的奖品均以【实物奖品】抽取。

② 虚拟奖品设置：券码类奖品可选取【虚拟奖品】类型抽取，虚拟奖品抽奖分为无兑换码和有兑换码2种形式；无兑换码形式是指由系统随机生成一批券码发放给中奖者，兑奖时中奖者提供收到的随机券码，抽奖人在抽奖记录页的核销入口进行核销兑换。

图 2－38　手机端抽奖入口

有兑换码形式是指抽奖人可以自己上传已有的兑换码（如游戏卡券、电子兑换券等）进行抽奖。

③现金奖品设置：以现金作为奖品的活动抽奖时需要选择【现金奖品】类型。

④会员奖品设置：以微博会员作为奖品的活动抽奖时需要选择会员奖品类型，目前线上只支持抽取 1 个月、3 个月、12 个月的微博会员。

除虚拟奖品抽奖外，其余抽奖活动单次抽奖最多可设置 3 种奖项，每个奖项单次可抽取 100 人，即单次抽奖最多可抽 300 名中奖用户。

（4）设置抽奖条件。

①互动方式：转发、评论、点赞，分别指从转发微博、评论微博、点赞微博的用户里抽取，目前单次抽奖只支持一种互动方式，即每次抽奖只能从转发、评论、点赞里选一种进行抽奖。

②@ 好友数：指参与的时候@ 好友的个数，这里的@ 好友指的是参与用户的粉丝，且不能重复，即 A 发起了活动要求 3 个好友，粉丝 B 参与了活动@ C、@ D、@ E，那么 C、D、E 必须是 B 的粉丝，且 C、D、E 不能是同一个人。

③关注我：指从关注了抽奖人的参与用户里抽取。

④定时抽奖：指活动发起后提前设置抽奖时间，设置完成后系统将在设置的时间自动抽奖。

⑤同时关注：设置同时关注后，指从关注了指定博主的粉丝里抽取。

⑥转发关键词：指从带了指定关键词的参与用户中抽取，关键词规则需要在活动发起时明确说明，且只能设置一个关键词，关键词目前是精准匹配。

值得注意的是抽奖时，抽奖条件的设置必须与所发的活动描述完全一致，不得私自增减、修改抽奖条件；所设置的抽奖条件都会在抽奖结果页对所有用户公开展示，违规设置抽奖条件的行为视为违规抽奖。

（5）抽奖过程说明。设置完抽奖条件，点击“确认抽奖”按钮后，该条微博抽奖状态将显示【抽奖中】，显示【抽奖中】的抽奖不能取消。同时，因抽奖过程会校验参与用户是否满足抽奖人设置的抽奖条件，所以抽奖结果不会立即公布，抽奖时间与活动参与人数、抽奖条件有关，参与人数越多，设置的抽奖条件越多，抽奖时间越长，一般所有抽奖会在30分钟内完成，如果同一账号同一时间有多个抽奖，那么该账号抽奖时间将会有所延长。①

3. 活动开奖

（1）开奖说明。抽奖结束后，系统会自动发出一条带有抽奖结果公示链接的公示微博，公示链接会对所有用户公开展示抽奖人设置的所有抽奖条件，对应抽奖微博会自动匹配上一个公示链接，如图2－39所示。

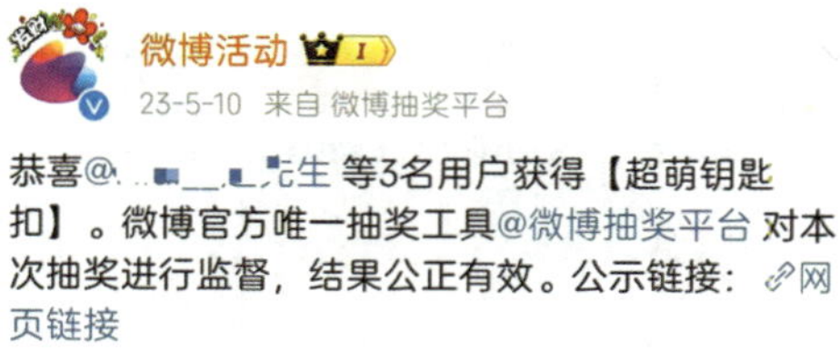

图2－39 开奖说明

（2）收集中奖名单。抽奖结束后，抽奖人可在PC端或者移动端查看。PC端：“创作者中心→运营助手→抽奖中心→我的抽奖”选择抽奖记录，点击“详情”按钮查看中奖人名单以及中奖人提交的收货信息，如图2－40所示。移动端：“我→创作者中心→抽奖平台→我的抽奖”中选择抽奖微博。

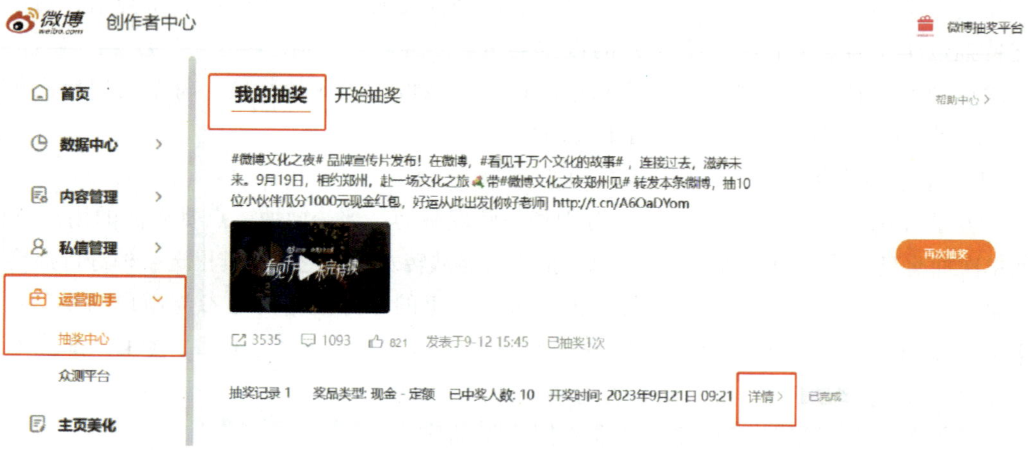

图2－40 PC端收集中奖名单

4. 活动发奖

（1）实物奖品。需要邮寄的实物奖品需在活动开奖后30个自然日内发奖，如果因特殊原因不能在规定时间内发奖，抽奖人需提前与中奖用户协商沟通说明情况，避免因发奖逾期

① 《微博抽奖平台使用指南（2020年版）》。

被举报；奖品发放费用如需中奖用户支付，则需要在活动发布时明确说明；未事先说明的则默认由抽奖方承担，包邮地区默认为大陆地区，其他地区由抽奖人自行决定。

（2）现金奖品。现金奖品在活动发起方线上支付后，系统将会将奖金在开奖后 7 个工作日内自动转账至中奖用户的微博钱包内。

（3）会员奖品。会员奖品在活动发起方线上支付后，系统将在开奖后 7 个工作日内自动为中奖用户充值上微博会员。

（4）虚拟奖品。虚拟奖品在抽完奖后，系统将会自动把中奖卡券发放至中奖用户的卡券包内。如中奖人在发奖期间出现私自修改微博昵称、账号被冻结、删除参与活动的凭证，活动方有权不予发放奖品。

（三）微博线下活动

线下分享会、线下见面活动、线下品牌活动、线下演讲、线下培训等都是比较常见的微博线下活动。与线上活动相比，线下活动针对的地域、人群会更加精准，获取的用户会更加真实可靠，也可以做到和“粉丝”面对面交流、互动。

三、推广微博活动

（一）增加互动黏性

微博账号要想拥有足够多的粉丝，不仅需要吸引新用户，还需要维护老用户，只有经过长期的积累，才能拥有越来越多的粉丝。特别是对于有质量的粉丝，更是需要微博博主进行持续长久的运营。迎合粉丝喜好，发布有吸引力的内容，多和粉丝互动。格式为：评论 + 转发 + 私信 +@ 提醒。

（1）及时回复。不论是收到别人的@ 提醒还是评论，第一时间回复很重要，快速回复往往让博主感到很贴心，如同在线聊天互动，这种会让彼此增添好感。

（2）及时转发。如遇粉丝神评论应主动转发，粉丝看到了自己的微博被转发会非常高兴，如果获得大家共鸣，该粉丝会收到几十次甚至上百次@ 提醒，这对他来说是一种难忘的体验。

（3）私信交流。总会有些话题和内容不便公开，因此需要私信和分析沟通交流。

（4）主动关注。遇到一些志趣相投的粉丝，主动关注往往会得到对方的回粉。

（二）利用话题提升微博的转发量

话题指微博中围绕一个主题而展开的讨论，一般以“# × ×#”的形式出现，是微博内容运营的一大利器，热点话题是能够引发讨论和转发的，有很好的传播性。

例如，微博软文话题灵感：

（1）流行歌曲：改造一首歌的歌词，使之和产品有关；

（2）文艺金句：改造某经典广告或某文学金句，使之和产品有关；

（3）电影海报：使用 PS 制作热门电影海报，或热门图片，和产品有关；

（4）热门段子：改造流行的“ × ×体”，变成粉丝吐槽的共鸣点；

（5）漫画改造：借助流行的漫画体，设计产品对话。

（三）借势提升微博的浏览量

借势是指及时抓住广受欢迎的社会新闻、事件以及人物的名人效应等展开相关活动，达到提高企业或产品知名度、美誉度的目的，树立良好品牌形象，促成产品或服务销售的目的。

运营人员可借助网络流行语、娱乐新闻、社会事件等热点编辑微博活动内容，也可以借助文化、节日等编辑微博活动内容，如图 2－41 所示。

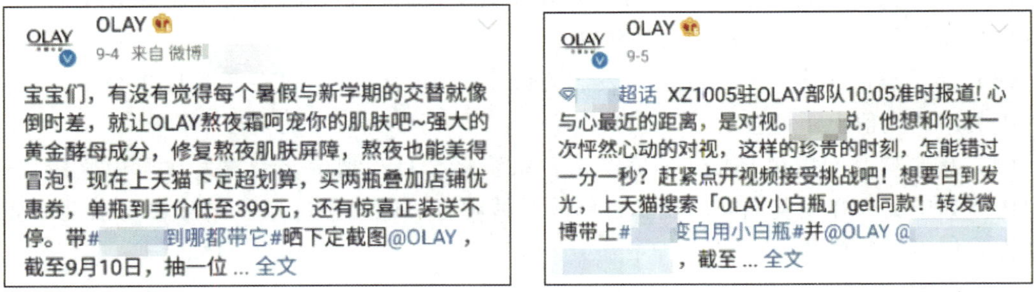

图 2－41　微博发布借热点

（四）利用@功能提升关注度

在编辑微博内容时，可输入“@”符号，以选择最近@的人或直接输入的方式，与大 V、明星、媒体等具有影响力的微博账号进行互动，增加微博内容的名气，如图 2－42 所示。

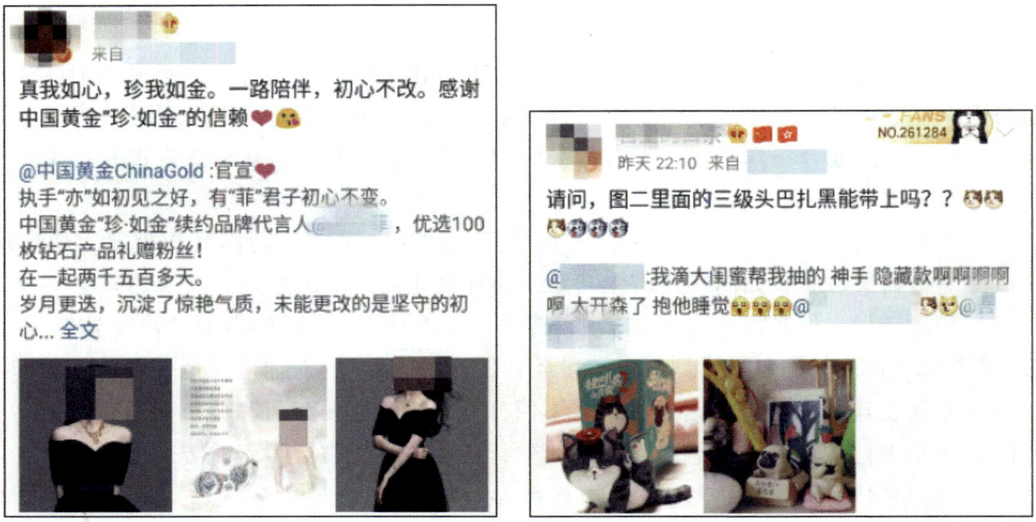

图 2－42　微博发布@功能

（五）防止失活掉粉

一定要重视粉丝的一举一动，哪怕仅有一个活跃粉丝，对于评论加以真诚回复；切记不要在评论区和粉丝抬杠，形象很重要。遇到不礼貌的评论，不要刺激对方，评论限制、拉黑小黑粉就好。遇到精彩的评论，转发就可以让更多人看到，赞扬的声音越大越好。时常去铁粉微博里去看看，发发评论增进友谊。不要过多地去@别人，欲速则不达，积极是好的但不要盲目。

（六）打造微博运营矩阵

对企业来说，建立微博矩阵，可以将不同定位的内容发布在不同账号上，使各个微博账号各司其职，避免信息混乱，定位不清，如图 2－43 所示，是小米公司在微博上打造的公司—产品—高管—话题的部分微博矩阵。

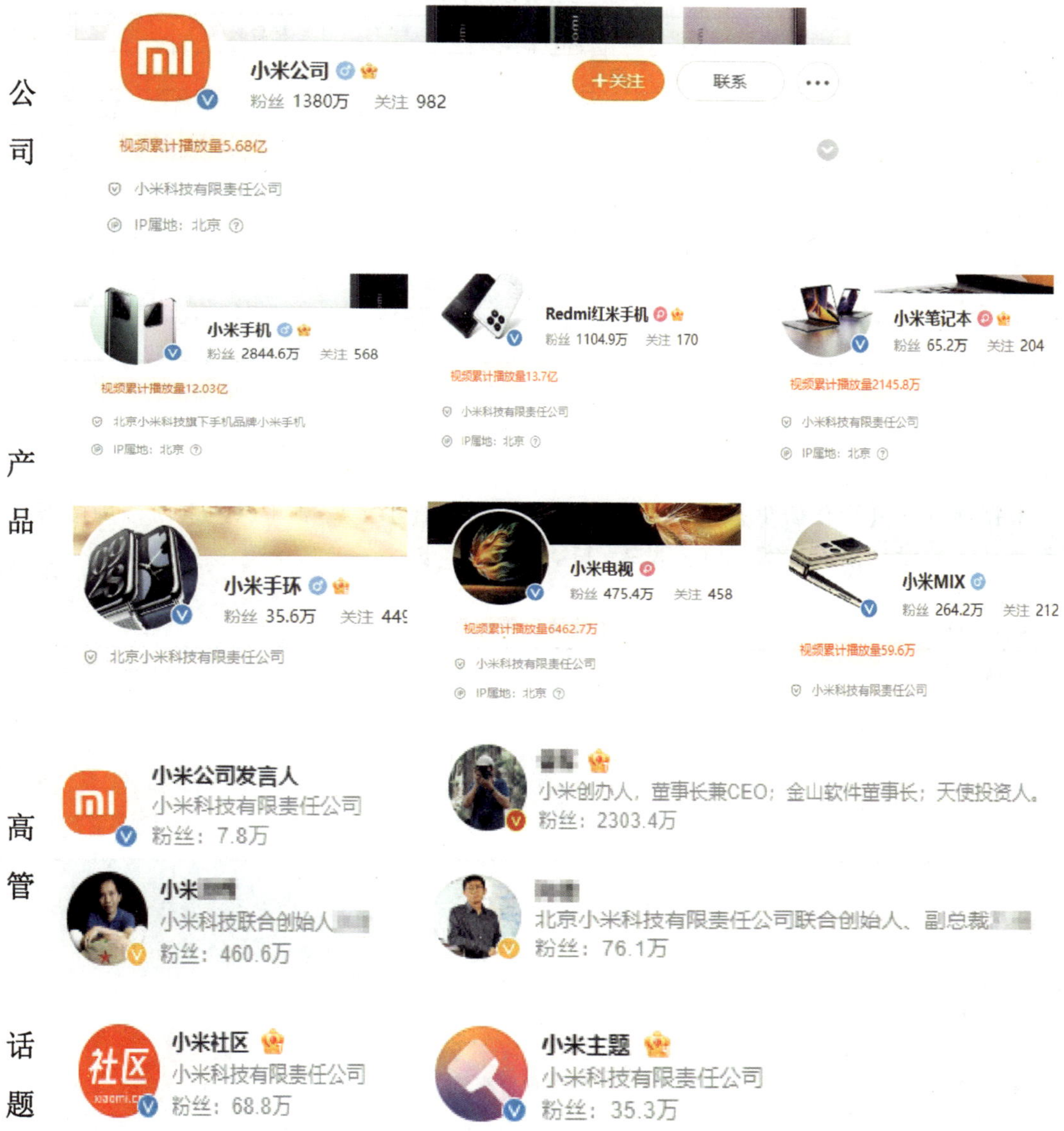

图 2-43　小米企业微博矩阵

素质素养养成

（1）微博活动策划过程中，同学们要有全局意识和营销意识，提前做好预案。

（2）在微博活动推广过程中，要养成团队协作精神。

活动分组

活动分组如表 2-10 所示。

表 2－10　学生活动分配表

<table>
<tr><td>班级</td><td></td><td>组号</td><td></td><td>指导教师</td><td></td></tr>
<tr><td>组长</td><td></td><td>学号</td><td colspan="3"></td></tr>
<tr><td>组员</td><td colspan="5"><table><tr><td>姓名</td><td>学号</td><td>姓名</td><td>学号</td></tr><tr><td></td><td></td><td></td><td></td></tr><tr><td></td><td></td><td></td><td></td></tr><tr><td></td><td></td><td></td><td></td></tr><tr><td></td><td></td><td></td><td></td></tr><tr><td></td><td></td><td></td><td></td></tr></table></td></tr>
<tr><td>活动分工</td><td colspan="5"></td></tr>
</table>

合作研学

根据活动一【合作研学】中规划的微博内容，结合本节所学知识，策划一场微博转发抽奖活动，并设计推广方案，填至表 2－11。

表 2－11　抽奖活动策划表

活动名称	活动规则	活动奖品设置	活动推广方案

考核评价

填写表 2－12 所示的考核评价表。

表 2－12　考核评价表

被评小组：＿＿＿＿＿＿　小组成员：＿＿＿＿＿＿＿＿＿＿＿＿＿＿＿＿＿

序号	评价内容	分值	自评	互评	教师评分	教师点评
1	活动名称是否有吸引力	15				
2	活动规则是否清晰	25				
3	活动奖品设置是否合理	20				
4	活动推广方案是否可行	20				
5	素质素养目标是否达成	20				

总分：＿＿＿＿＿＿

拓展训练

分析微博活动策划和推广过程中遇到的问题，并提出相应的解决方案。

3 项目三 微信营销

知识概览

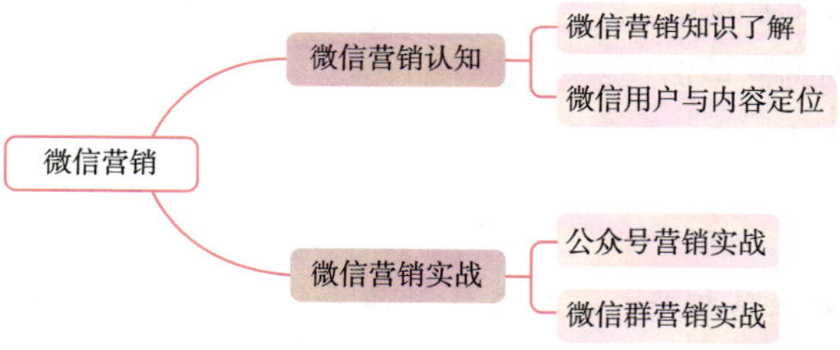

模块一 微信营销认知

活动一　微信营销知识了解

学习目标：

1. 知识目标

（1）理解微信营销的概念。

（2）了解微信营销的特点。

（3）理解微信营销的价值。

（4）掌握微信主要应用的功能。

2. 能力目标

（1）能准确分析微信营销的优势。

（2）能分析出微信营销的价值。

（3）能阐明微信主要应用的营销价值。

3. 素质素养目标

（1）培养调研能力和实事求是的作风。

（2）培养数据思维和互联网思维意识。

（3）培养细节意识。

重点难点：

1. 重点

（1）微信营销的特点。

（2）微信营销的价值。

2. 难点

（1）微信主要应用的功能。

（2）微信主要应用的营销价值。

活动描述

根据图 3－1 所示的微信相关产品生态展示的内容，分析它们分别是微信的哪些功能应用，都有什么特点？

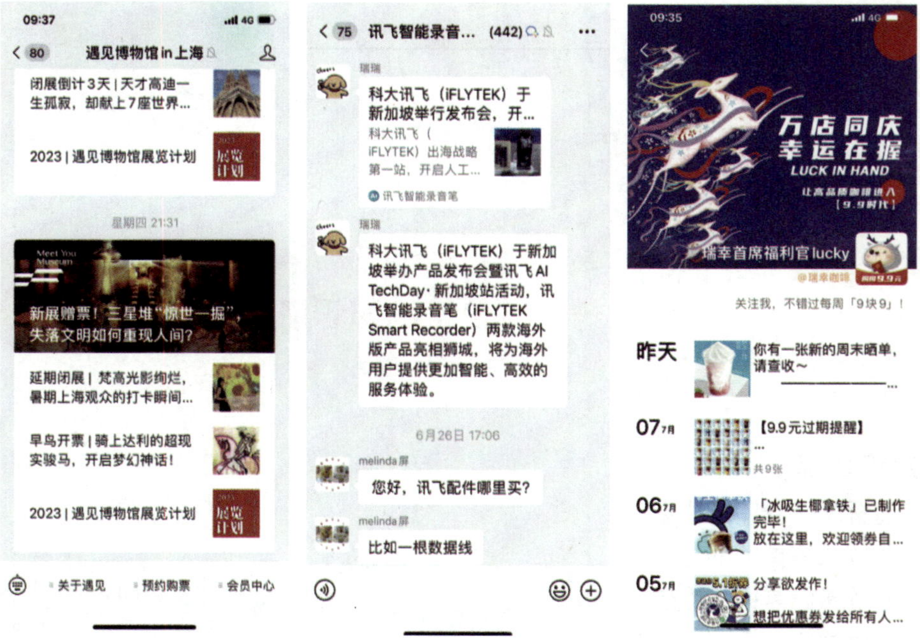

图 3－1 微信产品生态展示

知识准备

一、微信营销的概念

微信于2011年推出，是腾讯公司自主研发的一款社交应用程序，不仅是一种新型的移动社交方式，更拥有丰富、立体的生态系统，服务于十分广泛的移动互联网用户。人们能够通过微信朋友圈、视频号、直播、扫一扫、摇一摇、看一看、搜一搜、附近、购物、游戏、小程序等功能实现实时信息分享、信息沟通、娱乐互动、直播购物、生活服务等。

微信不存在距离的限制，用户注册后，可与周围同样注册的“朋友”形成联系，用户订阅自己所需的信息，商家通过提供用户需要的信息，推广产品。随着智能手机的不断普及以及微信功能的不断开发，微信对生产者及消费者的市场行为的影响越发深远。

微信营销是以微信为载体的一种营销模式。通过微信，商家将生产者（供给方）和消费者（需求方）紧紧地联系在一起，让产品的需求和供给更紧密地匹配起来。具体而言，微信营销是商家（企业或个人）借助手机、PC客户端或者平板电脑的微信系统通过朋友圈、微信群、微信公众号等将产品信息第一时间发送给客户，吸引庞大的消费人群，刺激其消费的营销活动。微信营销可以帮助商家了解用户需求、推广产品，从而实现点对点的营销服务。

二、微信营销的特点

作为一种新型的营销方式，与传统营销相比，微信营销具备很多自身的特点。

（一）传播精准度高

商家如何在茫茫人海中将产品的信息进行有效传播，从而获取足够的展现量，如何将产品传递给有需求的潜在客户，微信营销有效地解决了这个问题。微信凭借其庞大的移动用户群，借助移动终端的社交和位置定位等优势，每条产品信息都可以推送，从而能够让每个消费者都有机会接收到产品信息，继而帮助商家实现精准的点对点营销。对于商家而言，通过微信营销可以获得大量的精准客户，提高产品的展现量，最终可以获取可观的流量。

（二）互动性更突出

微信作为一个功能非常强大的社交互动平台，具有很强的互动及时性，无论你在哪里，只要你带着手机，就能够轻松地与客户进行互动。商家和用户之间可以通过文字、图片、语音、视频等方式实现实时的交流沟通，商家可以及时地了解客户的需求，客户亦可及时地了解商家产品的最新动态。

（三）营销形式多样

随着微信功能的不断演进，微信已经形成了一个庞大的生态系统，其朋友圈、视频号、扫一扫、摇一摇、附近、小程序等发现栏的功能，以及微信群、公众号平台等使商家拥有丰富多样的微信营销手段。

三、微信营销的价值

（一）有助于企业降低推广成本

传统的营销模式下，商家需要花费大量的资金通过电视、报纸、广告牌、网络等推广渠道推广自己的产品，效果虽然不错，但是成本高。微信由于其终端用户规模巨大，不受地域和时间的限制，所以微信营销能以其传播快捷、成本低、覆盖面广的优势迎合新时代商家的推广需求，为商家节约大量的推广成本。

（二）有助于企业塑造品牌形象

借助企业公众号、朋友圈、小程序等多元化的传播方式，企业可以全方位地展示其形象。例如，企业通过微信公众号定期发布企业新闻、品牌行业资讯、用户需求分析、营销动态等类型的文章，可以展示自己的专业能力和服务水平，赢得用户的信任和支持；同时，通过与用户的互动，企业还可以了解用户的需求和反馈，从而不断改进产品和服务，提高用户满意度。

（三）有助于企业管理客户关系

微信营销兴起以前，企业维持老顾客最基本的方式是打电话、拜访等，这样不但费时费力，而且成本也比较高。但随着微信的兴起，越来越多的企业开始使用微信进行客户关系管理。通过灵活便捷的微信沟通机制，企业可以有效地与客户进行深度沟通，更方便地了解用户的特征；通过后台的用户数据分析，微信群聊天、答疑解惑等互动方式，企业可以为客户提供精准的营销推广服务；通过朋友圈、微信群、公众号等积极推送的新品信息、节日问候、优惠信息、行业资讯等，企业可以有效提高客户的忠诚度。

四、微信界面的主要应用

在微信（版本 8.0.37）的主页面的下方，从左到右有 4 个功能按钮，即“微信”“通讯录”“发现”“我”，下面重点讲“发现”功能。点击“发现”，会弹出“微信”页面，该页面包含朋友圈、视频号、直播、扫一扫、摇一摇、看一看、搜一搜、附近、购物、游戏、小程序等应用。商家可以充分利用微信这些应用的功能开展相应营销活动，下面简要介绍以下几个应用及其功能：

（一）朋友圈

当朋友在朋友圈发送信息时，“发现”按钮的右上角将出现红点提示，此时，依次轻点“发现”，再点击朋友圈，弹出朋友圈页面，即可打开其发送的信息。朋友圈是流量裂变营销的重要入口，商家通过集赞裂变、广告投放、打造人设等方式进行营销，可以在朋友圈发布文字、语音或者图片等，与已有客户进行交流和互动，或是向目标客户介绍相关产品。

（二）视频号

视频号的位置在朋友圈入口的下方，不同于订阅号、服务号，它是一个全新的内容记录与创作平台，视频号内容以图片和视频为主。视频号通过点赞、评论与用户进行互动，也可以将内容转发到朋友圈、聊天场景，从而与好友分享。从泛资讯为主的内容平台转变为多元、共生的全民消费平台，微信视频号定位的变化为创作者、品牌商家、服务商三方都带来了新机遇。可以说，现在的视频号打通了微信生态大多数的引流通道，逐渐形成一个成熟的“短视频 +

电商 + 直播”的商业闭环。商家可以通过视频号为顾客传递产品、服务等重要信息，结合企业微信群发、客户朋友圈功能，将视频号内容快速传递给顾客，更好地进行品牌宣传和活动传播。

据微播易发布的《2022 主流社交媒体平台趋势洞察报告》，起步最晚的微信视频号连接整个微信生态，在跑步姿态下强势启动商业化。2020 年至今，微信视频号快速进行功能的升级与迭代，与第三方服务公司深度合作，视频号直播间打通订阅号和小程序，视频号推出带货功能，支持购物车直达购买，越来越多的商家品牌入驻视频号，在视频号这一公域、私域联动的新场域中寻求发展机会。另据腾讯 2022 财报披露，2022 年视频号原创内容播放量同比提升 350%；视频号看播规模增长 300%，看播时长增长 156%。同时，2022 年视频号直播带货规模保持高速增长，销售额同比增长超 8 倍。

（三）微信直播

微信直播是指基于微信公众号的商家或个人可以通过手机、摄像头、摄像机等摄像终端实时通过微信公众平台进行直播，用户可以通过微信公众平台实时观看、在线互动。微信直播对于用户而言，有充分参与感，通过打赏、聊天、点赞、弹幕、互动等，用户很容易参与其中，只需要微信账号。微信直播应用广泛，在产品发布会、活动、会务、展览、培训、演艺、赛事等各方面都有很好的应用；用户可以将直播页面直接分享到朋友圈，也可发布到微信公众号，观看者打开就可以直接观看直播画面。

（四）扫一扫

微信扫一扫是微信生态中最基础的功能之一，也是整个微信生态中使用频率最高的功能之一。扫一扫拥有三大功能——“扫码”“识物”“翻译”。扫码主要应用于以下场景：添加好友、扫码关注、扫码付款、安装应用、访问网页、登录账号、查询物流等。

（五）搜一搜

微信搜一搜自上线以来，不断优化，已成为用户常用的功能之一，其涵盖了微信生态的多个板块内容。点击发现页的“搜一搜”选项，进入界面后，呈现在搜索框下方的是“朋友圈”“音乐”“文章”“微信指数”等。2023 年微信公开课 PRO 版中，微信搜一搜团队披露，2022 年微信搜一搜月活跃用户已达 8 亿人，搜索量较 2021 年同比增长 54%；2022 年通过搜一搜带动的公众号新增粉丝贡献占比达到 27%，文章分发量较 2021 年增长 43%；2022 年搜一搜为小程序带来的新增日活用户贡献占比 20%；搜一搜为视频号带来的新增粉丝量较 2021 年增长 120%；搜一搜已成为各个应用内容增长的重要助力工具。

（六）小程序

小程序作为一种全新的连接用户与服务的方式，可以在微信内被便捷地获取和传播，用户使用小程序无须下载，扫码就能进入。而且，用户使用小程序之后，会自动出现在“小程序”界面，想用时随时使用。点击小程序，会出现“附近的小程序”“我的订单”“我的小程序”和“最近使用”模块，同时用户也可以搜索需要查找的小程序。小程序因为具有开发难度低、开发成本低、市场潜力大、用户体验好等优点，从而为商家提供了一种新的展示平台和销售渠道。微信通过小程序与滴滴出行、美团外卖、京东购物、拼多多等多个垂直领域平台及微博、知乎、哔哩哔哩等其他社交媒体平台实现了无缝对接。商家可以通过搭建小程序商城、增加小程序营销服务的方式进行营销。

2022 年微信公开课 PRO 版“入微”的数据显示，2021 年小程序日活跃用户突破 4.5 亿人，活跃小程序数量同比提升41%，日均使用次数同比增长32%；2023年微信公开课PRO版“微信之约”数据显示，小程序方面，2022年用户月均使用天数增长24%，使用时长同比增长2倍；交易规模达数万亿元，同比提升40%，单用户年交易金额增长34%；小程序已逐步成为商家经营和投放广告的主要载体，来自广告的打开次数增长53%；帮助更多开发者获得收益，非游戏小程序流量增长23%。可以说，上线以来，微信小程序的商业化生态愈加丰满，促进流量主变现的规模不断增加，以餐饮行业为代表，借助扫码点餐、预点单、小程序外卖等模式，小程序不断延伸商家门店的服务半径，带来了增量收入。在2021年，餐饮商家小程序的日均使用人次达到千万级别，复购率达到行业大盘的3倍。越来越多的品牌商家把门店和小程序结合起来，通过导购推荐及门店配送模式，提高商品的复购率，此外，品牌与终端进一步连接，B2B小程序帮助品牌连接超过百万个终端小店，降低了商家的营销费用。

（七）其他应用

微信发现界面还有“摇一摇”“看一看”“附近”“购物”“游戏”等应用。

素质素养养成

（1）在查阅资料的过程中，同学们一定要认真、实事求是，提升调研能力，坚持和发扬实事求是作风。

（2）在对比微信营销与传统营销的区别时，同学们要运用数据思维和互联网思维。

（3）在分析微信各个应用、功能优缺点时，同学们一定要细心、细致，注重细节，培养细节意识。

活动分组

活动分组如表3－1所示。

表3－1 学生活动分配表

班级		组号		指导教师	
组长		学号			
组员	姓名	学号	活动分工		

合作研学

（1）根据活动描述中图3－1所示的微信产品生态展示的内容，分析其所属功能应用及特点，思考微信还有哪些其他功能。

（2）分析微信营销与传统营销的异同。

____

____

____

____

____

考核评价

填写表 3－2 所示的考核评价表。

表 3－2　　考核评价表

被评小组：__________　小组成员：______________________

序号	评价内容	分值	自评	互评	教师评分	教师点评
1	微信产品案例分析是否透彻、有深度	40				
2	传统营销与微信营销的区别阐述是否清楚	40				
3	素质素养目标是否达成	20				

总分：__________

拓展训练

作为微信用户，你用得最多的微信应用是哪一个，它的优点和缺点分别是什么？

活动二　微信用户与内容定位

学习目标：

1. 知识目标

（1）掌握微信用户画像的方法

（2）了解微信用户的群体特征和行为特征。

（3）掌握微信内容定位的原则和流程。

2. 能力目标

（1）能根据微信用户画像的方法生成画像

（2）能根据相关数据准确分析微信用户的特征。

（3）能根据微信内容定位原则和流程进行微信营销。

3. 素质素养目标

（1）培养数据思维和创新思维意识。

（2）培养诚实守信的职业道德意识。

（3）培养社会主义核心价值观。

重点难点：

1. 重点

（1）微信用户的群体特征。

（2）微信内容定位的原则。

2. 难点

（1）微信用户画像的构建方法。

（2）微信内容定位流程分析。

活动描述

图 3－2 为某企业财经类图书营销微信公众号的后台用户属性数据，试分析该公众号用户的基本特征。

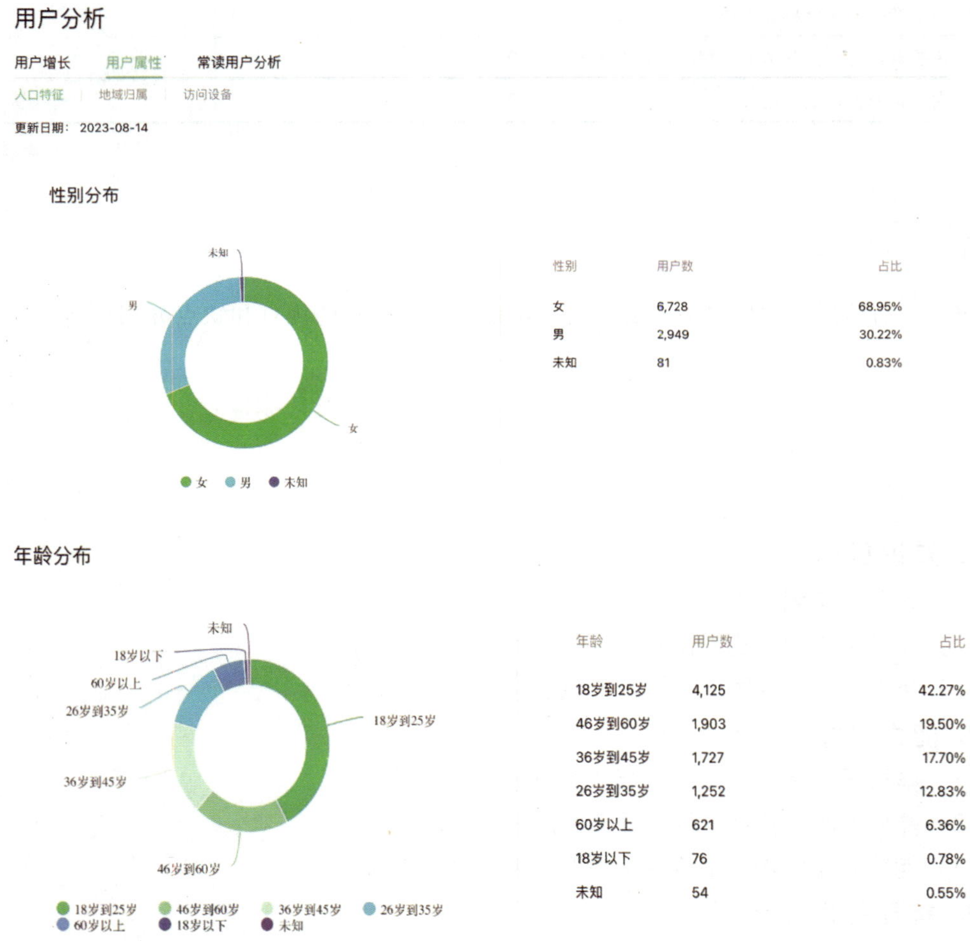

性别	用户数	占比
女	6,728	68.95%
男	2,949	30.22%
未知	81	0.83%

年龄	用户数	占比
18岁到25岁	4,125	42.27%
46岁到60岁	1,903	19.50%
36岁到45岁	1,727	17.70%
26岁到35岁	1,252	12.83%
60岁以上	621	6.36%
18岁以下	76	0.78%
未知	54	0.55%

图 3－2　某企业图书营销微信公众号的用户数据

知识准备

一、微信用户定位

微信诞生伊始，从用户定位角度来说，其核心用户是熟人，即便后来微信有搜索附近的人和摇一摇功能，其定位还是熟人社交。但是随着微信在工作、社交、生活中的影响日益加深及微信用户基数的不断扩大，微信用户从过去的以“熟人社交”为主的单社交模式逐渐向“熟人社交＋工作社交”的多社交模式转变，微信用户社交模式的转变给微信营销带来更大的发展空间。整体而言，微信人群覆盖精准，包括亲戚、朋友，生活、工作上的密切的现实关系关注者，所以微信用户黏性非常高。在进行微信营销之前，商家需要借助客户画像的方法了解微信用户的群体特征和行为特征，根据自身的产品或品牌，结合用户性别、年龄、地域等特征属性，开展有针对性的营销活动。

微信用户定位

（一）构建微信用户画像的方法

用户画像是指结合用户人口学特征、网络浏览内容、网络社交活动和消费行为等信息而抽象出的标签化的用户模型，其核心主要是通过对海量数据的挖掘，给用户贴上能表示其维度特征的“客户标签”，用于后续的数据分析和营销推广。用户画像的构建过程可分为 3 个步骤：数据采集、数据标签化和生成画像。

第一步，数据采集。用户画像所需的数据可划分为静态数据和动态数据两类。静态数据通常涉及用户的人口属性、空间属性、社交属性等维度，这些数据可以通过定性的开放式问题来获取，也可以通过定量的调查问卷调研来获取，主要目的在于了解用户的真实需求，进而具象用户特征。动态数据则主要是用户不断变化的行为特征数据，这些数据通常都会被相应的互联网产品或平台记录下来，获取难度相对较低。

第二步，数据标签化。用户画像的目的之一就是通过对用户数据的分析为每个用户打上相应的标签，并为标签赋予不同的权重，所以就需要将用户数据映射到构建的标签体系中，并将用户的多种特征组合到一起。

标签的选择会直接影响最终画像的丰富度与准确度，因而数据标签化时需要与产品自身的功能与特点相结合。比如微信用户画像时要与微信朋友圈、微信公众号、微信群等的功能和特点相结合。

第三步，生成画像。在把用户数据标签化之后，通过 Excel、BI 等可视化工具，即可生成相应的用户画像，可以是囊括了各种标签的 Excel 表格，也可以是一张可视化的画像。

（二）微信用户的群体特征

1. 用户基数巨大

作为目前国内使用量最大的社交软件，微信自 2011 年诞生以来，便以无可匹敌的姿态横扫其他社交聊天软件。腾讯发布的 2022 年第四季度及全年业绩报告显示，微信月活用户（MAU）高达 13.09 亿人。我国 2020 年第七次全国人口普查公布的人口数据为 14.11 亿人，以此为基数，13.09 亿人的微信月活用户占据了全国人口的 92.77% 左右，不愧为国民第一 App。

2. 用户群体年轻化

AppGrowing 联合月狐数据共同推出了《2022 移动广告流量白皮书》（以下简称《白皮书》），从中可以看出，微信的男性用户和女性用户数量相差不太大，但男性用户居多，占比 54.98%，女性占比 45.02%，如图 3－3 所示；微信年轻用户比例很高，微信用户年龄 25 岁及以下占比最高达 32.61%，26～35 岁占比 30.27%，也就是说 35 岁以下的年轻用户占比接近 63%。而年轻用户的线上消费观念及消费欲望非常强烈，因此具有更强的市场营销潜力与价值。

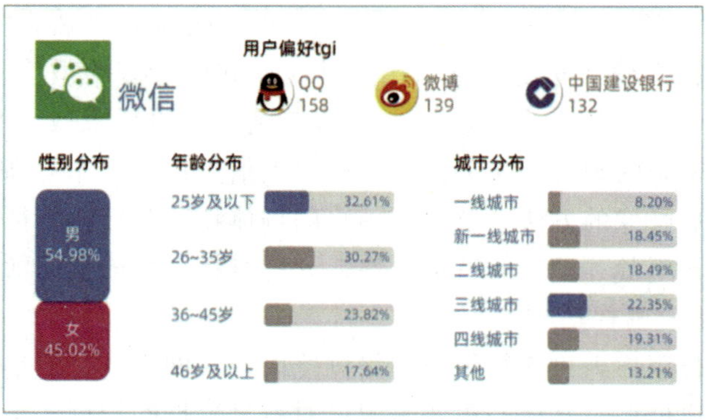

图 3－3　微信用户偏好及用户年龄占比

3. 微信用户地域覆盖面加大

从《白皮书》显示的城市分布占比看，微信用户的地域分布非常广。一线城市占比 8.3%，新一线城市占比 18.45%，二线城市占比 18.49%，三线城市占比最多，达到 22.35%，四线城市占比 19.31%，其他地域占比 13.21%。微信用户覆盖面不断扩大，这给商家带来巨大的流量；同时，城市用户消费能力更强，潜在的转化率会更高。

4. 三、四线城市微信用户增长迅速

《白皮书》数据显示，三、四线城市的用户增长迅速，三线城市用户占比 22.35%，四线城市用户占比 19.31%，已经超过一、二线城市用户占比。

（三）微信用户的行为特征

1. 微信用户每日的活跃高峰具有规律性

根据 2019 年微信数据报告显示，微信的活跃高峰在午饭前和下班后，小程序用户的活跃高峰在午饭前后和下班晚饭后。午饭前后及下班晚饭后，用户的心情较为放松，商家此时向用户推送和群发消息，用户比较容易接收和查看。微信公众号打开的活跃高峰大约在晚上 9 点，小游戏用户的高峰时间在晚上 8 点左右。这段时间是用户一天之中最放松和最容易安静下来休闲、浏览信息和思考的时刻，所以微信公众号信息的发送可以选在此时间段。

2. 三、四线城市微信用户行为特征明显

三、四线城市微信用户占比巨大，其行为特征不容忽视。据企鹅智库《2019－2020 中国互联网趋势报告》显示，近年来三、四线城市人群呈现出以下特征：

首先，自由时间长、娱乐消费时间长。相对于一、二线城市，三、四线城市人群由于上下班时间较早、通勤时间较短（53.3% 在 15 分钟内），有大量的闲暇时间；其次，消费潜力巨大。三、四线城市年轻群体正在经历消费升级，通过线上渠道购买小城市线下所难以触达的中高端消费品，释放了大量的消费潜力；再次，三、四线城市是偶像经济和亚文化爆发的阵地。根据企鹅智库的调查数据来看，三、四线城市的追星人群比例高于一、二线城市；最后，三、四线城市具有明显的熟人社会结构，所以在品牌传播、产品拉新上，通过社群推荐、朋友圈转发等营销方式更加有效。

二、微信内容定位

微信营销，内容永远是核心，企业进行微信营销的本质就是在微信平台上通过图片、文字、音视频或活动向用户传递相关的品牌理念、产品信息，从而达到促进销售的目的。

微信内容定位

（一）内容定位原则

通过微信进行内容创作时，一般可遵循四大原则。

1. 相关性原则

企业微信发布的相关内容必须与其品牌、产品或所处的行业相关，让关注的用户能够了解品牌文化、最新产品信息、行业相关动态等。

2. 正能量原则

企业发布的内容，要符合大众审美和价值判断，向用户传播正能量。

3. 创新性原则

一方面，内容上的创作要有一定的创新性，陈旧的、没有新颖性的内容无法吸引用户持续关注，不能引起用户的兴趣，从而不能实现营销目的。另一方面，微信内容推送的形式要多样化，可以通过文字、图片、音频、视频、表情包等各种载体推送和发布信息，增强趣味性，保持客户的兴趣度和持续的关注度。

4. 互动性原则

互动性在沟通中蕴藏着巨大潜力，优秀的用户体验能够驱动用户与企业之间的信息传递，所以企业微信发布的内容，不能只是单向地推送和群发，要考虑能否通过互动性给用户留下深刻印象。一方面，互动可以提高用户的参与热情，用户互动较多，他们会对企业有更多的认同感，可以做更多分享转发。另一方面，通过互动，得到用户有价值的信息反馈，可以帮助产品持续改进、更新迭代。

（二）内容定位流程

1. 确定目标人群

物以类聚，人以群分。任何产品或服务都有其特定的目标人群。确定目标人群，是关键的一环，只有了解目标人群的消费行为、心理特点，才能有针对性地进行内容营销，提高转化率。例如，通过地域锁定目标人群、通过年龄定位目标人群、通过使用产品的人群属性定位目标人群等。

2. 明确用户需求

微信营销就是要围绕用户的需求展开，企业应该根据微信平台用户的数据，对客户进行定位、分类、绘制客户画像，从而实现精准服务；此外，企业生产的产品系列往往很多，必须要从用户的需求出发，明确用户的痛点，将其转化为图片、文字、音视频，从而解决用户的问题。例如，当用户关注了携程旅行网的公众号，就会看到公众号下方的“预订”“特价专区”“微服务”三个自定义菜单，满足用户预订酒店、机票（车票、船票）、特价查询以及订单服务、账户查询、在线客服等个性化需求；此外，关注后，该号就自动回复包含关键词的欢迎词：“旅行目的地种草”“订酒店”等，如图 3－4 所示，是客户关注携程旅行网前、点击关注后，以及关注后的不同界面及内容，这些都是根据客户的真实需求提炼总结出来的。除了满足用户的已有需求，还可以引导用户的需求，即当用户可能不清楚自己想要什么时，通过营销内容去激发他们的需求。

图 3－4 携程旅行网

3. 确定营销目的

明确的目的导向是营销活动成功的关键，一般可围绕拉新、留存、促活、转化 4 个不同的营销目的制定不同的营销策略、撰写相应的营销方案。

4. 打造内容亮点

明确营销目的后，就要挖掘产品的亮点。用户每天都会接收大量的信息，面对大量的信息，用户必然会有选择性地筛选自己喜欢、感兴趣的内容，所以产品内容亮点的挖掘尤显重要。产品内容亮点可以从挖掘用户痛点、讲好品牌故事、突出产品价值、找准产品关键词等方面进行打造。

5. 确定营销方式

内容亮点挖掘出来之后，就要根据营销目的确定合适的微信营销方式，是采用公众号营销、还是微信群营销、抑或是朋友圈营销、还是小程序营销、微信直播营销等，不同的微信营销方式带来的营销效果不尽相同。

素质素养养成

（1）在分析微信用户定位时，同学们要具有数据思维和创新思维意识。

（2）在采集用户数据时，同学们要注重保护用户隐私，实事求是，养成诚实守信的职业道德意识。

（3）在微信内容定位时，同学们要践行社会主义核心价值观，传播正能量。

活动分组

活动分组如表 3－3 所示。

表 3－3　学生活动分配表

<table>
<tr><td>班级</td><td></td><td>组号</td><td></td><td>指导教师</td><td></td></tr>
<tr><td>组长</td><td></td><td>学号</td><td colspan="3"></td></tr>
<tr><td>组员</td><td colspan="5">
<table>
<tr><td>姓名</td><td>学号</td><td>活动分工</td></tr>
<tr><td></td><td></td><td></td></tr>
<tr><td></td><td></td><td></td></tr>
<tr><td></td><td></td><td></td></tr>
<tr><td></td><td></td><td></td></tr>
<tr><td></td><td></td><td></td></tr>
</table>
</td></tr>
</table>

合作研学

基于活动描述图 3－2 中某企业财经类图书营销微信公众号的后台用户属性数据的内容，

试分析该公众号用户的基本特征和需求，并结合本节所学知识为该企业提供相应的财经类图书微信营销推广建议。

____

____

____

____

____

考核评价

填写表 3－4 所示的考核评价表。

表 3－4 考核评价表

被评小组：__________ 小组成员：______________________________

序号	评价内容	分值	自评	互评	教师评分	教师点评
1	公众号用户基本特征的分析客观、全面	30				
2	该公众号用户基本需求的推测合理	20				
3	为该企业提供相应的财经类图书微信营销推广建议合理可行	30				
4	素质素养目标是否达成	20				

总分：__________

拓展训练

组建一个调查小组，合理分工，调查不同年龄层次的微信用户，了解用户基本的群体特征及行为特征，利用 Excel 等分析工具对调查对象进行数据分析，填写表 3－5。

表 3－5 微信用户画像

<table>
<tr><td colspan="2">调查对象</td><td colspan="8"></td></tr>
<tr><td colspan="2">调查时间</td><td colspan="3"></td><td colspan="2">调查人数</td><td colspan="3"></td></tr>
<tr><td colspan="2">用户年龄</td><td colspan="3"></td><td colspan="2">用户性别</td><td>男</td><td></td><td>女 </td></tr>
<tr><td colspan="2">每天在线时间</td><td colspan="8">小时</td></tr>
<tr><td colspan="8">在线行为（聊天交友，刷朋友圈，浏览公众号，刷直播、视频号，在线游戏，在线购物，其他）</td><td colspan="2"></td></tr>
<tr><td colspan="8">微信好友数量（50 人以下，50～100 人，100～200 人，200～300 人，300～500 人，500 人以上）</td><td colspan="2"></td></tr>
<tr><td colspan="8">微信群数量（1～5 个，5～10 个，10～15 个，15～20 个，20 个以上）</td><td colspan="2"></td></tr>
<tr><td colspan="8">关注公众号数量（1～5 个，5～10 个，10～15 个，15～20 个，20 个以上）</td><td colspan="2"></td></tr>
<tr><td>喜欢的信息形式</td><td>图文</td><td></td><td>图片</td><td></td><td>音频</td><td></td><td>视频</td><td></td><td>文章链接</td></tr>
</table>

模块二
微信营销实战

活动一　公众号营销实战

学习目标：

1. 知识目标

（1）掌握公众号申请的步骤。

（2）掌握自定义菜单的功能、自动回复的类型以及跳转链接的方法。

（3）掌握公众号文章写作的技巧。

（4）掌握公众号文章编辑的方法、软件使用的方法。

（5）掌握公众号文章推广考虑的因素。

2. 能力目标

（1）能够申请公众号账号。

（2）能够设置自定义菜单、自动回复以及跳转链接。

（3）能够进行公众号文章创作。

（4）能够进行公众号文章推广。

3. 素质素养目标

（1）培养文化自信和媒体营销意识。

（2）培养逻辑思维、创新思维和需求导向意识。

（3）培养用户意识和审美情趣。

重点难点：

1. 重点

（1）公众号账号申请。

（2）自定义菜单、自动回复以及跳转链接设置。

（3）公众号文章创作。

（4）公众号文章推广。

2. 难点

（1）公众号文章标题合作。

（2）公众号文章内容写作。

（3）公众号文章排版。

活动描述

有人说，故宫古老神秘，庄严肃穆。有人说，故宫历史悠久，底蕴深厚。还有人说，故宫等级森严，是古代皇权的象征。没错，这些都是故宫展现出的多面特征。但是，当年故宫公众号发布的文案“感觉自己萌萌哒的雍正”横空出世，让故宫的公众号有了第一篇10W+，也让雍正皇帝变成了超级大IP，故宫正式开启了自己的“网红”之路。之后，《够了！朕想静静》《你们竟敢黑朕?》等一系列媒体营销文案，为故宫收割了一大波年轻流量。从那以后，彻底中了卖萌的“毒”之后，故宫成功出圈，现在故宫博物院公众号里的10万+的浏览量文章比比皆是。

请关注超级网红——故宫博物院官方公众号，阅读其文章，以感受中华民族博大精深的文化底蕴与历史传承，从该公众号的定位、公众号文章的创作与推广等方面分析其成功的原因，并为新时代下同类文化传承类公众号运营提供参考建议。

知识准备

一、公众号的概念

（一）公众号的定义

微信公众平台，简称公众号。曾命名为“官号平台”“媒体平台”“微信公众号”，现称为微信公众平台。微信公众平台是个人或企业信息展示、信息发布的平台，是在线沟通、产品展示的平台，是个人特长故事、企业文化传播的平台，也能成为个人实现自我价值的平台。

（二）公众号的分类

公众号有3种类型，分别是订阅号、服务号、企业微信（原企业号）。具体功能及特点如表3-6所示。

表3-6　微信公众号的分类及特点

	功能	适用对象	群发消息	消息显示位置	基础消息接口/自定义菜单	高级接口能力	微信支付
订阅号	为媒体和个人提供一种新的信息传播方式，构建与读者之间更好的沟通与管理模式	个人和组织	1条/天	订阅号列表	有	无	无
服务号	给企业和组织提供更强大的业务服务与用户管理能力，能够帮助企业快速实现全新的公众号服务平台	企业和组织	4条/月	会话列表	有	有	可申请
企业微信	为企业和组织提供专业的通信与办公工具，员工能以专业的身份添加并服务客户，实现成交	企业和组织	无限制	会话列表	有	有	有

（三）公众号的作用

对于企业来说，微信公众号的作用主要体现在以下3点：一是扩大品牌知名度，通过微信公众号，企业可以更好地宣传自己的品牌，吸引更多客户的关注；二是增加客户黏性，通过微信公众号，企业可以与客户建立更紧密的联系，及时与客户互动，提高客户的忠诚度和满意度；三是提高客户满意度，通过微信公众号，企业可以更好地了解客户的需求，并通过提供更精准的服务来满足客户的需求。

二、公众号申请

（一）注册

公众号申请

在电脑端打开浏览器，在地址栏输入 https：//mp. weixin. qq. com/，进入腾讯微信公号平台官方主页，点击“立即注册”按钮，如图 3－5 所示。

图 3－5 公众号注册

（二）填写基本信息

如图 3－6 所示，根据申请界面信息填写要求，依次输入邮箱、填写邮箱验证码、密码、勾选下方的我同意并遵守《微信公众平台服务协议》，然后点击“注册”按钮。

图 3－6 基本信息填写

（三）选择账号类型

填写基本信息后，系统会跳转至公众号类型选择页面，一共有 3 种账号类型：订阅号、服务号、企业微信。此时可以根据自身需要、用户情况等选择相关类型，见图 3－7。

图 3－7 账号类型选择

（四）进行信息登记

依次填写主体信息登记、管理员信息登记，创作者信息（选填）等相关内容，如图 3－8 所示。

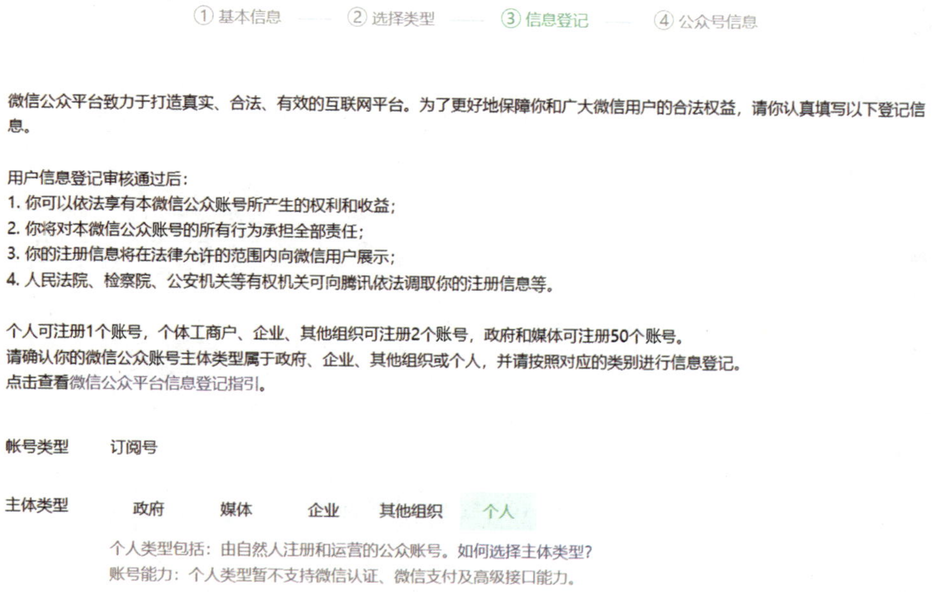

图 3－8　信息登记

（五）填写公众号信息

提供账号名称、填写功能介绍、添加内容类目，选择运营地区，如图 3－9 所示。

图 3－9　公众号信息填写

输入的信息确认无误后，点击“确定”按钮，页面就会跳转至微信公众号平台，整个账号申请过程全部完成，如图 3－10 所示，为新申请的公众号首页。

图 3－10 微信公众号首页

三、自定义菜单设置

（一）自定义菜单的功能

微信公众号的自定义菜单位于聊天界面底部，对于一些常见的问题和服务，用户可以在这里得到答案和帮助，自定义菜单相当于自助服务系统，为用户分类整理好了不同类型的信息入口，将公众号里的重点信息直观地展示给用户，方便用户阅读，减少用户的认知门槛。当一个用户进入到微信公众号时，就能够一目了然，了解相关的服务。

公众号里自定义菜单可以分为两个等级，即一级菜单和二级菜单，它们是包含和被包含的关系。其中，一级菜单可以设置最多 3 个并列的主菜单，每个主菜单下最多可以设置 5 个子菜单，即二级菜单。点击主菜单会弹出该主菜单下的子菜单，点击每个子菜单，将会触发请求，返回信息。

自定义菜单可添加的内容有 3 种类型：直接发送文字、图片、音视频；跳转网页，可跳转自身公众号的推文、编辑好的页面模板，也可以跳转到其他外部链接；跳转小程序，前提是公众号必须先与小程序关联了才能设置跳转。

运营者可以根据微信公众号的定位、用户的需求、菜单的用途设置不同类别的菜单。主要有以下几种：公众号内容，该菜单主要介绍与公众号相关的内容，如文章、精选等，让用户对公众号有全面的认识；自我介绍，该菜单主要向用户介绍公众号的历史、定位、理念等，如果是企业公众号，主要介绍企业历史、品牌理念，产品的种类、公众号定位等；购物入口，该菜单主要适用于企业或做电商的个人，可以直接导入购物商城或店铺页面，方便用户选购；用户服务，该菜单主要为用户提供服务，可以为用户答疑解惑。如可以咨询在线客服、查询物流、售后服务等；合作联系，该菜单主要介绍商务合作、广告合作、招聘、转载授权等活动的联系方式。图 3－11 展示了一些公众号的自定义菜单及子菜单内容。

图 3－11　自定义菜单及子菜单内容

（二）自定义菜单设置步骤

设置自定义菜单时，运营人员需要登录微信公众号平台，在内容与互动页面中的“自定义菜单”栏中，添加自定义菜单，设置菜单名称，添加菜单内容，之后保存发布。具体步骤如下。

第一步：登录微信公众号平台，在页面左侧工具栏点击打开“内容与互动”栏目，选择“自定义菜单”栏目，打开自定义菜单页面，如图 3－12 所示。

图 3－12　自定义菜单页面

第二步：点击自定义菜单页面中的“+添加菜单”按钮，在右侧菜单信息页面“名称”文本框中，输入菜单名称，如“知识分享”，这时自定义菜单中一个主菜单添加完毕，最多可以添加 3 个主菜单；然后点击“知识分享”上方的“+添加”按钮，在右侧子菜单信息页面“名称”文本框中，输入子菜单名称，依次最多可以添加 5 个子菜单，如图 3-13 所示。

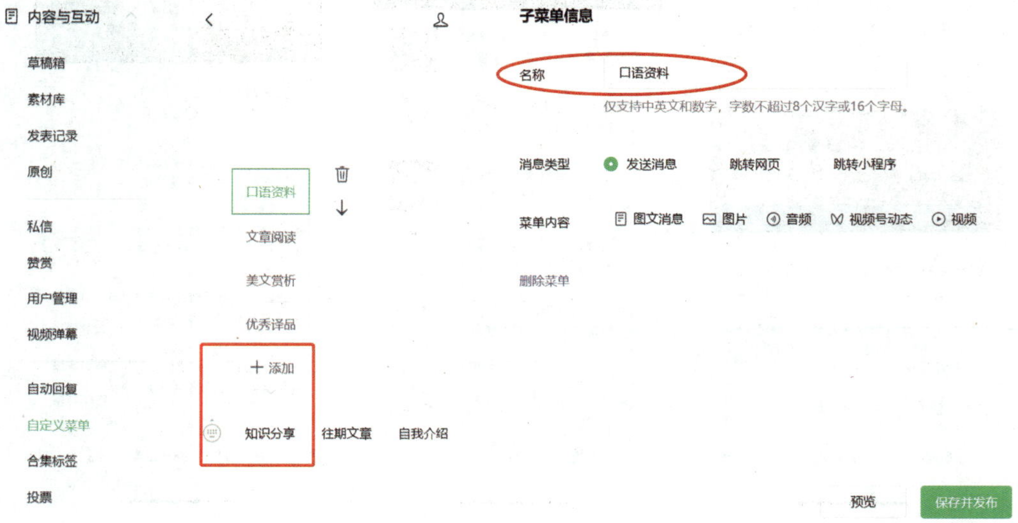

图 3-13 添加子菜单

第三步：选中某个子菜单，如“文章阅读”，在右侧子菜单信息页面“消息类型”中，选择“发送消息”；在“菜单内容”中，根据需求，选择图文信息、图片、音频、视频号动态及视频中的一项，最后点击“保存并发布”按钮，完成子菜单内容的发布，如图 3-14 所示。

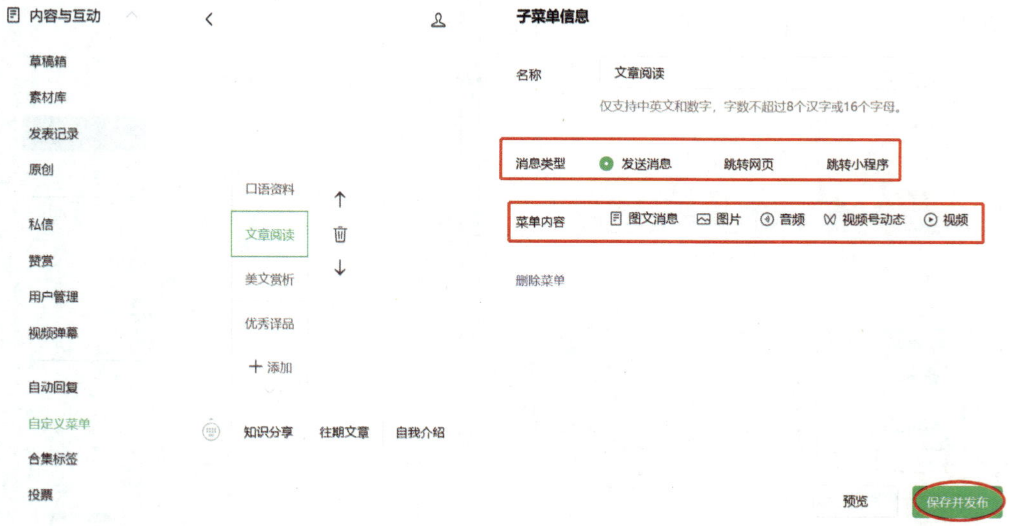

图 3-14 子菜单内容添加

四、自动回复设置

公众号的自动回复能够帮助运营者和用户之间建立起更便捷的沟通渠道，使双方互动更加高效。设置自动回复时要注意 3 个原则：语言要言简意赅、信息要传递完整、内容要有创新。自动回复有 3 种类型：关键词回复、收到消息回复和被关注回复。

（一）关键词回复

关键词回复是企业最常用的自动回复模式，能够增加企业和用户之间的互动性、提高用户黏性。当用户发送的聊天信息中包含特定的词汇，即关键词，会触发自动回复规则，微信公众号就会自动推送回复内容。操作步骤包括：登录微信公众号平台，选择“内容与互动”栏目，点击“自动回复”选项，点击右侧“关键词回复”选项，点击“添加回复”按钮，然后按照关键词回复页面中的“规则名称”“关键词”“回复内容”“回复方式”等选项的具体要求进行填写，最后点击“保存”按钮，关键词回复设置完成，如图 3－15 所示。

图 3－15　关键词回复设置

（二）收到消息回复

收到消息回复是指用户发送聊天信息时，设置微信公众号自动回复的内容。最多可以添加 600 个自动回复。操作步骤包括：登录微信公众号平台，选择“内容与互动”栏目，点击“自动回复”选项，点击右侧“收到消息回复”选项，在自动回复下方的文本框里输入要回复的内容，最后点击“保存”按钮，收到消息回复设置完成，如图 3－16 所示。自动回复最多只能回复 600 个字符，只能插入文字、图片、音频、视频以及视频号动态。

图 3－16　收到消息回复

（三）被关注回复

被关注回复是用户关注微信公众号时，与用户的第一次互动，关系着用户对公众号的第一印象。设置被关注回复时，运营人员可以介绍公众号的基本信息、功能定位、品牌理念等。具体操作步骤同收到消息自动回复设置类似。

五、跳转链接设置

微信公众号的跳转链接功能可以实现与其他平台的内容打通链接，实现流量转化或流量变现的目的。微信服务号的功能比较全面，不管是内部链接还是外部链接，都比较容易实现；微信订阅号，由于功能限制，能够轻松实现跳转内部链接，而跳转外部链接需要一定的工具。

（一）原文链接进行跳转

原文链接可用于营销产品、展示活动页面和提供资料，或是阅读原文，常见的是可以在图文部分的文章结尾处或在图文内容中加上引导，比如添加“请点击下方阅读原文”或“下方阅读原文查看更多”等引导，还可以通过插入图片说明的形式进行引导。具体操作步骤：登录公众号，点击“首页—新的创作—图文消息”，进入创作页面之后、下拉找到“原文链接”并勾选，输入原文链接、点击“确定”按钮，最后发布图文信息，如图 3－17 所示。

图 3－17　原文链接跳转

（二）自定义菜单跳转

自定义菜单可以直接绑定本公众号发表过的内容链接和页面模板生成的链接，如图 3－18 所示。另外，微信小程序链接和视频号链接也可以直接绑定在菜单上。对于一些外部链接跳转需求，可以将第三方链接生成一个二维码，让用户识别二维码后再跳转到第三方链接。

图 3－18 自定义菜单跳转

（三）超链接功能外链

在公众号图文编辑时，运营人员可以使用编辑器中超链接功能将文字或图片直接跳转到第三方链接，但这种跳转方式只支持公众号发布的文章链接（可以是本公众号发布的文章，也可以是其他人公众号发布的文章）。链接内容既可以选择公众号文章，亦可以勾选输入链接，内容可以链接自己公众号文章，也可以选择其他公众号内容，如图 3－19 所示。

图 3－19 超链接功能设置

六、公众号文章创作

作为公众号营销的重要形式之一，公众号文章的作用体现在以下 3 点：一是有助于提升企业形象。公众号文章通过分享品牌故事、讲述品牌历史，可以让用户更深入地了解企业文化、产品服务等，提高企业品牌知名度；二是有助于促进销售增长。通过精准定位用户，公众号文章提供符合用户兴趣点、解决其痛点的内容，能够提高用户的购买意愿和转化率；三是有助于增强企业竞争力。高质量的公众号文章通过分享经验、干货等有价值的内容，不仅能吸引潜在的新用户，还能提升老用户的留存率，帮助企业在竞争中保持领先优势。

在进行公众号营销时，需要不断地创作出高质量的公众号文章，吸引新用户、留住老用户，提高转化率。下面将从选题策划、文章写作、文章排版 3 个方面介绍公众号文章的创作。

（一）选题策划

选题是公众号文章创作的导向，确定选题之后才能确定文章内容的写作。要想创作优质的、能够吸引用户的文章内容，需要掌握一些选题策划的技巧。

1. 明确用户真正需求、找准痛点

公众号文章是为用户服务的，只有为用户提供有价值的内容，解决用户的痛点问题，才会受到用户的关注。可以利用数据分析法挖掘用户的内容需求，分析公众号历史文章数据，找出用户对不同内容的偏好，寻找合适的选题方向。例如，把历史文章的阅读量、收藏量、转发量数据采集出来，分析用户爱看的选题、爱收藏分享的选题；重点关注传播性强（有流量）、收藏性高（黏度增加）的选题供参考。

然而，有时历史数据无法反映用户未来的需求和痛点，这时需要通过发文征集、问卷调查，如公众号后台留言收集、社群内收集和留言区引导等方式去了解用户的真实需求和痛点，从而确定选题。

2. 分析爆款文章

选题策划时可以通过新榜、搜狗、西瓜助手、微指数等平台，找出同领域或与公众号目标用户重合度高的账号出品的爆款文章，梳理爆款文章中想要表达的观点和内容，借鉴其选题思路。

3. 紧跟社会热点

社会热点是用户关注的焦点，公众号文章的选题要紧跟社会热点，通过微博热搜、知乎热搜、百度热搜等途径获取热点内容，分析梳理与本行业高度相关或者与本公众号服务的用户高度相关的热点内容，找到合适的切入点作为选题。

（二）文章写作

文章写作可以从标题写作和正文写作 2 个方面介绍。

1. 标题写作

标题是公众号文章最重要的一部分，是吸引读者点击，扩大阅读量最重要的一环。标题是否有吸引力，很大程度上决定着用户会不会阅读下去。所以好的标题可以激发用户的阅读欲望，为公众号带来更多的流量。成功的标题一般可以满足读者五大需求：满足求知需求、满足好奇需求、满足娱乐需求、满足情感需求以及满足被关注需求。下面介绍几种常见的标题类型及写作技巧。

公众号文章
标题写作

（1）标题类型。

①直接式标题。直接式标题就是直奔主题，将文章的核心主题直接陈述出来，直接将文章中的内容通过标题传达给用户，能让用户对内容了然于心。例如，“【618 开售】1 元抢松

下插座！开关插座 10 只 65 元”“大宇新款破壁机，声音只有 47 分贝！还能一键除菌洗、烘干”“自带香氛的天丝夏被，100% 莱赛尔纤维，一等品质，香软乳香，清凉如水”。这些标题直接将产品的用途、特色等利益呈现出来，便于用户快速圈定目标产品。

②提问式标题。提问式标题是把文章要解决的问题以反问或设问等形式表达出来，这样相当于帮助用户提问，很容易与用户产生心灵上的碰撞。例如，“你和航天服的距离有多远?”销售的是保暖服装；“明前茶有什么好喝的，为什么特别贵? 只有会品茶的人才懂”销售的是龙井茶；“夏被只选薄的就可以了吗? 你想得太简单了”。这些标题比较容易引起用户的好奇心或者求知欲。

③警告式标题。警告式标题是一种既有力量又严肃的标题，将警告事物的特征、功能和作用移植到标题中，给人以提醒、警示和震慑作用。例如，“当心！千万不要这样戴耳机！危害超乎想象……”“［提醒］运动健身后，这几件事绝对不能碰！”。这些标题很容易引起相应用户内心的共鸣，想要一探究竟，如图 3-20 所示。

④悬念式标题。悬念式标题就是通过在标题中提出一些疑问或制造一些悬念，引起读者阅读欲望。“这个技能只有 1% 的人能好好掌握，却能让你事半功倍！”“这些过目不忘的广告语，保证你会记一辈子”“华人小伙儿发明的这个小玩意儿，或挽救千万人，苹果创始人都忍不住点赞”。一看到这样的标题，用户就有点击标题浏览正文的冲动！如图 3-21 所示。

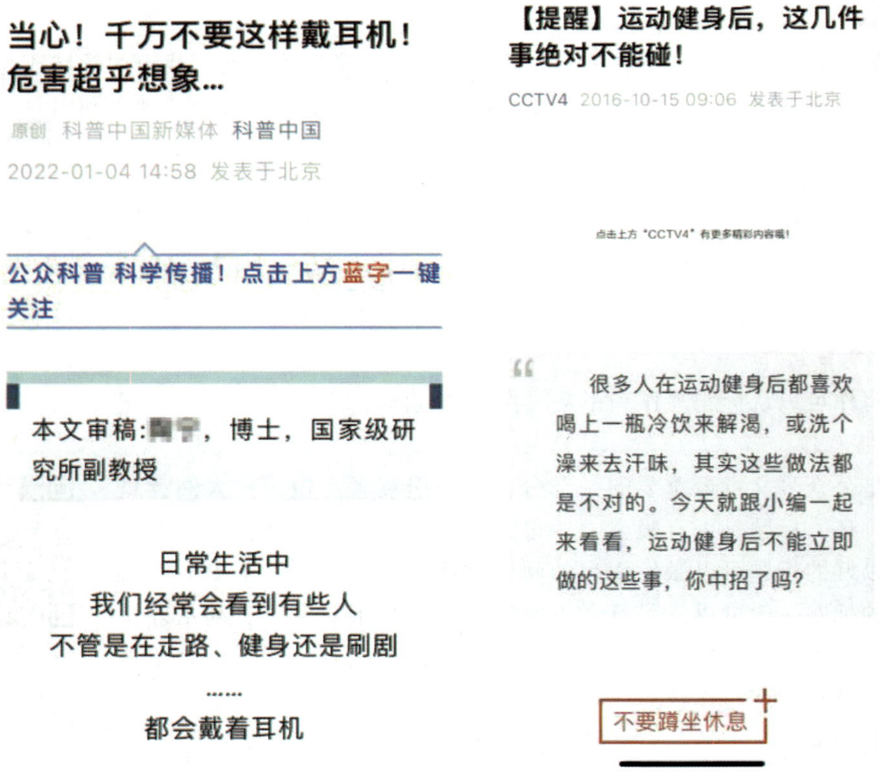

图 3-20 警告式标题

图 3－21　悬念式标题

⑤数字式标题。数字式标题通过在标题中插入数字，给人以客观、具体、可信度高的感觉，可以准确、快速抓住读者眼球。例如，“如何写出打开率 30% 的标题？90% 大号都用过的数字式标题……”“从年薪 40 万元降到月薪 2 800 元，我只是生了个娃”“这里有 1 000 个海报模板，80 + 活动方案，等你来取”。这些标题通过具体的数字体现出了对比、反差、稀缺、海量等效果。

⑥热点式标题。热点式标题是一种蹭热度式标题，即通过热点新闻事件、热点影视剧作品或名人效应来借势取标题。例如，“达康书记别低头，GDP 我们来守护”，这是人民日报 2017 年借助《人民的名义》电视剧爆红网络后，起的文章标题，主要介绍中国技能人才助推中国经济蓬勃发展；其他很多公众号文章也借势蹭用了这个标题，“达康书记的 GDP，就由高通盛融来守护了！”（商业新闻），“达康书记别低头 你的 GDP 它来守护”（映象网汽车频道）。

（2）写作技巧。如何拟写好的公众号文章标题，除了熟悉标题的类型之外，还需要掌握一定的标题写作技巧，从而让公众号文章标题真正满足读者用户的需求。具体写作技巧如表 3－7 内容所示：

表 3－7 文章标题的写作技巧

技巧	特点	实例
利用数字优势	数字在标题中比较显眼，与文字形成强烈的对比，增强标题的差异感。此外，数字是客观的，可以增强说服力，使信息更加具体	借势××，阅读3000万+，涨粉36万的图文后台数据长啥样
会用标点符号	添加合适的标点符号，可以激发读者阅读欲望。如感叹号可以激发读者强烈的“喜、怒、哀、乐”等情绪，问号可以引起读者的好奇心，省略号可以制造悬念等	牛肉好价丨用阿根廷的方式庆祝胜利！顶级牛肉进入20元时代！ 热搜第一！此地上空惊现不明飞行物，很可能是……
善用对比手法	将同类型的产品或服务作比较，或者相反的概念进行对比，可突出产品的反差、价格上的差异，从而加深读者印象，引起读者阅读兴趣	为什么方便面有大品牌，挂面却没有？华为MateBook与小米笔记本应该买哪个
借用热点词汇	借助热门话题、时间、明星、流行语、新闻事件与标题结合，给标题贴上热门标签，吸引读者眼球	“宜家那么大，5·1我想去逛逛”（借助当年热点话题“世界那么大，我想去看看”） 路虎未来科技的洪荒之力“（游泳运动员傅某被采访时说出的洪荒之力”当年红遍网络）

2. 正文写作

公众号文章正文的写作至关重要，只有好的标题，没有好的内容，只会令用户很失望，对公众号文章失去兴趣，长此以往，甚至会使用户流失。正文的内容形式多种多样，对于公众号运营者来说，要熟练掌握各种形式。

公众号文章正文写作

（1）正文形式。微信公众平台发布的正文形式包括文字形式、图片形式、图文形式、音频形式、视频形式等5种形式。具体写作时，还有第六种写作形式，可称作融合形式。具体如表3－8所示。

表 3－8 公众号的正文形式

正文形式	含义及特点
文字形式	公众号文章全部由文字组成。它的正文形式是纯文字式的，容易引起读者阅读疲劳，所以目前公众号运营中很少见
图片形式	公众号文章全部以图片形式来表达，没有文字，或文字已经包含在图片里
图文形式	公众号文章中既有文字又有图片，两者相结合，共同向读者呈现文章内容
音频形式	公众号运营者将自己想要向读者传递的信息或想法采用语音的形式呈现出来。这种形式有利于与读者用户互动，拉近彼此间距离，让用户感觉更亲切
视频形式	公众号运营者将自己要传递的信息或者是商家要宣传的卖点采用视频形式展现出来，这种形式有很强的画面感和即时感，能够吸引用户的眼球
融合形式	公众号文章集以上几种形式的特色，将其中几部分形式融合在一起，向读者传递信息。此形式由于兼各种形式之所长能够给用户带来极致的体验

（2）写作技巧。公众号如果想要通过文章吸引更多的用户，实现高效的引流、留存，甚至转化，需要掌握一定的写作技巧，下面介绍几种写作技巧。

①避开写作禁忌。公众号文章的创作过程中，有一些禁忌会令用户产生反感，避开这些误区非常关键。**禁忌一**，内容陈旧无新意。微信时代的到来，用户关注的公众号众多，那些没有价值、内容空洞、陈旧、没有新意的文章内容无法吸引读者阅读。**禁忌二**，与公众号的定位或推广的主题不符。公众号文章一定要有针对性，不能为了推广而不管不顾。如果文章与公众号的定位或推广的主题不符，正文再好也达不到理想的推广效果。公众号文章需要的是针对目标用户来进行精准营销。**禁忌三**，硬植广告。有些企业的微信公众号，商家为了宣传，在文章中硬性植入广告，毫无技巧而言。这种广告植入方式没有考虑用户的感受，会让用户产生厌烦情绪，甚至取消关注公众号。

②选好语言风格。运营人员要根据行业、企业特点，结合公众号定位以及营销内容，挑选合适的语言风格，这样才能给用户带来优质的阅读体验，增强用户黏性，提高留存率。

③设计精美封面。封面也是公众号文章的重要组成部分，精美的封面可以在第一时间传达文章的中心思想、体现公众号的品味，会对读者产生极大的吸引力，让用户有阅读的欲望。选择封面图也有一定的技巧：封面的图片要与标题有紧密联系，优先选用有人物元素的图片，选择有具体场景的图片，图片要能传达观点、情绪。

④精心撰写摘要。在公众号文章的写作过程中，常常需要撰写文章摘要。在发布信息后，摘要的内容直接出现在推送信息中。摘要体现文章的主要内容、特色及价值，能够让读者快速了解文章。同时，读者根据摘要的内容，也会考虑是否有继续阅读正文的必要，其重要性不言而喻。

⑤巧妙植入广告。公众号文章写作的最终目的是营销，要么是提高企业知名度，要么是推广企业产品或服务。所以说要学会在文章中合理植入广告，实现流量变现。植入广告总的原则是不影响总体阅读效果，不要植入得太生硬，常见的广告植入方法如表 3－9 所示。

表 3－9　公众号文章中植入广告的方法

植入方法	表现特点
嵌入式	嵌入式软文广告不需要长篇大论的描述产品，介绍功能，在文章合适位置中出现，使广告信息不露声色地融入文章之中，让用户感受到该产品恰如其分的优势
后缀式	后缀式软文广告经常会出现在微信大号之中，文章前面是一篇普通文章（故事、舆论热点、幽默段子等），结尾时直接转折，变成产品的广告
科普式	科普式软文广告就是通篇介绍产品，它是一篇公告式或科普式的文章；该类文章对公众号类型的要求较严，与产品必须息息相关

⑥发表原创声明。公众号中的原创内容越来越受到重视，微信公众号平台推出了“原创声明”这一功能。如果是原创内容，一定要发表原创声明。不仅保护自己权益，防止其他公众号盗用和模仿，还可以让用户感受到运营者的专业，能够带来更多粉丝流量。

(3) 正文结构。在进行公众号文章写作时，运营人员需要掌握一定的方法将相应的文字素材串联成一篇中心思想突出、词句通达顺畅、段落安排合理、逻辑主线清晰的文章。正文的结构主要包括总分总式结构、并列式结构、递进式结构、对比式结构。下面分别介绍，如表3－10所示。

表3－10 正文结构主要分类

分类	含义	特点
总分总式	指开头（总）引出主题、中间（分）论述问题、结尾（总）进行总结归纳，是最常用的写作结构	开头简单醒目，提出一个中心论题，表明总论点；中间属于分述部分，阐明论点或者讲述故事，支撑开头提出的论点；结尾对问题进行总结，得出结论，再呼应开头，升华主题
并列式	指不分主次，平行地叙述事件、陈述事物，或者用几个并列的层次来论证中心论题的结构	这种结构通常用于公众号文章的主题有多个，或者一个主题需要从多角度进行论证，且各角度的论证属于平行关系，没有主次、相对独立
递进式	指正文的内容是逐层深入、环环相扣，就如剥洋葱一样，层层深入	这种结构强调内容的前后逻辑顺序和层次关系。“提出问题－分析问题－解决问题”就是典型的递进式文章写作结构
对比式	指正文的内容由正反两部分组成，两部分的观点截然相反，然后经过对比后要突出正确的一面，印证文章的主题	这种结构的写作思路是有一个需要论证的话题，先从正反两方面分析话题，然后提出解决问题的对策，或者给出作者的看法

（三）文章排版

公众号文章的版面设计是否美观，直接影响用户的阅读体验，一个好的文章版面可以给公众号用户带来不一样的视觉享受。

1. 文章排版原则

文章排版有3个总原则：以读者为中心、符合公众号的调性、版式风格要统一。具体介绍如表3－11所示。

表3－11 文章排版的总原则

原则一	以读者为中心	排版是围绕着如何为读者创造舒服的阅读体验，所以要从读者的角度考虑什么样的排版最好
原则二	符合公众号的调性	调性需要精心设计。例如，搞笑的公众号经常会使用有趣的表情包、搞笑的语言风格等，这就看成这类公众号的调性。公众号要结合企业、产品以及自身定位，挖掘属于自己的调性
原则三	版式风格要统一	同一微信公众号文章中，字体、配色、间距等排版风格要保持一致；如果同一公众号有不同栏目，至少同一栏目的文章版式风格要统一

接下来从文字处理和图片处理两个方面介绍文章的排版。

(1) 文字处理原则。文字是公众号文章的基本载体，合适的文字字体、大小、颜色、段落结构、对齐方式等，能够使读者更愿意读下去。下面从字体字号、文字配色、文字间距、对齐方式等方面分别介绍。

①字体字号。字体大小不同，带来的视觉效果也不同，为了保持统一的风格，公众号的文章要保持统一，不要轻易变化过多的字体。字号方面，运营者要考虑不同年龄人群的阅读习惯，如果没有特定人群，可以选择符合大多数用户的阅读习惯。通常公众号里文章字体有12px、14px、15px、16px、17px 等。12px：用于注释说明；14px/15px：这两个字号用得最多，比较适合年轻读者，16px：适合中老年的读者。

②文字配色。文章中的颜色可以随意设置，并不是单调的一种颜色。不同的色彩会给用户带来不一样的感受：蓝色会偏冷静理智，比较适合科普类、干货类的文章。黄色、橙色、红色让人觉得温暖，很多亲子类账号都会选择这类颜色。文字配色要从受众人群、品牌色、文章风格等出发体现文章版式的整体特色。但是文章整体配色不要超过 3 种，一般由主色 + 辅助色 + 配色构成。例如，正文用黑色，注释部分用灰色，重点加以突出的部分用品牌色就是公众号常用的配色方案。

③文字间距。文字间距包括字与字之间的字间距，行与行之间的行间距、段与段之间的段间距，都可以在公众号文章编辑栏目中设置。字间距 0.5 ~ 1、行间距 1.5 ~ 1.75、段落之间可以采用空行，间距具体多少要由文章的特点、表达的主题、版式风格等决定。

④对齐方式。文章内容的对齐方式有 3 种：左对齐、两端对齐和居中对齐。一般选择两端对齐，小标题选择居中对齐。左对齐排版首行一般不需要缩进，在公众号这种新媒体阅读媒介中，两段之间空出一行即可。两端对齐，每一行的文字长度相同，让文章整体看起来更加工整。居中对齐，视觉的重点放在正中央，这种排版比较适合娱乐类浅阅读文章。

（2）图片处理原则。图片同样是微信公众号文章的重要组成部分。有的微信公众号在推送一篇文章时，就是一张图片，或者通篇都是图片，所以图片的搭配尤为重要。图片的排版处理要遵循 4 个原则，具体如表 3 – 12 所示。

表 3 – 12　图片排版的原则

原则	内容
原则一	图片要符合文章的主题
原则二	文图要相配、图片与文字的间距要合适
原则三	图片要清晰、色彩要饱和
原则四	图片的尺寸要合适，目前公众号后台的封面图比例为 2.35 : 1

2. 秀米编辑器的排版流程

下面介绍一款微信公众号专业排版软件——秀米编辑器，通过该编辑器，可以编辑出更多有特色的图文信息，简要流程如下：

（1）登录秀米账户。在秀米编辑器官网 https：//xiumi. us/右上角点击“登录”按钮（没有注册的用户先行注册）。

（2）绑定微信公众号，开启图文同步。运营人员需要在秀米中绑定微信公众号，然后就可以将编辑完的图文信息同步到微信公众号平台上。

秀米编辑器的排版流程

（3）制作图文信息。进入相应的“图文排版”“相应编辑”页面，可以添加文字、图片及视频。

（4）添加封面等信息。正文的图文信息等编辑完毕之后，在编辑区域上方需要添加封面，添加图文标题，输入微信分享时的摘要，输入作者姓名等，最后完成图文信息。

七、公众号文章推广

公众号完成正文编辑之后，运营者即将发布内容，发布出去如果没有特殊情况将长期存在，推广的效果会带来很多转载，引来很多流量，所以公众号文章的推广工作不容忽视。下面介绍3个文章推广技巧。

（一）推广前要预览

无论是利用微信公众号平台编辑还是第三方平台编辑器编辑的文章内容，在推送之前都有预览按钮，点击后可以预览要发送的内容。预览时重点查看：整体排版风格是否美观，文章前后引导是否完整，文章内容是否有错别字，其他细节问题。

（二）把握推广时间

选择合适的发送时间对微信公众号运营者来说，非常重要。根据大量的数据统计，有3个时间是微信软文的阅读高峰，分别为8：00、12：00、21：00。这3个时间正好对应每天的早中晚3个相对空闲的时间，也是用户最有可能选择的时间段。具体在推送时，可根据用户的年龄、职业等群体特征以及他们的阅读习惯等，推送时间可适当提前或延后。

（三）善用推广途径

公众号文章除了在公众号平台上发布以外，还可以通过转发的方式进行推广，转发是推广的一种非常重要的形式，通过转发可以使文章内容得到病毒式传播。转发主要有2种方式，一是内部转发，主要指在企业自己的微信推广，包括微信群和朋友圈上推广；另外一种方式是引导公众号粉丝推广转发。此外，公众号的文章还可以通过公众号互推等的形式进行推广，通过互推的形式可以使文章得以快速转播，互推主要有账号互推和页面互推两种。

素质素养养成

（1）在公众号文章选题上，同学们要坚定文化自信，具有媒体营销意识。

（2）在公众号文章内容写作过程中，同学们要逻辑严谨，思路清晰。注重内容形式多样，具有逻辑思维、创新思维和需求导向意识。

（3）在公众号文章排版时，同学们要注意以用户为中心，排版风格统一，有审美情趣。

活动分组

活动分组如表3－13所示。

表 3-13　　学生活动分配表

<table>
<tr><td>班级</td><td></td><td>组号</td><td></td><td>指导教师</td><td></td></tr>
<tr><td>组长</td><td></td><td>学号</td><td colspan="3"></td></tr>
<tr><td>组员</td><td colspan="5"><table>
<tr><th>姓名</th><th>学号</th><th>活动分工</th></tr>
<tr><td></td><td></td><td></td></tr>
<tr><td></td><td></td><td></td></tr>
<tr><td></td><td></td><td></td></tr>
<tr><td></td><td></td><td></td></tr>
<tr><td></td><td></td><td></td></tr>
</table></td></tr>
</table>

合作研学

（1）分析超级网红——故宫博物院成功的原因，并结合本节所学知识为新时代下同类文化传承类公众号运营提供参考建议。

（2）借鉴故宫博物院公众号运营的成功经验，申请一个定位明确的文化传承类微信公众号，设置自定义菜单、自动回复、跳转链接等，进而创作一篇公众号文章，利用秀米编辑发布。

将上述内容填至表 3-14。

表 3-14　　公众号运营分析表

序号	内容	运营分析
1	公众号名称及简介	
2	自定义菜单内容	
3	自动回复内容	
4	跳转链接设置	
5	公众号文章标题及结构	
6	公众文章推广途径	

考核评价

填写表 3 – 15 所示的考核评价表。

表 3 – 15 考核评价表

被评小组：__________ 小组成员：____________________

序号	评价内容	分值	自评	互评	教师评分	教师点评
1	故宫博物院的成功原因分析是否清晰，建议是否明确、合理	30				
2	公众号的定位是否明确，相关功能设置是否合理	20				
3	公众号文章主题是否明确、结构是否清晰，编排风格是否一致	30				
4	素质素养目标是否达成	20				

总分：__________

拓展训练

就自己感兴趣的领域申请一个公众号，进行基本功能设置，并定期发布公众号文章。

活动二　微信群营销实战

学习目标：

1. 知识目标

（1）掌握微信群营销的优势。

（2）掌握微信群定位与引流的方法。

（3）掌握微信群运营的技巧。

2. 能力目标

（1）能够组建微信群。

（2）能够建立微信群运营团队、设置运营规则。

（3）利用运营技巧保持微信群的活力。

3. 素质素养目标

（1）培养团队协作精神。

（2）培养公平公正意识和规则意识。

（3）培养创新思维意识、服务意识和需求导向意识。

重点难点：

1. 重点

（1）微信群定位。

（2）微信群运营团队的打造。

（3）微信群运营规则的制定。

2. 难点

（1）微信群引流。

（2）微信群成员积极性的提高。

活动描述

话题一

“欢迎加入瑞幸福利社～

每天都有各类饮品券小游戏及丰富活动，记得来参与！

首次进群用户 3.8 折饮品券将于 5 分钟左右自动发至 luckin coffee 账户～

如未领到，请回复【入群福利】点击群内小程序领取哦～”

话题二

“蓝朋友们，添加 lucky 为好友且入群后，3.8 折福利券会自动发至你的 luckin coffee 账户哦！

如超时未领取到 3.8 折入群福利，请群内回复【入群福利】后点击群内小程序领取哦～

请严格遵守群规：

（1）本群是福利群，暂不解决客服问题，如有问题可私聊 lucky 沟通～

（2）本群禁止私自拉人进群，如有朋友想进群，请先添加 lucky 后统一入群哦～

（3）本群禁止发布与瑞幸无关的内容与链接，一经发现飞机票一张！

（4）本群禁止涉政、黄赌毒言论及表情，一经发现马上再见！”

话题三

“lucky ～周一玩个游戏吧！看看这一周的你运气怎么样

15 元/13 元/11 元饮品抵用金等你来拿哟～

咕噜噜～游戏玩儿起来～

你抽到了多少抵用金？”

上述 3 段话是瑞幸咖啡企业微信群语言，请仔细思考这 3 段话通常在微信群中的哪些场景中出现？并分析该微信群的定位、引流方式、运营团队的特点、微信群公告与规则以及微信群提高成员积极性的技巧和方法。

知识准备

一、微信群营销的概念

（一）微信群营销的定义

微信群营销是一种在微信群聊中进行的营销方式，通过构建、运营和管理微信群，吸引潜在用户并转化为忠诚用户，从而实现品牌传播和销售转化的营销方式。它以微信群为载体，以用户需求为导向，通过与用户的深度互动，打造良好的用户关系和品牌形象。

微信群营销

（二）微信群营销的优势

1. 精准定位用户

微信群是一个熟人社交的平台，私密性强。微信群一般通过管理员主动添加、用户自己申请加入或者好友邀请入群，用户加入一个微信群，一般都有明确的需求，所以微信群中人员的需求和定位比较精准。

2. 营销成本低、营销内容到达率高

微信软件本身免费，微信群目前也不收取费用，所以在微信群中与客户沟通基本不需要很大花费。商家通过微信群宣传产品与品牌的过程中，营销的成本很低，群运营的成本也很低。此外，在微信群中，每一条新消息可以即时地送达到客户，送达率高达 100%，随时随地与潜在客户进行互动，直接在群中就能进行营销。

3. 转化率和复购率高

微信群内的用户基本上已经对品牌有了基础的信任，商家将营销活动或产品进行输出，在微信群内会比较容易取得用户的信任，从而达成较高的营销效率。此外，只要商家后续推出的产品或营销活动是优质的，就会引起较高的复购率，微信群营销的基础就是要让用户对商家产生信赖。

二、微信群的定位与引流

（一）微信群定位

大多数微信群组建之初都非常活跃，随着群主疏于管理、群成员的积极性消耗殆尽，等到群里成员间的社交关系发展完毕，微信群的活跃度和关注度逐渐降低甚至变成无人关注。微信群要想吸引更多的用户加入，保持用户之间的持续关注和互动，就要有一个明确的定位，这样才能使建立的微信群保持生命力，才能将微信群的价值最大化。下面从以下 3 方面介绍如何明确微信群的定位。

1. 微信群名称定位

微信群要有一个符合客户目标需求的名称，具有鲜明地体现微信群交流的主题，这样才能维持已有用户、吸引新的用户不断加入。微信群的取名方法主要介绍以下 3 种：一是以“品牌”+话题命名，例如，“讯飞智能录音笔 · Social 群”“匠弈体育篮球羽毛球培训”；二是以推销的产品名或产品的功效命名，例如，“悦趣游观展群”；三是以“某一营销主题”命名，例如，“岁畅秋冬减脂 1 营”；此外，还有以各种搞笑、热门话题等命名方式的微信群，实际营销时，可根据营销目的、客户对象特点等命名，如图 3－22 所示。

图 3－22　微信群名称定位

2. 微信群功能定位

微信群都应有自己的愿景、渴望达成的目标，告诉用户群的作用、大家的收益会是什么，这样才能让微信群用户清楚这个群是干什么的，从而准确判断这个群是否适合自己、对自己是否有价值。例如，微信群“岁畅秋冬减脂 1 营”组建微信群后，进行了开营仪式，明确提出其愿景：期待花开 · 更期待蜕变的你，提出其目标：42 天一起开心享瘦，如图 3－23 所示。

3. 微信群文化定位

微信群文化氛围的营造可以从群符号、群规则、群标识、群语言等方面去考虑，把兴趣爱好相同、目标一致，对产品认同度高的群体长久地聚在一起，使微信群能够持续地运营下去。例如，中国首个 O2O 高端女性社群“疯蜜”，提炼出自己的微信群文化价值观“Live for me，活出自我”。

（二）微信群引流

微信群组建好、定位好之后，微信群这个营销平台就已搭建起来，接下来运营者需要考虑如何继续吸引用户，扩大群友数量和微信群的数量。下面介绍 4 种常用的微信群引流技巧。

一是给予初期加入微信群的用户免费享用或者低折扣享用产品。然后发动这些初始用户通过亲身使用经历、进行口碑营销发展更多用户；二是通过二维码引流。将微信群通过朋友

图 3－23 微信群功能定位

圈、公众号、qq 群等发布，吸引意向用户扫码、分享后进群。三是通过组织策划活动，邀请行业专家讲座，吸引流量。四是赋予身份，对于吸引不同数量用户的成员，给予不同的身份，如初级合伙人、中级合伙人、高级合伙人身份，通过利益驱动，吸引流量。

三、微信群的运营

微信群的运营主要从运营团队的打造、运营规则的制定和成员积极性的提高等 3 个方面进行介绍。

（一）打造微信群的运营团队

1. 微信群群主

微信群群主作为微信群的管理者，其地位非常重要，他是维护、管理、运营微信群的核心人物。群主主要肩负的责任包括：活跃微信群的气氛，尤其是刚建群时，很多用户之间基本都是陌生人，群主活跃气氛非常必要；维持微信群的秩序，一个微信群必有其运营规则，有人违反时，群主必须及时制止、维护群秩序；倾听群成员意见，群主不但要处理问题，还要积极听取群成员意见，带领大家一起促进微信群健康发展。

2. 微信群管理员

如果一个微信群成员众多，只有一个群主很难有效管理。这时，选出一个甚至多个微信群管理员协助群主管理微信群十分必要，如图 3－24 所示，包括群主有 3 位管理员。一般而言，设置微信群管理员主要目的如下：维护微信群的健康管理，提升微信群成员参与的积极性，让微信群的主题更加突出。

从微信群管理员的职责看，微信群管理员需要承担以下职责。一是认真贯彻群主题、群

图 3－24　微信群管理员

宗旨，以平和的心态为群成员答疑解惑、处理问题；二是做好微信群的日常管理和维护工作。指导群成员按要求修改群名片，引导新老成员建立联系。同时，对群成员进行筛选和优化，确保微信群时刻充满活力。三是对微信群的消息进行有效管理。需要制定详细的管理规则，如禁止发布广告、违法信息等，确保微信群消息积极健康。对不符合规则消息及时处理、删除，维持良好的沟通环境，热心解答群友的问题。

3. 意见领袖

意见领袖就是在微信群中能够有较大影响力、能带动氛围的灵魂人物。意见领袖往往具有极强的号召力和感染力。群成员都愿意与他们进行沟通和探讨问题。一般意见领袖都具备以下特征：有某项专长、善于沟通、情商较高、时间充足、有一定的影响力。

（二）制定微信群的运营规则

运营规则是微信群健康有序发展的重要保障，是微信群必须具备的制度，也是一个微信群文化宗旨的体现。任何一个有组织的微信群都会制定自己的运营规则，以此约束群成员的行为；此外，制定运营规则后，群主、管理员等要适时地在微信群里重申规则，以便大家牢记。下面分别从加群规则、日常规则、激励规则和淘汰规则等 4 个方面介绍。

1. 加群规则

加群规则是对新用户加入微信群的相关规定，避免微信群里出现大量的潜水成员。通常有以下几种加群规则：一是邀请入群。这种方式是需要群主和管理员邀请用户加入微信群成为微信群成员。二是完成任务加群。指的是必须完成微信群规定的某项任务才能成为微信群成员。三是付费入群。指的是需要支付规定的费用才能成为微信群成员，相当于付费成为会员入群。四是申请入群。主要根据微信群公开发布的招募信息，经过层层筛选加入微信群。五是微信群成员推荐入群。这种入群方式指的是给予微信群成员一定的推荐名额，可以推荐符合条件的人入群，同时负责解答、处理被推荐成员入群后的一些常规问题。

2. 日常规则

日常规则主要是对微信群成员的日常发言、交流等进行规范的规则。包括群成员名称规则、交流分享规则以及群公告规则等。

（1）群成员名称规则。为了方便成员之间相互了解，刚加入微信群的成员应根据入群规则，修改自己的名称，一般根据身份、昵称、序号、归属地、姓名、联系方式等其中几种要素设定成员名称。

（2）交流分享规则。交流分享规则主要包括交流时间、交流格式、交流礼仪、交流争论解决等内容；分享规则包括分享过程中疑问解答、分享不当时如何处罚、分享争议讨论处理以及分享礼仪等内容。

（3）群公告规则。群主或管理员可在群公告处编辑添加相关公告内容，如果在微信群发布重要消息后，也可选择点击该消息并置顶，这样可以提醒成员关注浏览，如图 3－25 所示。

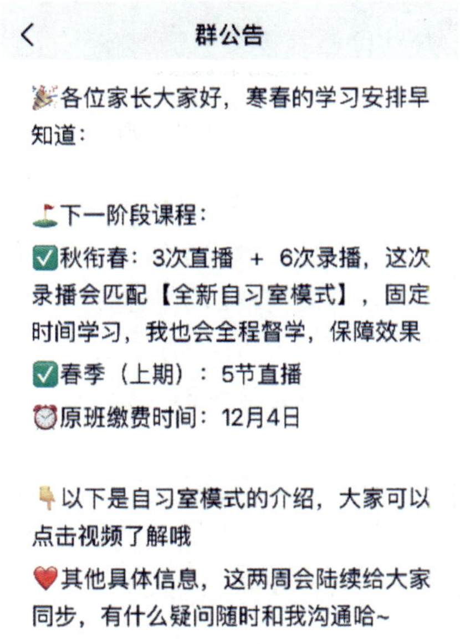

图 3－25　群公告规则

3. 激励规则

激励规则的设置可提高微信群成员的参与积极性，增强微信群的凝聚力。主要包括考核和奖励。激励规则可结合日常规则，对微信群成员的相关行为进行考核；激励就是给表现优异的微信群成员以奖励，激发成员积极性。奖励形式可以是红包、徽章、奖状、头衔等。

4. 淘汰规则

微信群成员的数量是定额的，可能是200人、500人等。为了保证微信群的活跃度，设置一定的淘汰规则很有必要。主要包括违规清退、积分淘汰等。违规清退指微信群成员违反微信群规则，如发布不当言论、发布垃圾广告等。这时，为了维护群秩序，可根据违规严重性及次数设置不同的惩罚，违规次数达到一定程度或严重程度高的予以清退。积分淘汰主要指对微信群成员的某些行为给予积分增减，积分降到一定标准线以下，将会被淘汰。

（三）提高微信群成员积极性

一个微信群的成员众多、性格各异、兴趣爱好不同。如果处在一个微信群的成员发言人数很少，微信群的活跃度就会很低，甚至变成死水一潭，这对微信群的运营非常不利。所以微信群的群主、管理人员要想方设法调节微信群的氛围、提高微信群成员活跃度。从营销的角度，可以通过微信群分享、微信群打卡和微信群福利等3种方式提高微信群成员参与的积极性，从而提高微信群的活跃度。

提高微信群成员积极性

1. 微信群分享

微信群分享主要让微信群成员将自身知识、经验、使用产品的感悟进行分享，或者围绕某一话题进行讨论。最常见的是线上微信群活动，类似于线下团队建设，可以帮助群成员之间迅速熟悉起来，增加微信群凝聚力。下面介绍分享类型和分享过程实施步骤。

（1）分享类型。微信群分享一般包括领袖人物分享、邀请嘉宾分享、微信成员分享等。

（2）分享过程。为了保证微信群的分享质量，微信群管理及相关营销人员要按以下7个步骤做好分享筹备工作。

第一步：主题与时间确定。分享前一定要确定好主题，同时确认分享成员的发言主题，确保分享不偏题；并且要确认好分享的时间。

第二步：活动通知。确认好主题、时间之后，发布活动通知，通过@群成员，反复提醒，要求成员收到通知后确认；同时，对分享活动要发言的成员单独提醒确认时间。

第三步：活动暖场。分享活动开始前，需要对分享主题、分享内容、分享嘉宾介绍，为分享活动进行暖场、营造氛围。

第四步：分享控场。每次分享前都要提前定好规则、并在分享前提醒。例如，分享时设置全员禁言，分享时间超时后，提醒成员等。控场主要是为了维护分享秩序，保证分享顺利进行。

第五步：分享互动。分享过程中，可以设计嘉宾与微信群成员的互动环节。为了防止互动冷场，可以提前安排一些成员活跃气氛、参与活动。

第六步：奖品环节。为了提高微信群成员参与的积极性，分享结束后，向表现积极的成员赠送一些奖品。这个环节可以在分享活动筹备时提前告知。

第七步：活动宣传。分享期间，可以设置一定奖励，引导微信群成员通过朋友圈、qq群等方式宣传活动；分享结束后，营销人员需要总结此次分享活动，在各种社交媒体平台进行宣传推广，打造微信群的口碑，提高其影响力。

2. 微信群打卡

微信群打卡是指微信群成员每天固定时间需要完成特定任务的互动形式。这种形式能够培养群成员的良好习惯，能够监督和激励群成员完成任务，同时能够自我检查参与活动的效果。在进行微信群打卡时，需要设置打卡规则，营造打卡氛围，这样才能督促成员进行自觉打卡。

（1）设置打卡规则。为了保证微信群成员能够坚持打卡，可以针对不同的打卡活动，设置相应的规则，提高微信群成员参与的积极性。打卡规则包括 4 个方面：一是押金规则，打卡期间需要缴纳一定的押金，在规定时间内，如果完成目标退还押金外加一定奖励；如果未完成目标，押金自动转为奖学金奖励表现优异的人员。二是监督规则，微信群管理员对打卡情况要进行统计、监督、管理，定期将群打卡情况以消息、文档、群公告等形式在微信群里展示，激励成员坚持打卡。三是激励规则，打卡表现优异的成员给予一定形式的奖励。四是淘汰规则，打卡次数很低，或没有达标的成员给予一定比例的淘汰或者是一定程度的惩罚。

（2）营造打卡氛围。良好的打卡氛围有助于微信群成员坚持打卡，提高群成员间的情感联系。营造氛围可以从树立榜样、互相鼓励、设置竞争、提供惊喜等方面进行。树立榜样是很常用也很有效的一种营销手段，这里是指在微信群中将表现良好、有毅力、有恒心的成员，或者是打卡活动中表现最好的成员挑出来作为榜样，刺激其他微信群成员坚持打卡；互相鼓励就是指微信群成员之间互相鼓励，通过分享自身的经验或感受，勉励同伴坚持下去；设置竞争与奖励规则联系起来，对表现优异的成员给予奖励，这种方式主要是激发大家好胜、不甘落后的心理，确保打卡能够持续进行；提供惊喜就是指群主或管理员不定期地发放一些意外的福利，如在打卡一周、一个月等关键时点上赠送一些小礼品，让群成员有坚持下去的动力。

3. 微信群福利

在进行微信群营销时，营销人员要根据微信群成员的入群动机，设置好不同阶段的福利，从而去激发成员参与的积极性，增加粉丝数，增加活动参与人数。一般福利包括以下 5 种：一是物质奖励，一般为比较实用的物品，或者体现微信群特色的物品，如印有微信群头像或名称的 T 恤、徽章、其他纪念品等；二是红包奖励，通过微信红包发放的形式奖励表现优异的学员；三是优惠福利，对于表现优异的群成员，给予课程购买优惠券等，这种方式由于不产生现金花费，而且还能更进一步地吸引新的流量，或者提高老成员的转化率，比较受商家的欢迎。四是荣誉福利，如发放奖状、奖牌、奖杯等，以表示对优异人员的认可；五是虚拟福利，对于表现优异的成员可以通过积分、优惠券等形式给予奖励。

微信群营销除了线上的营销手段，还可以线下开展活动，线上千面不如线下一面，如果说线上能够快速扩散、吸引流量，那么线下活动可以强化线上关系，通过线上线下互补的形式可以让群成员的感情联系得到加强，微信群成员的凝聚力得到提高，从而提高微信群营销的效果。

素质素养养成

（1）在微信群组建和打造高效运营团队的过程，同学们要具有团队意识，注重团队协作。

（2）在制定运营规则时，同学们要注重公平公正意识和规则意识。

（3）在提高微信群成员积极性时，同学们要养成创新思维意识、服务意识、需求导向意识。

活动分组

活动分组如表 3－16 所示。

表 3－16　　学生活动分配表

<table>
<tr><td>班级</td><td></td><td>组号</td><td></td><td>指导教师</td><td></td></tr>
<tr><td>组长</td><td></td><td>学号</td><td colspan="3"></td></tr>
<tr><td rowspan="6">组员</td><td>姓名</td><td>学号</td><td colspan="3">活动分工</td></tr>
<tr><td></td><td></td><td colspan="3"></td></tr>
<tr><td></td><td></td><td colspan="3"></td></tr>
<tr><td></td><td></td><td colspan="3"></td></tr>
<tr><td></td><td></td><td colspan="3"></td></tr>
<tr><td></td><td></td><td colspan="3"></td></tr>
</table>

合作研学

请分析瑞幸咖啡企业微信群的定位、引流方式、运营团队的特点、群公告与群规则以及提高微信群成员积极性的方法，填写表 3－17。

表 3－17　　瑞幸咖啡企业微信群分析表

序号	内容	分析
1	微信群定位	
2	微信群引流方式	
3	微信群运营团队的特点	
4	微信群公告	
5	微信群规则	
6	微信群成员积极性提高的方法	

考核评价

填写表 3－18 所示的考核评价表。

表 3－18 考核评价表

被评小组：________ 小组成员：________________

序号	评价内容	分值	自评	互评	教师评分	教师点评
1	团队组建、分工是否明确	10				
2	微信群定位与引流方式剖析得是否精准	25				
3	微信群公告与群规则分析得是否到位	25				
4	微信群成员积极性提高的方法介绍得是否全面	25				
5	素质素养目标是否达成	15				

总分：________

拓展训练

持续跟踪一家知名企业，分析该企业微信群营销和朋友圈营销的策略。

项目四
4 短视频营销

知识概览

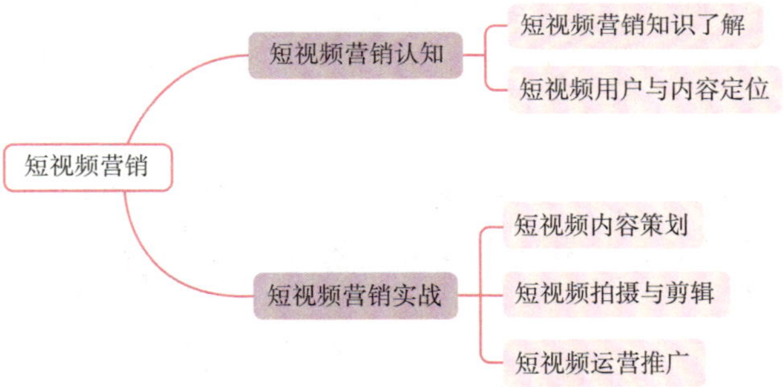

模块一
短视频营销认知

活动一　短视频营销知识了解

学习目标：

1. 知识目标

（1）掌握短视频营销的基础知识。

（2）理解短视频营销的商业变现模式。

2. 能力目标

（1）能阐明短视频营销与中、长视频营销的异同。

（2）能利用短视频实现商业变现。

3. 素质素养目标

（1）培养互联网思维和创新思维意识。

（2）培养遵纪守法的法律法规意识。

（3）培养社会主义核心价值观。

重点难点：

1. 重点

（1）短视频营销的优势、主流平台、表现形式。

（2）短视频的商业变现模式。

2. 难点

（1）选择恰当的短视频表现形式。

（2）短视频商业变现的有效途径。

活动描述

习近平总书记在中国共产党第二十次全国代表大会上的报告中指出，要发展乡村特色产业，拓宽农民增收致富渠道，统筹乡村基础设施和公共服务布局，建设宜居宜业和美乡村。[①]

抖音音乐人、乡村守护人——“帅农鸟哥”[②]，本名杨军昌，1981 年出生，在外打拼 20 多年，学到不少生存的技能，2020 年选择回到家乡，靠着拍短视频逐渐走红，成为热爱农村、守护乡村的新农民代表。抖音记录了他的多才多艺——美食、手工、绘画，超强的动手能力和绘画过程，能给人一种微妙的治愈感，每期视频都能引来数十万甚至一两百万的点赞，有的单条视频播放量甚至破亿。粉丝们记住了他的标志性捋头发动作，也记住了他墙画中乡村生活的美好点滴。截至 2023 年 9 月，“帅农鸟哥”已在抖音拥有 609 万 + 粉丝，4 350 万 + 点赞。成名后的他继续留在家乡，通过短视频记录乡村，把家乡民俗和特产推向更远的地方。

请在抖音平台搜索框搜索“帅农鸟哥”，进入该账号主页，再在主页搜索“乡村振兴”，选择封面有“乡村振兴”字样的短视频，观看该短视频，并分析视频中的商业变现模式以及该视频引发 290 万 + 点赞、12 万 + 评论和 21 万 + 分享转发的原因。

资料来源：作者根据会“‘魔法’的新农人：家乡才是什么都不缺的地方 . 央视网，2022 年 5 月 13 日 .”改编。

---

① 习近平：高举中国特色社会主义伟大旗帜 为全面建设社会主义现代化国家而团结奋斗——在中国共产党第二十次全国代表大会上的报告 . 新华网，2022 年 10 月 25 日。

② 本教材所引用的自媒体账号截止时间为 2023 年 9 月。

知识准备

一、短视频营销的定义

短视频是一种视频长度以“秒”计数，主要依托于移动智能终端实现快速拍摄和编辑，可以在社交媒体平台实时分享与无缝对接的一种新型视频形式。短视频营销是指个人或企业借助短视频这种媒介形式，通过选择目标受众人群，并向他们传播有价值的内容，以吸引用户了解个人或企业品牌产品和服务，最终形成交易的一种社会化营销（Social Marketing）方式。

短视频营销初识

近年来，我国短视频用户规模持续增长。中国互联网络信息中心发布的第51次《中国互联网络发展状况统计报告》显示，截至2022年12月，我国短视频用户规模达10.12亿人，首次突破10亿人大关，较2021年增长6 000万人以上，使用率高达94.8%。

二、短视频营销的特点

作为新媒体营销的一种新兴方式，短视频营销迅速占据了一部分营销市场，以其碎片化、低成本、快传播、强社交等特点，吸引了众多用户。企业借助短视频展现产品特点和服务特色或推广产品和品牌，更容易获得用户青睐，营销效果更佳。

（一）信息碎片化

短视频不仅符合并满足移动互联网时代用户对于内容信息的碎片化需求，也迎合了当下用户的生活方式和思维方式。用户可以在上下班途中或等候排队的间隙等零碎、分散的时间中利用手机等移动设备接收内容信息。

（二）广告成本低

与传统的电视广告相比，短视频的运营成本要低很多，前者通常需要花费几十万元到几百万元的成本，而后者只需要花费几千元、几万元的成本甚至免费就可以获得相当可观的曝光量和传播量，如“帅农鸟哥”自己设计创作的短视频播放量都在几十万次及以上。

（三）传播速度快

由于短视频时长短，所以其内容节奏比影视剧等长视频快，能够在第一时间向用户完整地展示内容创作者的意图，带动用户的情感，一旦短视频拥有热度，就会被用户主动传播到各大社交平台，迅速地扩大传播范围，并在短时间内得到广泛传播。

（四）社交属性强

短视频可以更加直观、立体地满足用户的表达、沟通需求，满足人们之间展示与分享的诉求。用户对自己感兴趣的视频点赞、评论、转发，并在评论区内构成强大的社交圈，大家畅所欲言，并与其他用户进行社交互动；用户还可以私信感兴趣的视频主，加入该视频主的粉丝群，有效增强用户黏性，突破人际壁垒，开展有针对性的拓展型社交，如图4-1所示。

图 4－1 强大的社交属性

三、主流短视频营销平台

短视频平台是短视频发布和传播的渠道，了解各个短视频平台的特点，有助于创作者更有针对性地选择合适的平台来进行短视频营销。短视频行业流量多集中在头部平台，其中抖音占据 TOP 首位，根据 QuestMobile 数据显示，2022 年 6 月微信视频号月活用户量达 8. 13 亿人，易观千帆数据显示，2023 年 6 月，抖音和快手的月活用户分别为 7. 23 亿人和 4. 51 亿人。哔哩哔哩（B 站）2023 年第一季度财报：月均活跃用户数达 3. 15 亿人。下面对这四大主流短视频平台进行介绍。

（一）抖音

抖音是目前短视频领域的超级平台，也是进行短视频设计和制作的首选视频平台之一。由字节跳动孵化，创始人张一鸣，该软件于 2016 年 9 月上线，是一个旨在帮助大众用户表达自我，记录美好生活的短视频分享平台。2017 年 8 月，抖音短视频国际版“TikTok”上线，2017 年 11 月，今日头条收购北美音乐短视频社交平台“Musical. ly”，并与抖音合并。

（二）快手

快手是北京快手科技有限公司旗下的产品。快手的前身，叫“GIF 快手”，诞生于 2011 年 3 月，最初是一款用来制作、分享 GIF 图片的手机应用。2012 年 11 月，快手从纯粹的工具应用转型为短视频社区，用于用户记录和分享生产、生活的平台。

（三）微信视频号

微信视频号是 2020 年 1 月 22 日腾讯公司官微正式宣布开启内测的平台。不同于订阅号、服务号，它是一个全新的内容记录与创作平台，也是一个了解他人、了解世界的窗口。视频号内容以图片和视频为主，可以发布长度不超过 1 分钟的视频，或者不超过 9 张的图片，还能带上文字和公众号文章链接。

（四）哔哩哔哩

哔哩哔哩，英文名称：bilibili，简称 B 站，现为中国年轻世代高度聚集的文化社区和视频平台，该网站于 2009 年 6 月 26 日创建。它是国内知名的视频弹幕网站，有及时的动漫新番、活跃的 ACG 氛围和有创意的 Up 主。

以上主流短视频平台宣传语和呈现方式，如表 4－1 所示。

表 4－1　主流短视频平台宣传语和呈现方式

平台	宣传语	呈现方式
抖音 TikTok	抖音，记录美好生活	横、竖屏均可
快手	快手，拥抱每一种生活	竖屏为主
视频号	视频号，记录真实生活	横、竖屏均可
bilibili	哔哩哔哩，干杯	横、竖屏均可

四、短视频的表现形式

短视频具有直观、软植入、互动性强与多元化的特点，其营销成本低且效率高，是个人用户及企业用户都可以选择的一种主要营销方式。按照短视频的表现形式可以分为：短纪录片、情景短剧、解说类短视频和 Vlog 等。

（一）短纪录片

纪录片是以真实生活为创作素材，以真人真事为表现对象，并对其进行艺术的加工与展现，以展现真实为本质，并用真实引发人们思考的电影或电视艺术形式。纪录片的核心为真实。短纪录片和纪录片相比，内容、形式相似，时长更短，一般在 15 分钟以内。短纪录片中的代表账号，如图 4－2 所示。

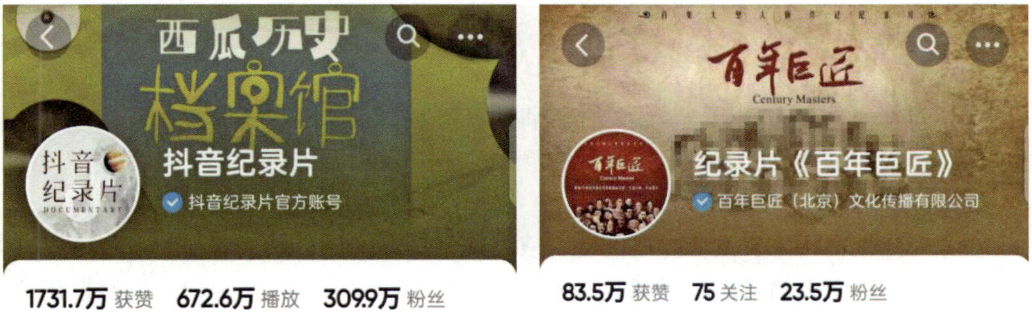

图 4－2　短纪录片账号

（二）情景短剧

情景短剧是依托相对固定的场景，利用生活中常见的情节及道具，根据自身风格及品牌诉求进行剧情编创及场景化演绎的短视频类型。常见的情景短剧主要有幽默类、情感类和职场类。

（1）幽默类情景短剧的娱乐化属性明显，常通过“抖包袱”“放大尴尬”等剧作手法设置剧情，用幽默的风格呈现作品。

（2）情感类情景短剧常通过各种戏剧化的创作手法设置剧情，强调以情动人，多从亲情、爱情、友情等情感视角创作视频，作品更易传递情感，可快速引起用户的情感共鸣。

（3）职场类情景短剧基于细分的职场场景，如基于办公室等演绎职场故事，再现职场情景。职场类情景短剧兼具时尚感强、易引发共鸣、话题感十足等优势。

（三）解说类短视频

解说类短视频是指短视频创作者对已有素材（图片或视频）进行二次加工、创作，配以文字解说或语音解说，加上背景音乐合成的短视频。该类短视频通常是截取热门或经典的影视剧、动漫，甚至游戏等影片内容进行解说或盘点。创作者需要善于挖掘影视素材，理清解说思路，剪辑短视频，配上字幕和具有辨识度的声音。

（四）Vlog

Vlog 又被称为视频博客或视频日记，其全称是 Video Weblog 或 Video Blog，是一种以影像取代传统图文模式的个人日志，主要功能是记录日常生活。Vlog 最大的特点是由 Vlog 博主亲自出镜，拍摄内容真实，镜头里通常没有炫目的画面，只有真实的博主和真实的环境。常见的 Vlog 类型，如表 4－2 所示。

表 4－2　Vlog 类型和内容

Vlog 类型	Vlog 内容
励志学习类	记录学习经历，展示学习状态和学习工具
情感婚恋类	情侣间日常互动、表白、领证、婚礼
乐享美食类	美食教程、厨艺展示、美食品尝
旅游出游类	沿途风景、旅途趣事、体验感悟
日常生活类	吃饭、休息、工作
开箱测评类	展示商品开箱测评过程，好物分享

五、短视频的商业变现模式

短视频能够吸引巨大的用户流量，能否将这些流量变现并实现商业盈利已成为很多短视频内容创作者普遍关注的问题。目前，短视频的商业变现模式主要有以下 4 种。

（一）广告变现

广告变现是指把商品及其服务中具有代表性的视听品牌符号融入短视频中，给用户留下深刻的印象，以达到营销目的。短视频内容创作者从品牌商家获得一定的经济回报作为主要收入来源。广告植入包括在短视频内容中进行品牌宣传、剧情植入或口播，以此来满足广告主的诉求，并提供商品链接或服务地址的植入广告（见图 4－3）；在用户观看短视频的必经之路上展示，实现营销目的的贴片广告，以及将广告视频和短视频平台推荐的视频混合在一起的信息流广告等类型。

（二）电商导流

电商导流是指通过短视频引导用户到网络店铺或电商交易平台中消费，从而实现短视频商业变现。电商导流通常有 2 种方式：一是通过短视频内容介绍，将用户引流到短视频平台中的网络店铺或橱窗，以进一步获得商品销售收入，如图 4 – 4 所示；二是直接将用户引流到其他电商交易平台，单击“查看详情”按钮即可前往其他电商交易平台。

图 4 – 3　广告变现

图 4 – 4　电商导流

（三）内容付费

内容付费是把短视频当作商品或服务，让用户通过支付费用的方式观看，从而实现短视频的商业价值。内容付费又分为 3 种主要形式：用户对喜爱的短视频内容通过赏金或礼物的方式进行资金支持的用户打赏；用户定期向短视频平台支付一定的费用，用于优先获得优质短视频内容观看权限的平台会员制付费；对单个短视频进行付费观看的内容商品付费。

（四）签约独播

签约独播是指由短视频平台向内容创作者支付一笔费用，与其签订法律合同，该内容创作者的所有短视频都必须在该短视频平台上独家播放。该模式的优势是内容创作者能够直接获得一大笔收益，并在一段时间内有稳定的内容输出渠道；缺点是不能获得其他短视频平台的支持，且单一流量渠道可能限制短视频的传播范围，无法获得更多经济收益。

素质素养养成

（1）在观看短视频过程中，同学们要养成互联网思维和创新思维意识。
（2）在分析短视频商业变现模式时，要养成遵纪守法的法律法规意识。
（3）在学习短视频表现形式的过程中，需践行社会主义核心价值观，传播正能量。

活动分组

活动分组如表 4－3 所示。

表 4－3 学生活动分配表

<table>
<tr><td>班级</td><td></td><td>组号</td><td></td><td>指导教师</td><td></td></tr>
<tr><td>组长</td><td></td><td>学号</td><td colspan="3"></td></tr>
<tr><td rowspan="6">组员</td><td>姓名</td><td>学号</td><td colspan="3">活动分工</td></tr>
<tr><td></td><td></td><td colspan="3"></td></tr>
<tr><td></td><td></td><td colspan="3"></td></tr>
<tr><td></td><td></td><td colspan="3"></td></tr>
<tr><td></td><td></td><td colspan="3"></td></tr>
<tr><td></td><td></td><td colspan="3"></td></tr>
</table>

合作研学

（1）在表 4－4 中填写短视频营销和中、长视频营销的主要异同。

表 4－4 短、中、长视频营销的异同

<table>
<tr><td>视频营销类型</td><td>视频平台举例</td><td>相同点</td><td>不同点</td></tr>
<tr><td>短视频</td><td></td><td rowspan="3"></td><td rowspan="3"></td></tr>
<tr><td>中视频</td><td></td></tr>
<tr><td>长视频</td><td></td></tr>
</table>

（2）分析“帅农鸟哥”乡村振兴短视频中的商业变现模式及其成功的原因。

___

___

___

___

___

考核评价

填写表 4－5 所示的考核评价表。

表 4－5　考核评价表

被评小组：＿＿＿＿＿＿　小组成员：＿＿＿＿＿＿＿＿＿＿＿＿＿＿＿＿＿＿

序号	评价内容	分值	自评	互评	教师评分	教师点评
1	是否阐明了短视频营销和中、长视频营销的异同	25				
2	是否识别出视频中的商业变现模式	25				
3	是否分析了短视频成功原因	30				
4	素质素养目标是否达成	20				

总分：＿＿＿＿＿＿

拓展训练

请从熟悉的短视频平台选取一个短视频达人，分析其变现模式和成功的原因。

活动二　短视频用户与内容定位

学习目标：

1. 知识目标

（1）理解短视频用户和内容定位的内涵。

（2）掌握短视频用户定位的方法。

（3）掌握短视频内容定位的步骤。

2. 能力目标

（1）能根据短视频用户画像推测用户的基本需求。

（2）能区分主流短视频平台之间用户和内容定位的差异。

（3）能为短视频创作者推荐视频创作内容的类型。

3. 素质素养目标

（1）培养互联网思维和数据思维意识。

（2）培养严谨细致的科学态度和自主探究能力。

（3）培养和践行社会主义核心价值观。

重点难点：

1. 重点

（1）短视频用户定位的内涵。

（2）短视频内容定位的步骤。

2. 难点

（1）推测短视频平台用户的需求。

（2）定位短视频内容创作的类型。

活动描述

请根据图 4－5 蝉妈妈上短视频达人 A 的视频观众画像，推测用户的基本需求，并结合本节所学知识，为同类新手创作者提供内容创作的建议。

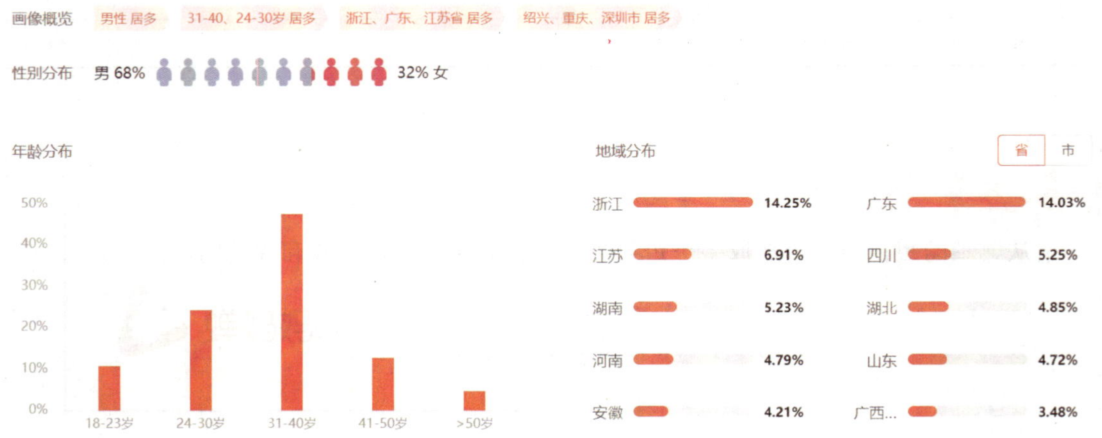

图 4－5 视频达人 A 的观众画像

知识准备

一、短视频用户定位

用户是短视频创作的基础，也是短视频营销的目标，任何短视频创作的前提都是获得用户的喜爱。因此，短视频在创作之前需要先进行用户定位，以便为产品或品牌吸引精准的目标用户。

短视频用户定位包括如下 4 个步骤：

（一）收集用户的基本信息

用户的基本信息是指短视频用户在网上观看和传播短视频的各种数据，主要分为：人口学变量、用户目标、用户使用场景和用户行为数据。

（1）人口学变量包括用户的年龄、性别、婚姻状况、教育程度、职业和收入等，通过对这些变量进行分类，可以了解每类用户对短视频内容的需求差异。

（2）用户目标是指用户在观看短视频过程中出现各种行为的目的。例如，用户使用某款短视频 App 的目的，特别关注剧情类短视频的目的，以及下载短视频的目的等。了解不同目的的用户的特征，有助于查找短视频营销的目标用户。

（3）用户使用场景是指短视频用户在什么时候、什么情况下观看短视频的相关信息，通过这些信息可以了解用户在各类使用场景下的偏好或行为差异。

（4）用户行为数据是指用户在观看短视频过程中的各种行为特征。例如，观看短视频的频率、时长，通过短视频购物的客单价等。通过用户行为数据的收集，可以分析和划分用户的活跃等级和用户价值等级，为短视频内容定位和脚本创作提供数据支持。

（二）归纳用户的特征属性

归纳用户特征属性的数据可以从专业的数据统计机构发布的报告中获取。用户特征属性包括：用户规模、日均活跃用户数量、使用频次、使用时长、性别分布、年龄分布、地域分布和活跃度分布等。

（1）用户规模是指某个行业、领域中用户的数量。用户规模越大，说明该行业、领域的商业营利能力和发展潜力越大。

（2）日均活跃用户数量是指使用短视频平台的每日活跃用户数量的平均值，能够反映短视频平台的运营情况、用户的黏性。

（3）使用频次是指使用短视频平台的频率和次数，根据这个数据能够判断出用户对于短视频平台的喜爱程度和对短视频的关注程度。

（4）使用时长是指短视频平台程序界面处于前台激活状态的时间，通常以日使用时长为单位。

（5）性别分布可以反映不同性别的用户对短视频的关注和喜爱程度。

（6）年龄分布可以反映不同年龄的用户对短视频的偏好和认知程度。

（7）地域分布可以通过不同省、市、自治区或地区的用户规模，反映用户的文化程度和对短视频的审美偏好等。

（8）活跃度分布可以反映用户黏性，分析用户的活跃度可以按一天 24 小时进行数据统计，也可以根据工作时间和节假日的不同时间段进行数据统计。

（三）构建用户画像

用户画像就是根据用户的属性、习惯、偏好和行为等信息抽象出来的标签化用户模型。在这个大数据时代，获取用户数据最简单、最常用的方法就是通过专业的数据统计网站查看。例如，通过专业的短视频数据统计网站巨量星图、抖查查或官方发布的数据报告等查看用户画像。短视频创作者可以从用户画像信息中推导出用户偏好的短视频内容类型，再针对用户偏好进行选题，可以有效地促进用户增长，提升内容定位的精准度。

用户画像八要素

2023 年 1 月，新浪财经报道指出，微信视频号的用户画像是：一、二、三线城市的消费用户占比超过 60%，购买用户的男女比例为 1∶4，年龄分布上略显成熟，整体消费能力比较强，所以视频号电商的客单价维持在行业较高的水平，整体超过 200 元。

2023 年 5 月，Mob 研究院发布报告指出，抖音和快手整体用户画像相近，快手在下沉市场略胜一筹。随着创作者和内容生态的趋同以及平台创作者的相互渗透，抖音和快手的用户重合度不断提高，在性别、年龄、学历和收入等维度已无较大差别，但在下沉市场中，快手用户比抖音高出 5%。抖音、快手用户画像对比如图 4－6 所示。

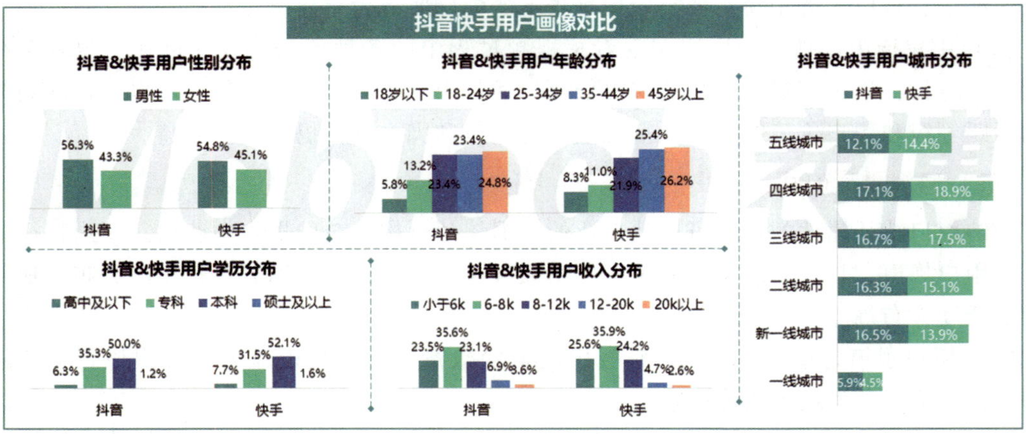

Source：MobTech，2023.05

图 4－6 抖音、快手用户画像对比

2023 年 7 月，账号@蓝狮××根据 B 站官方数据整理得到 B 站用户画像：男女比例为 57∶43；18～35 岁用户占 78%，其中 18～24 岁以下用户占比 60.28%，25 岁～30 岁用户占比为 16.71%，用户平均年龄 22.8 岁，是大学生浓度最高的内容社区，本科及以上比例高出全网 10 个百分点；地域方面主要集中于沿海，华东地区用户最多，占比 34%，其次是华南用户，占比 21%。

（四）推测用户的基本需求

推测用户的基本需求有助于创作出更有吸引力的短视频，提升用户黏性。短视频用户的基本需求主要包括：获取知识技能、获取新闻资讯、休闲娱乐、提升自我归属感和需求消费指导。

（1）获取知识技能是指用户希望通过观看短视频获取一定的知识技能。如果短视频能够向用户展示实用的知识或技能，就能满足用户获取知识技能的需求。如生活技巧、办公技巧等。

（2）获取新闻资讯是指用户通过观看短视频获取当前最新国内、国际及社会新闻，以增长见闻，关注世界动态，关心国家大事，了解生活时事。

（3）休闲娱乐是短视频这个大众传播媒介的主要属性之一，获取娱乐资讯，满足精神消遣也是用户使用短视频的主要目的之一。大部分热门短视频平台发展较快的一大原因就是平台上有大量奇趣精美的短视频内容满足了用户的娱乐放松需求。

（4）提升自我归属感是指短视频满足用户对某种事物或行为的愿望和期望，其涵盖人们生活各方面的内容，具有发布、评论、点赞和分享等社交功能，在满足自身渴望的同时，还能提升用户的自我认同和归属感。

（5）需求消费指导是指用户通过短视频达人的推荐和短视频内容，对商品的功能特性、价格优惠及购买价值等信息有一定的了解，进而决定是否消费。短视频已经成为电商推广和销售商品的主要渠道之一，通过观看短视频来指导自己购物也成为一种新的用户需求。

二、短视频内容定位

短视频内容定位即短视频能够给用户提供什么样的内容和功能。短视频内容定位有 5 个原则：内容要满足用户的需求；内容风格要统一；内容要符合营销的目的；内容的高频输出；内容要贴合运营人员的能力。

通常，短视频内容定位主要从两个方面来进行：一是根据个人特长定位，二是根据热门内容定位。

短视频内容定位

（一）个人特长定位

不同的短视频内容创作者，知识文化水平、人生经历和兴趣爱好不同，擅长的短视频内容领域也不同。因此，根据自身特长来定位内容类型是十分有必要的。只有选择自己擅长的领域，才能创作出高质量的短视频。

严格来说，根据个人特长定位短视频内容类型有以下 4 步：

第一步，分析自身条件，包括自己所处的城市，自己的知识水平、年龄、擅长的技能和工作领域，自己的爱好，是否能熟练使用各种拍摄设备、拍摄软件和视频剪辑软件等；

第二步，观看各种类型的短视频，以短视频创作者的角度分析这些具体案例，思考自己是否能创作同样类型的短视频，并根据自己的特长和知识技能选择几种比较适合自己的类型，做出详细的书面分析，形成分析报告；

第三步，根据分析结果找到 2～3 个短视频内容类型，在短视频平台搜索该类型的优秀达人账号，观看其发布的短视频，学习和模仿短视频的创作；

第四步，尝试制作并发布该内容类型的短视频，一段时间后（通常 1～2 个月），如果用户关注度和粉丝量没有达到预期，再考虑其他的内容类型。

除了考虑自己的特长外，在定位时还应该选择热门的内容方向，这样才更容易获得较高的播放量和粉丝量。

（二）热门内容定位

艾媒咨询数据显示，在 2022 年中国短视频平台用户关注内容的风格中，57.9% 消费者会选择美食分享；54.2% 消费者会选择搞笑演绎类；44.3% 消费者会选择情感类；34.8% 消费者会选择颜值类；33.3% 消费者会选择游戏类。

短视频内容创作示例

通过对 2022 年各个主流短视频平台用户偏好的短视频内容类型进行整理，总结如表 4－6 所示的十大热门短视频的内容类型、特点和领域以供短视频创作者选择、学习和尝试。

表 4 – 6　十大热门短视频内容创作类型

内容类型	内容特点	内容领域
美食类	美食内容的需求大，用户群体也庞大，但美食垂直赛道竞争非常激烈	美食制作、美食分享、户外烹饪、试吃测评、美食文化、探店
搞笑演绎类	视频幽默诙谐，带给用户快乐，流量大，容易出爆款，但对剧本的要求比较高	自创或演绎无厘头短剧、搞笑场景或囧事、犀利幽默的吐槽等
情感类	很容易使用户感同身受并产生情感共鸣，受众很广，很容易被用户持续关注	情感语录或口播有关情感、励志、创业、人生感悟等情感类内容
颜值类	视频流量大，对出镜主角的颜值要求较高，为用户传递美丽、分享美丽	自拍、街拍、模仿表演、换装
游戏类	受众群体主要是 90 后、00 后等年轻人群，与热门游戏相关的解说类视频热度最高	玩法教程、技术讲解、游戏人物 Cosplay、仿妆、角色舞蹈等
生活类	对于视频内容不需要太多的脚本和剧情，分享真实的生活日常更易成为爆款	乡村生活、夫妻日常、儿童嬉戏、身体健康和求学、旅游经历分享
萌宠类	以宠物为视角拍摄宠物行为，宠物拟人化，给用户带来解压治愈、消遣娱乐的视频内容	分享宠物的日常生活和喂养技巧
才艺类	通过展示才艺来吸引感兴趣的粉丝进行互动或打赏	书法、唱歌、跳舞、弹乐器、绘画、魔术、传统手艺等
知识类	用通俗易懂的语言来讲解专业的知识技巧，满足用户的猎奇、碎片化的学习	知识点的讲解和写作技巧、拍摄技巧、办公软件技巧等技能分享
美妆类	传播化妆护肤技巧，对化妆品、护肤品的成分和品牌较为了解并能进行专业讲解	化妆教程、化妆品和护肤品测评讲解和效果展示

素质素养养成

（1）短视频用户定位时，要养成互联网思维和数据思维意识。
（2）短视频用户需求推测时，注意养成严谨细致的科学态度和自主探究能力。
（3）为新手创作者提供内容创作的建议时，需注重养成和践行社会主义核心价值观。

活动分组

活动分组如表 4 – 7 所示。

表 4-7　学生活动分配表

班级		组号		指导教师	
组长		学号			
组员	姓名	学号	活动分工		

合作研学

（1）根据短视频达人“帅农鸟哥”的视频观众画像，推测该类用户的基本需求。

（2）分析“三农”短视频包括的具体内容类型，并为此类新农人创作者提供内容创作的建议。

______

______

______

______

______

______

考核评价

填写表 4-8 所示的考核评价表。

表 4-8　考核评价表

被评小组：__________　小组成员：______________________________

序号	评价内容	分值	自评	互评	教师评分	教师点评
1	是否推测出用户的基本需求	25				
2	是否分析了具体内容类型	25				
3	是否提出了内容创作的建议	30				
4	素质素养目标是否达成	20				

总分：__________

拓展训练

请根据自身特长和感兴趣的领域，在蝉妈妈上查找在该领域排名靠前的账号，分析其粉丝画像和短视频内容的类型，规划自己的短视频创作思路。

模块二
短视频营销实战

活动一 短视频内容策划

学习目标：

1. 知识目标

（1）理解短视频内容策划的基础知识。

（2）掌握短视频脚本撰写的方法。

2. 能力目标

（1）能对标热门领域的达人账号设置某领域的短视频账号。

（2）能根据短视频内容策划撰写短视频脚本。

3. 素质素养目标

（1）培养创新创业意识。

（2）培养严谨细致的科学态度。

（3）厚植家国情怀，弘扬爱国主义精神。

重点难点：

1. 重点

（1）短视频账号定位。

（2）短视频选题策划。

（3）短视频内容结构设计。

（4）短视频脚本撰写。

2. 难点

（1）短视频选题策划。

（2）短视频内容结构设计要领。

（3）分镜头短视频脚本撰写。

活动描述

登录新榜数据服务平台，从图 4－7 所示的抖音号、快手号、视频号和哔哩哔哩中任选一个主流短视频平台，并就自己感兴趣的热门短视频领域，对标学习主流短视频达人账号和视频内容，定位短视频账号、策划短视频选题和内容，进而撰写一份分镜头短视频脚本。

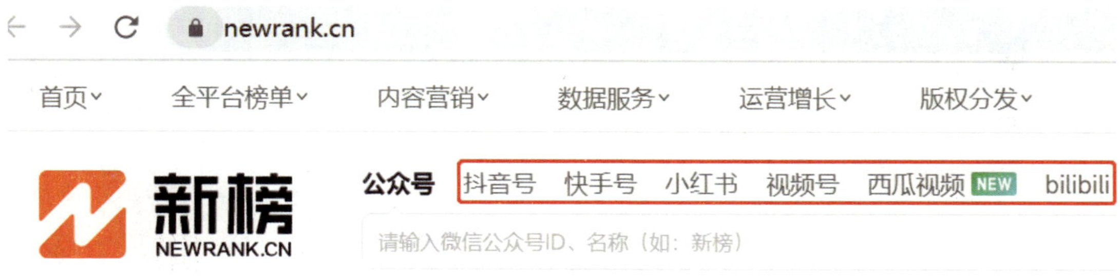

图 4－7　新榜数据服务平台

知识准备

一、短视频账号定位

俗话说"先谋而后动"，只有前期做好了详细的规划，后期才会事半功倍。账号定位的主要目的就是确定账号的主攻领域。短视频账号定位得越明确、领域越垂直，粉丝就会越精准，商业变现也就越轻松。

短视频账号定位

（一）账号人设的定位

人设即人物设定，是指在发布短视频前提前设定好人物的性格、身份及说话方式等。具体而言，定位账号人设有以下 4 个步骤。

第一步，确定细分领域。确定短视频内容涉及的细分领域，如美食领域包括川菜、粤菜、湘菜等细分领域；健身领域包括无器械健身、有器械健身；"三农"领域包括户外、乡村生活、农业技术等细分领域。

第二步，对标账号。分析同领域热门账号的短视频，了解该领域用户的喜好，汲取同领域账号的优点，避免其缺点。例如，才艺技能类创作者可对标学习和借鉴图 4－8 所示的新榜抖音号才艺技能领域月榜前三名的账号。

第三步，明确用户利益点。明确用户浏览短视频后会获得的收益，如心情愉悦、增长知识、价值观认同、购买商品等。

第四步，建立人设。创作者建立有针对性的账号人设，人设代表着一个账号的身份、性格、内容、态度和特点，其核心是能够代表达人的标签。不要一味追求完美，容易人设崩塌，把对自身最有利的一面展现出来即可，如大美女、小公主、暖男、可爱、高冷、幽默、励志等人设。

图 4－8　新榜热门抖音账号排序

（二）账号形象设计

账号形象设计包括背景图、头像、账号名称、介绍与标签等，如图 4－9 所示。

图 4－9　账号形象设计

（1）背景图的默认显示尺寸虽然并不大，但当用户下滑屏幕查看时，背景图会增大显示尺寸并呈现动态效果，因此背景图是账号形象的重要体现。背景图的选用可考虑强化内容、补充内容和心理引导的作用。

（2）头像往往会对用户的第一印象产生较大影响。因此，选择好头像是账号形象设计至关重要的一项工作。创作者设置头像时：首先要让用户产生好感，吸引其点击查看；其次要符合自己的定位，如果短视频账号定位是纯真的农村女孩，头像就应该是简单、朴实的风格。

（3）短视频账号的名称是一种具有独占性的符号，好的名称应该具有简短、简单、易记、易传播等特点。如加命令动词：“来个水果”；用叠词：“高火火”；用数字：“莉哥o3o”。需要注意的是，短视频账号名称一旦设定，不要轻易改动，否则会让用户产生陌生感。

（4）介绍与标签都是对账号信息的补充，创作者可以充分利用它们来向用户展示账号的特点。账号介绍可以通过简短的语句进行说明。如好好工作，好好说话，每天一条职场为人处世；玩转社交，方能玩转新社交；多年实战营销筹划。

二、短视频选题策划

选题是创作者对短视频内容的基本设想和构思，直接关系到短视频内容最终的关注度和播放效果，所以必须要慎重。

（一）选题类型

通常，短视频的选题可以分为常规选题、暂时选题和系列选题3种类型。

（1）常规选题。创作者日常策划的选题，其作用在于强化账号人设，如图4－10所示@××的宠狗日常视频。

（2）暂时选题。出现热点事件后，创作者根据该热点事件策划的选题，其作用在于提升短视频流量，如2022年很热的对视变装热点视频。

（3）系列选题。创作者策划出的一系列有关联性的选题，其作用在于增强用户黏性，如图4－11所示@××的第36集手工diy视频。

图4－10　常规选题

图4－11　系列选题

（二）选题策划的核心原则

（1）符合规则原则，是指符合短视频平台的规则，创作者不能创作涉及短视频平台明确的违规内容的短视频。

（2）符合人设原则，是指短视频内容符合账号人设，如账号人设为运动达人，则短视频内容要与运动相关。

（3）体现创意原则，是指短视频要具有创意，即便只是做出了一点微小的创新也会带来截然不同的效果。

（4）符合用户需求原则，是指通过短视频平台的用户画像功能查看关注账号用户的具体情况，如性别、年龄、地域、活跃度等，并利用这些信息，进一步分析出用户的需求。

（三）选题公式

在符合核心原则的前提下，创作者可以参考表 4－9 所示的短视频选题公式，从而适当避免选题枯竭的窘境发生。

表 4－9　短视频的选题公式

<table>
<tr><th colspan="2">价值因素</th><th colspan="2">流量因素</th><th rowspan="2">选题公式</th></tr>
<tr><th>提升知识面
（A1）</th><th>提升生活质量
（A2）</th><th>情感因素
（B1）</th><th>情绪因素
（B2）</th></tr>
<tr><td rowspan="7">已知信息二度组合
全新未知信息</td><td rowspan="7">生活更舒适
精神更舒畅</td><td rowspan="7">共情心理
猎奇心理
从众心理
窥探心理
安慰心理
期待心理</td><td rowspan="7">生气
感动
开心
心疼
震惊
解气</td><td>A1＋B1/B2</td></tr>
<tr><td>A2＋B1/B2</td></tr>
<tr><td>A1＋B1＋B2</td></tr>
<tr><td>A2＋B1＋B2</td></tr>
<tr><td>A1＋A2＋B1</td></tr>
<tr><td>A1＋A2＋B2</td></tr>
<tr><td>A1＋A2＋B1＋B2</td></tr>
</table>

三、短视频内容策划

创意至上，内容为王。短视频输出的内容一定要有趣、有价值、有创意。内容优质的短视频才能获得用户的关注和官方推荐。因此，要想使时长有限的短视频得到用户的青睐，创作者就需要掌握短视频的内容策划要领。

短视频内容策划

（一）短视频内容生产方法

短视频创作者要想持续地生产优质内容，需要找到正确的内容生产方法，然后按照这些方法进行操作，这样才能建立规模化的内容生产流水线。常见的内容生产方式有如下 4 类：

（1）搬运法。简单来说就是从社交媒体、经典影视剧、关注的名企名人等渠道把一些自己认为不错的内容搬运过来作为视频素材进行二次创作，然后发布到自己的短视频账号上的一种方法。二次创作就是对搬运的内容从展现形式、内容、框架结构等方面进行创新加工。如图 4－12 所示的@××电影账号根据华为手机广告改编的短视频。

图 4－12　账号@ × ×电影短视频

知识链接

短视频属于著作权中的作品，受到《著作权法》的保护，二次创作者如需使用原作品，应当获得原著作权人的许可，但是法律另有规定的除外。

（2）模仿法。一种是随机模仿，就是指创作者发现什么火爆就模仿拍摄什么短视频。比如，图 4－13 所示账号@ *** 脸对明星动作的模仿。另一种是系统模仿，就是指短视频创作者寻找一个与自己短视频账号运营定位相似的账号，对其进行长期的跟踪与模仿，比如模仿@ 疯狂 × ×哥的账号@ 王 **，如图 4－14 所示。

图 4－13　随机模仿

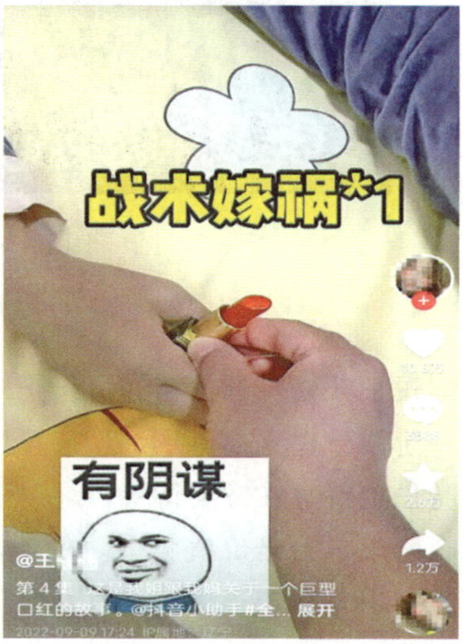

图 4－14　系统模仿

（3）九宫格法。创作者明确短视频的主要目标用户群体后，以目标用户群体为核心，围绕他们关注的话题，通过构建九宫格来扩展场景，寻找更多内容方向的方法。图 4－15 和图 4－16 所示分别是构建九宫格第一层核心关系和沟通场景的例子。

爸妈	亲密朋友	公婆
同事领导	青年男女	孩子的老师
兄弟姐妹	夫妻	孩子

图 4－15　构建九宫格第一层核心关系

上学	家教	购物
辅导作业	青年男女和孩子	旅游
做游戏	做家务	吃饭

图 4－16　构建九宫格沟通场景

（4）反转法。在剧情前后制造一种戏剧性的“神转折”或者形成一种强烈的“反差萌”，以鲜明的对比带动观众的情绪，给其留下深刻的印象。如图 4－17 所示是国风创作者@楚××妆前妆后的“神转折”。

图 4－17　妆前妆后“神转折”

（二）短视频内容结构设计

根据短视频时长的分布，可以把短视频内容分为 5 个阶段：

第一阶段：建立期待感。期待可以分为：音乐期待、人物期待、视觉期待、开门见山式期待、身份期待、文案期待等。

第二阶段：给出价值吸引。价值可以涉及很多方面，如使人愉悦、引发好奇、给人惊喜、获得知识与技能、提供信息及服务等。

第三阶段：设置转折。设置转折的关键在于制造假象，方法就是在细节方面使用多义性表达，加入干扰性元素，使观众陷入假象的惯性思维，从而在真相被揭示时形成最大程度的戏剧化效果，最后揭示真相，交代谜底。还有一种是人为地设定戏剧化转变。

第四阶段：制造高潮。短视频内容要有高潮部分，能够引发用户共鸣、共情，让用户不自觉地把自己代入场景中。打动用户的方式有很多，一般来说，在短视频的后半段都要设置一段能够引起用户情感共鸣的点，引发用户互动。其中，各种不同类型的短视频制造高潮、引发用户共鸣的关键点在于喜、萌、美、忧、敬、羡、真、暖、奇。

第五阶段：巧设结尾。结尾的设置方式可分为互动式结尾、共鸣式结尾和反转式结尾。互动式结尾就是视频结束时和用户互动，询问用户有没有类似的经历；共鸣式结尾就是短视频经过开场、发展、剧情反转等达到高潮，一般以语言、文案、画面细节等升华主题，引发用户的情感共鸣，促使用户主动点赞、评论或转发；反转式结尾就是通过讲述、表情、动作等在结尾部分完成反转，引发用户深思。

四、短视频脚本撰写

短视频脚本是指拍摄短视频时所依据的大纲底本，它体现的是短视频内容的发展大纲，对故事发展、节奏把控、画面调节等都起到至关重要的作用。在撰写脚本的时候，需要先明确主题，再明确拍摄要素，最后对细节进行填充。

短视频脚本撰写

（一）提纲脚本

提纲脚本无法提供精确的拍摄方案，仅适合街头采访、景点探访或讲解等采用纪实手法拍摄的短视频，如表 4－10 中所示便是典型的提纲脚本。

表 4－10　上海南京路步行街短视频拍摄提纲脚本

时间线	拍摄场景	大致内容
到达	拍摄南京东路步行街入口	介绍上海南京路步行街历史和总体情况
探寻老牌商场	拍摄步行街上的百货公司和客流	介绍南京路上百货公司的情况，尤其是老牌商场永安公司的历史和特色
体验“铛铛车”	拍摄带“消防元素”的“铛铛车”	介绍“铛铛车”的独特性和乘坐体验
和平饭店	拍摄和平饭店	介绍和平饭店历史和接待过的知名人士
外滩	拍摄外滩和对岸四大建筑	介绍外滩、东方明珠、上海环球金融中心、上海金茂大厦和上海中心大厦基本情况
网红餐厅打卡	拍摄新白鹿餐厅	介绍新白鹿餐厅特色美食和打卡体验
结束	航拍南京路步行街商圈	总结南京路步行街的游玩体验

（二）分镜头脚本

分镜头脚本主要包括对镜头、景别、拍摄内容、台词剧本、镜头时长、背景音乐等的要求，不仅包括完整的故事，还需要把故事内容转变成可以指导拍摄的每一个镜头，让拍摄团队可以根据脚本准确完成整个视频内容的拍摄工作，如表 4－11 中所示为主题为“老板”的室外短视频分镜头脚本。

视频拍摄方法

表 4 - 11　“老板”短视频分镜头脚本

镜号	景别	拍摄方式	画面内容	台词	背景音乐	时长	道具
1	全景	正面拍摄 固定镜头	男 1 从木屋子里出来，男 2、男 3 分别在两边对他问好	男 2、男 3：老板早上好	有节奏感	2s	
2	中景	侧面拍摄 固定镜头	男 2 对老板说	男 2：老板，今天又来两位相亲的。一个是隔壁村的，一个是从国外赶回来的	有节奏感	5s	
3	全景	正面拍摄 固定镜头	男 1 淡定的决定	男 1：先见隔壁村的吧	有节奏感	2s	
4	中景	正面拍摄 固定镜头	男 3 帮着男 1 穿上西装		有节奏感	2s	西装
5	特写	俯拍 固定镜头	男 2 将鹌鹑蛋打到男 1 手上（增加搞笑情节，可理解为头油）		有节奏感	2s	鹌鹑蛋
6	中景	侧面拍摄 固定镜头	男 2 举着大红色老式镜子，男 1 仔细地打理头发		有节奏感	1s	镜子
7	近景	侧面拍摄 固定镜头	男 1 帅气地戴上墨镜		有节奏感	2s	墨镜
8	特写	俯拍 固定镜头	男 1 掰下两颗玉米粒（增加搞笑情节，指冒牌老板，无真正的金饰，用玉米粒代替）		有节奏感	1s	玉米
9	特写	正面拍摄 固定镜头	男 1 仔细地对着镜子把玉米粒贴到耳朵上当耳钉		有节奏感	1s	
10	特写	俯拍 固定镜头	男 1 将手表带好（表上写着劳力士三个字）		有节奏感	1s	手表
11	全景	侧面拍摄 固定镜头	男 3 问男 1 怎么出行	男 3：老板，今天开大 G（奔驰 G 级）还是 MS（宝马 M 系列） 老板：都不开，开我收藏的古董车	有节奏感	6s	
12	中景全景	侧面拍摄 推镜头	男 3 把自行车推过来，男 1 点头骑上车走	男 3：老板，车来了	有节奏感	5s	自行车

注：脚本来自抖查查官网。

（三）文学脚本

文学脚本是在各种小说、故事等文学作品的基础上修改而来的脚本，它不像分镜头脚本那么细致，适用于无剧情的短视频，如教学视频、测评视频等。文学脚本只需要规定出镜人物的动作、台词以及拍摄的景别和镜头时长即可，可以视为简化版的分镜头脚本。简化形式的主题为“高考”的文学脚本如下所示。

（1）（画面淡入）平移拍摄校园大门口正焦急等候在学校外的家长和各类横幅。

（2）近景拍摄家长们关切的表情和穿着打扮带有特别寓意的家长。

（3）特写拍摄家长们额头上的汗水。

（4）特写拍摄飞奔的双脚，再拉镜头为全景，拍摄一个男孩手里拿着文具袋，神采飞扬，第一个冲向学校大门口。

知识链接

AIGC 在短视频脚本创作中的应用

AIGC（Artificial Intelligence Generated Content），即人工智能生成内容，是一种全新的人工智能技术。其核心思想是利用人工智能模型，根据给定的主题、关键词、格式和风格等条件，自动创建各种类型的文本、图像、音频和视频等内容。

AIGC 也被认为是继用户生成内容 UGC（User Generated Content）和专业生成内容 PGC（Professional Generated Content）之后的新型内容生产方式，可以在创意、表现力、迭代、传播、个性化等方面，充分发挥技术优势。AI 写作、AI 绘画、数字人等都属于 AIGC 的分支。

下面以百度出品的文心一言为例，简单介绍如何利用 AIGC 生成短视频脚本。

第一步，在浏览器输入文心一言的网址（https：//yiyan. baidu. com），或者下载文心一言 App，登录百度账号。

第二步，在对话框中输入“上海南京路网红美食店视频脚本”并按“回车”键，文心大模型就会生成对应的视频脚本。

第三步，在对话框中输入补充信息“添加镜号、景别、拍摄方式、背景音乐和时长”并按“回车”键，文心大模型就会生成符合需求的视频脚本。图 4－18 所示为 App 端生成的补充信息添加前、后的界面。

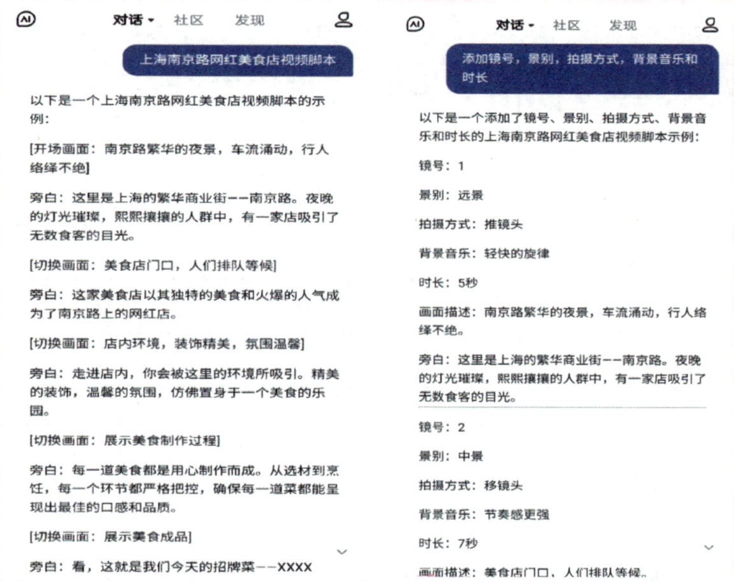

图 4－18　补充信息添加前、后的视频脚本

第四步，分享或复制生成的短视频脚本。

显然，AIGC 有诸多优势：可以大幅提高内容生成的速度，节省时间和资源；可以根据用户需求生成定制内容；还可以轻松应对大规模的内容生成需求。但是，AIGC 应用也面临如下挑战：虽然 AIGC 的生成质量不断提高，但仍然存在错误和不准确的问题；AIGC 可能被用于虚假信息传播、伪造文档等不道德行为；自动化内容生成可能导致人类工作岗位减少，引发社会问题；AIGC 使用大量数据，引发隐私和数据安全问题。

素质素养养成

（1）短视频账号定位和选题策划时，要养成创新创业意识。

（2）短视频内容结构设计时，注意养成严谨细致的科学态度。

（3）撰写短视频脚本时，要注意厚植家国情怀，弘扬爱国主义精神。

活动分组

活动分组如表 4－12 所示。

表 4－12 学生活动分配表

<table>
<tr><td>班级</td><td></td><td>组号</td><td></td><td>指导教师</td><td></td></tr>
<tr><td>组长</td><td></td><td>学号</td><td colspan="3"></td></tr>
<tr><td rowspan="6">组员</td><td>姓名</td><td>学号</td><td colspan="3">活动分工</td></tr>
<tr><td></td><td></td><td colspan="3"></td></tr>
<tr><td></td><td></td><td colspan="3"></td></tr>
<tr><td></td><td></td><td colspan="3"></td></tr>
<tr><td></td><td></td><td colspan="3"></td></tr>
<tr><td></td><td></td><td colspan="3"></td></tr>
</table>

合作研学

（1）对标主流短视频达人账号和视频内容，设置一个短视频账号并规划短视频选题和内容，填至表 4－13。

表 4－13　　短视频账号设置

领域	对标账号和内容	账号设置	选题	内容规划	商业变现
		平台账号名称、简介、标签			

（2）根据短视频内容结构规划，撰写短视频分镜头脚本，填至表 4－14。

表 4－14　　短视频分镜头脚本内容设置

镜号	景别	拍摄方式	画面内容	台词	背景音乐	时长	道具

考核评价

填写表 4－15 所示的考核评价表。

表 4－15　　考核评价表

被评小组：____________　小组成员：____

序号	评价内容	分值	自评	互评	教师评分	教师点评
1	是否通过账号对标设置了一个账号	25				
2	选题和内容策划是否合理	25				
3	是否撰写了分镜头脚本	30				
4	素质素养目标是否达成	20				

总分：____________

拓展训练

（1）请根据自身擅长并感兴趣的领域，对标新榜（newrank.cn）上在该领域排名前三的账号，在1~2个知名短视频平台上注册自己的短视频账号，包含背景图、头像、账号名称、介绍与标签。

（2）设计自己的第一个短视频选题，策划短视频内容，并撰写分镜头脚本。

活动二 短视频拍摄与剪辑

学习目标：

1. 知识目标

（1）掌握短视频拍摄与剪辑的基础知识。

（2）掌握短视频手机拍摄与剪辑技巧。

2. 能力目标

（1）能根据短视频脚本进行视频的拍摄。

（2）能根据短视频脚本剪辑精彩短视频。

3. 素质素养目标

（1）培养审美情趣和互联网思维意识。

（2）培养严谨科学的专业精神。

（3）培养责任担当意识和团结协作精神。

重点难点：

1. 重点

（1）短视频创作团队的组建。

（2）短视频的拍摄与剪辑。

2. 难点

（1）短视频的拍摄技巧。

（2）短视频的剪辑技巧。

活动描述

根据活动一【合作研学】的短视频分镜头脚本制订视频拍摄工作计划，结合本节所学，准备货品、道具、拍摄场景和拍摄人员，调试拍摄环境，并进行视频的拍摄与后期剪辑，呈现一段精彩短视频。

知识准备

短视频的拍摄与剪辑，通常分为前期的筹备、中期的拍摄和后期的剪辑。

一、拍摄筹备

该阶段主要是为中后期的短视频拍摄和剪辑做好准备工作，主要是根据分镜头脚本筹集资金，准备拍摄设备、拍摄场景和拍摄人员，也即货、场、人。

短视频拍摄

（一）拍摄工作计划

根据分镜头脚本，制订如表 4－16 所示的短视频拍摄工作计划，以确保拍摄工作的顺利完成。

表 4－16　　短视频拍摄工作计划

项目	细分事项	完成标准	负责人	完成时间
前期筹备	设备准备	货品、道具、手机、手持防抖设备		
	拍摄场景准备	选择场景，清理周边环境和闲杂人员		
	拍摄人员准备	确定演员、配音员、化妆师		
中期拍摄	调试拍摄环境	调试光线、避免场景太暗或曝光严重		
		调试产品和演员拍摄角度		
		清理现场，避免杂音		
	现场拍摄	依据已确定脚本文案拍摄完整视频		
后期剪辑	剪辑视频，形成完整视频	依据脚本，剪辑视频，加片头片尾		
		视频配音		
		音频与已剪辑视频合并后导出最终版本		

（二）拍摄设备

短视频拍摄设备主要包括基本设备、辅助器材和货品道具等。

（1）基本设备：主要包括手机、相机和无人机 3 种。手机是当前主流的拍摄设备，具有拍摄方便、操作智能、编辑便捷等优势；相机则更适合资金较充足、较为专业的短视频团队，常用来拍摄短视频的相机主要有单反相机、微单相机和运动相机等；无人机不如手机和相机常用，通常用来拍摄自然、人文风景，通过大全景展现壮观的景象，使用无人机应在相关法律法规允许的情况下使用。

（2）辅助器材：使用手机拍摄短视频时，通常需要借助一些辅助器材来提升拍摄质量，包括三脚架、手持稳定器、收音麦克风、补光灯、反光板等，如图 4－19 所示。

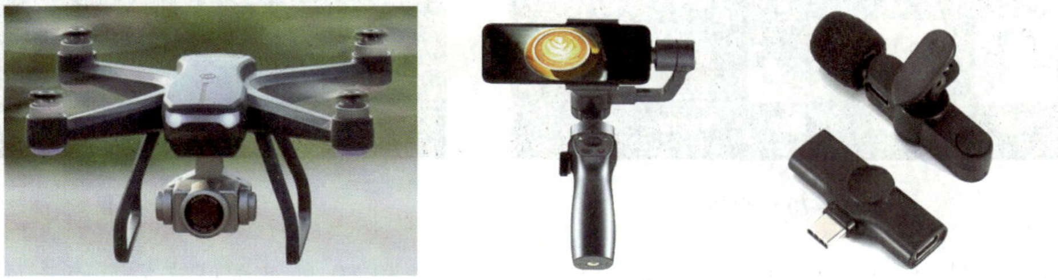

图 4－19　无人机、手持稳定器、收音麦克风

此外，还有拍摄用的饰品、服装、鞋帽等各种货品和道具等。

（三）拍摄场景

拍摄场景包括室内场景、室外场景和视频背景等。拍摄场景要贴合拍摄主题，给人身临其境的感觉。例如，当拍摄主题为温馨的家庭环境时，可以直接在家中拍摄，还原日常生活中真实的状态，引起用户的共鸣。

（四）拍摄人员

拍摄人员主要有出境的演员、不出镜的配音员、化妆师等。短视频对演员最主要的要求是演员的表现力，颜值也是加分项。

二、短视频的手机拍摄

（一）手机拍摄常用 App

用户可以通过各大短视频平台的官方 App 直接拍摄短视频内容，并利用 App 中的原创效果、滤镜和场景切换等功能美化和编辑短视频，最后将其直接发布到该短视频平台中；还可以通过手机自带的相机 App 进行视频的拍摄。

（二）抖音 App 拍摄

以抖音 App 为例，点击抖音程序，系统会加载抖音主界面，点击界面下方中间位置的“+”或左上角“+”展开的“拍日常”就可以进入视频拍摄主界面，可以快拍和分段拍。拍摄前可点击屏幕右侧的各个按钮和上方的选择音乐进行拍摄设置。

（1）滤镜。滤镜主要用来实现视频图像的各种特殊效果，抖音短视频中设置滤镜的方法非常简单，在拍摄短视频的主界面中点击“滤镜”按钮，在打开的“滤镜”栏中分别有“精选”“人像”“日常”“复古”“美食”“风景”“黑白”7 种类型，在每种类型下又有多种滤镜，点击选择需要的滤镜即可将该滤镜应用到短视频拍摄中，拖动“滤镜”栏上方的滑块还可以调整滤镜的效果，如图 4 – 20 所示。

（2）美化。抖音短视频中的美化功能主要是用于美化人脸，帮助短视频中的主角提升颜值。在拍摄短视频的主界面中点击“美化”按钮，在打开的“美颜”栏中分别有“无”“原生模式”“经典模式”“男神模式”“女神模式”5 种美颜选项，双击对应的按钮可选择“瘦脸”“大眼”“清晰”“美白”等功能对人脸上各个部位进行美化，拖动“美颜”栏上方的滑块可以调整美颜的效果，如图 4 – 21 所示。

图 4 – 20　滤镜

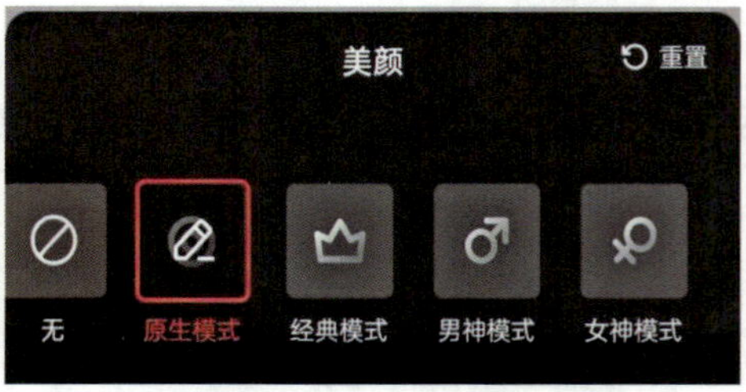

图 4 – 21　美化

（3）倒计时。倒计时有两种时间可供选择：3 秒和 10 秒，选好之后，点击底部的“开始拍摄”按钮就开始倒计时 3 秒或 10 秒后拍摄。拖动中间的滑块还可以设置倒计时自动拍摄短视频的时长。

（4）识别。抖音短视频中的识别功能可识别抖音码、二维码、花草、动物等，识别成功就会生成推荐拍摄模板。

（5）快慢速。设置快慢速就是为拍摄的短视频设置慢镜头或快镜头。在拍摄短视频的主界面中点击“快慢速”按钮，有“极慢”“慢”“标准”“快”“极快”5种快慢镜头类型，点击对应按钮即可拍摄对应速度的短视频。

（6）音乐。在抖音短视频中设置音乐后，就可以根据音乐的节奏来拍摄短视频。在拍摄短视频的主界面中点击“选择音乐”按钮，打开设置音乐的界面，在其中可以搜索或者直接点击选择需要添加的音乐，系统将播放该音乐，点击该按钮即可将其设置为拍摄短视频的背景音乐，拍摄开始的同时将自动播放该音乐。

（7）闪光灯。与相机拍摄照片时涉及的闪光灯的功能有所不同，在拍摄短视频的主界面中点击“闪光灯”按钮，即可开启闪光灯，该闪光灯会一直保持常亮状态，不会像相机拍摄照片那样短暂闪光，这样就可以为短视频拍摄提供一个稳定的辅助光源。

（8）翻转。在拍摄短视频的主界面中点击“翻转”按钮，可以关闭当前摄像的镜头，打开手机另一面的镜头进行视频拍摄。

手机拍摄好视频后，点击“下一步”按钮，进入视频的编辑页面，可以选择配乐、特效、文字和贴纸，也可以选择滤镜、画质增强、变声以及自动字幕等。

短视频编辑好之后，点击“下一步”按钮，添加作品描述、选择封面、添加话题等，再点击右下角的“发布”按钮，就可以将视频文件发布到抖音上了。

（三）视频拍摄的技巧

（1）重心左移。画面构图要遵循屏幕构图原则，以抖音为例，点赞、评论、转发和头像都集中在屏幕的右侧，屏幕下方有内容制作者的账号ID和标题，这就要求创作者在拍摄时尽量把画面重心往屏幕的左上方移动，避免影响画面的完整表达。

（2）竖屏拍摄。竖屏的优势在于能够把画面聚焦于人物，也符合用户的观看习惯。

（3）拍摄构图。构图方法包括黄金分割法、中心构图法、对称构图法、对角线构图法和三角形构图法等，如图4－22所示的对称构图和对角线构图。

图4－22 对称构图和对角线构图

（4）网格功能。拍摄时启用网格功能，以便把握整个画面的结构。

（5）光线布局。摄影是光影的艺术，好的光线布局可以有效提高画面的质量。室内拍摄时，可以通过灯光的组合来获取最佳的拍摄光线；室外拍摄时，除特殊拍摄需求外，应尽量选择顺光拍摄，如果光线不够充足，可以手动打光。

（6）背景和角度。拍摄时可以尝试多种灵活的拍摄角度，如将镜头从远处推近、从近处拉远、斜拍、逆光拍摄或者倒转镜头，力争让视频画面更加生动和丰富。

（7）画面色彩。拍摄时，为了突出核心人物，要避免杂乱的背景色彩对人物造成的干扰。

此外，拍摄时要保证有足够的存储空间和充足的电量，手机拍摄时将屏幕亮度值调到最大。

三、短视频的剪辑

剪辑是指将拍摄的视频，剪去多余部分，并对声音、字幕、特效等进行处理，制作成一个完整的故事视频。

短视频剪辑

（一）常用剪辑工具

（1）剪映。剪映是抖音官方推出的一款视频编辑剪辑软件，它带有全面的剪辑功能，支持变速，多样滤镜效果，以及丰富的曲库资源。2019 年 5 月，剪映移动端上线。2021 年 2 月，剪映专业版 Windows 正式上线，自此实现移动端/Pad 端/PC 端全终端覆盖，支持创作者在更多场景下能够自由创作。

抖音 PC 端专业版界面如图 4 - 23 所示，分为【素材面板】、【播放器面板】、【功能面板】和【时间线面板】4 个区域。

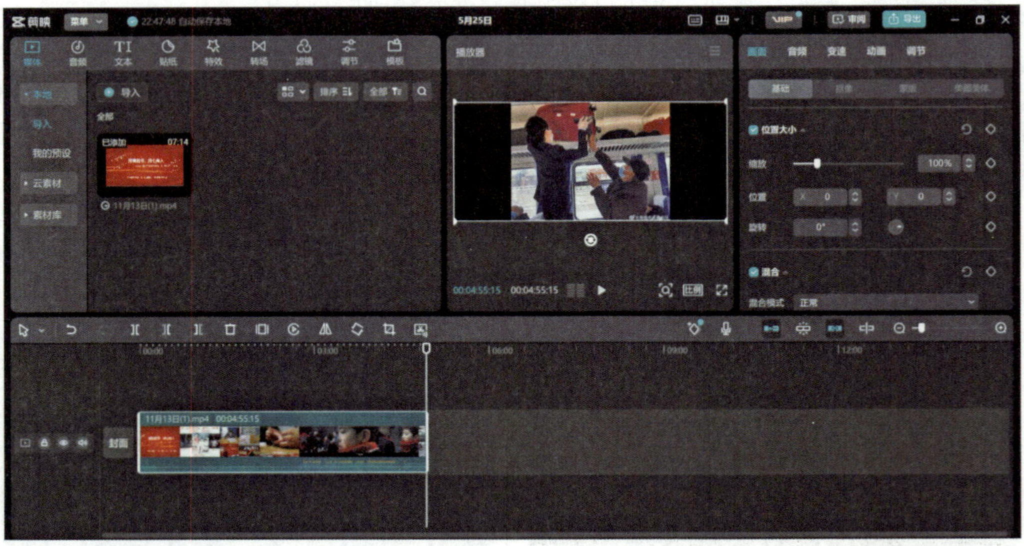

图 4 - 23 专业版剪映界面

（2）秒剪。秒剪是腾讯公司 2020 年 11 月推出的一款支撑视频号视频剪辑的 App。它是一款简易智能的视频创作工具，导入图片和视频，即可自动完成剪辑包装，一键成片；输入或录制几句话，文字秒变视频，让交流更精彩。用秒剪，人人都能轻松做出生动有趣的视频。

（3）必剪。必剪是 B 站 2020 年 7 月发布的一款视频编辑 App。其定位是一款“年轻人都在用的剪辑工具”。该产品已登录 iOS App store ，安卓平台各大商店及 Windows 平台。它可以创建专属虚拟形象，实现 0 成本做虚拟 UP 主，还可体验高清录屏、游戏高光识别、神配图、封面智能抠图、视频模板、封面模板、批量粗剪、录音提词、文本朗读、语音转字幕、画中画、蒙版等功能，剪辑从此得心应手。还有超燃音乐、素材及专业画面特效，给视频加点料。

（4）PR。PR 是 Premiere 的缩写，是一款功能强大的视频编辑软件，由 Adobe 公司推出。该剪辑软件普及最广，利用率最高。Premiere 提供了采集、剪辑、调色、美化音频、字幕添加、输出、DVD 刻录的一整套流程，并和其他 Adobe 软件高效集成，支持各种格式素材，安全稳定，如果不需要特效，能够完成大部分视频剪辑的要求。

（二）剪映 App 的常用功能

剪映 App 的工具栏包括：剪辑、音频、文字、贴纸、画中画、特效、素材包、一键包装、滤镜、比例、背景和调节等功能，如图 4－24 所示。

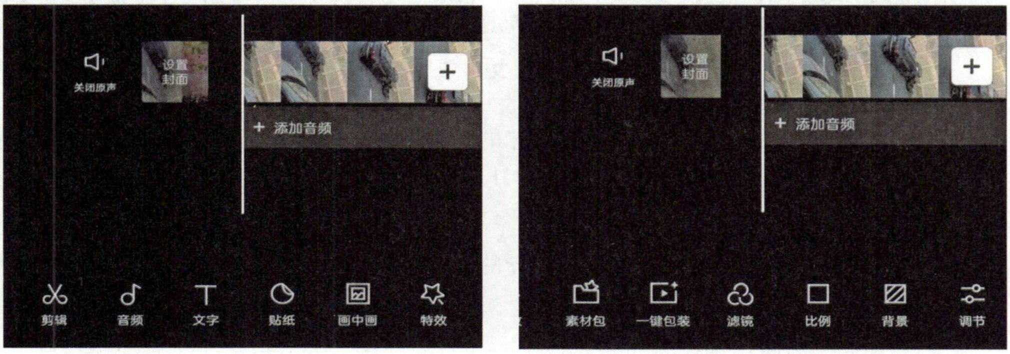

图 4－24　剪映工具栏

（1）剪辑。创作者在剪映 App 中添加好素材后，点击操作界面左下角的“剪辑”按钮，就可以展开“剪辑”工具栏，如图 4－25 所示，包含了分割、变速、音量、动画、删除、抠像等功能。

（2）音频。点击剪映 App 操作界面下方的“音频”按钮，或在编辑窗格中点击“添加音频”按钮，可展开“音频”工具栏，如图 4－26 所示，包括音乐、版权校验、音效、提取音乐、抖音收藏和录音等功能。选择背景音乐的时候要注意以下原则：符合短视频的风格与调性、背景音乐的节奏与视频画面的节奏相匹配，避免背景音乐喧宾夺主。

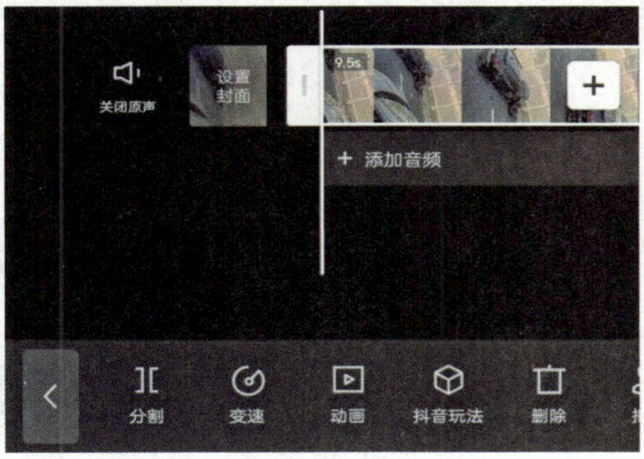

图 4－25　剪辑工具栏

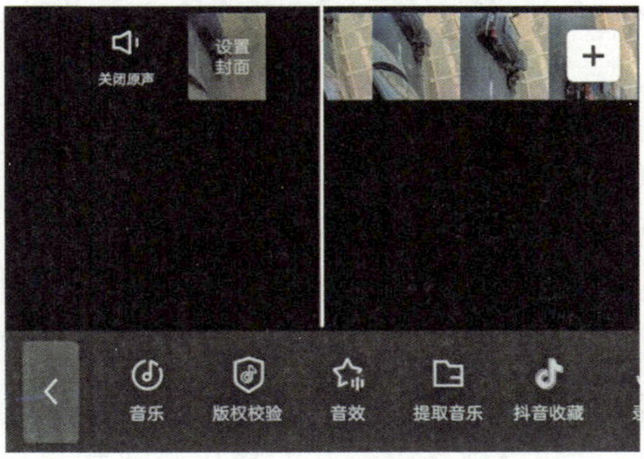

图 4－26　音频工具栏

（3）文字。点击剪映 App 操作界面下方的“文字”按钮，将展开“文字”工具栏，如图 4－27 所示，包括：新建文本、文字模板、识别字幕、识别歌词和添加贴纸等功能。

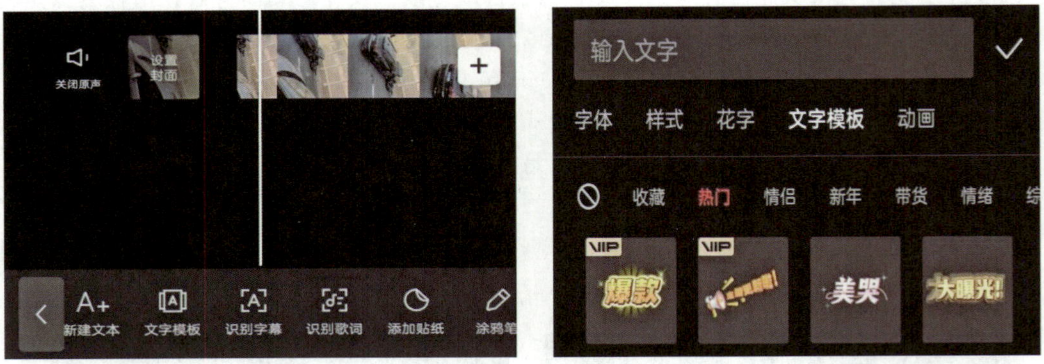

图 4－27　文字工具栏

（4）特效。点击剪映 App 操作界面下方的“特效”按钮，将展开“特效”工具栏，可设置“画面特效”和“人物特效”，点击进去并选择其中的某种特效，便可为视频素材应用所选的特效，如图 4－28 所示。

（5）滤镜。点击剪映 App 操作界面下方的“滤镜”按钮，将展开“滤镜”工具栏，如图 4－29 所示，可以改变图像颜色、亮度、对比度、饱和度等，使图像看起来更加鲜艳、柔和、温暖或冷酷，从而增加图像的视觉吸引力。

图 4－28　特效选择

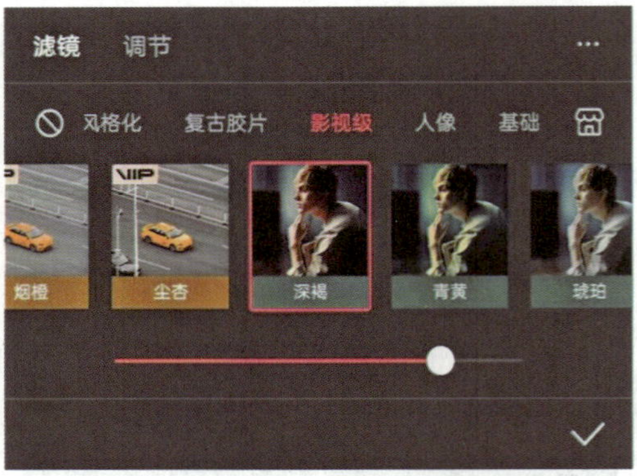

图 4－29　滤镜工具栏

（三）剪辑“樱花大道”短视频

凭借着丰富的功能和快捷的操作，以及丰富的音效、特效等资源，剪映 App“俘获”了大量视频创作者的“芳心”，成为创作者在移动端首选的剪辑工具。下面利用剪映 App 完成“樱花大道”短视频的 6 个剪辑操作。

“樱花大道”短视频剪辑示例

（1）剪辑视频素材。在使用手机拍摄完短视频后，创作者可以直接在剪映 App 中对保存在手机上的视频文件进行剪辑。在手机上打开剪映

App，通过添加视频素材、分割视频素材、删除多余素材、音频分离等操作，剪辑出最终的短视频作品。

（2）调整视频素材。在完成了短视频内容剪辑后，考虑到短视频内容的节奏和画面的呈现问题，创作者还需要对视频素材进行一定的调整，如对视频素材进行变速和添加滤镜等操作。

（3）添加并设置音频。对调整后的视频素材中需要添加音频素材的位置导入音乐，选择和使用合适的音乐，对音频素材进行分割，删除多余素材，调整时间轴位置并拖拽音频素材，还可对音频进行淡化操作等。

（4）添加并设置字幕。如果视频素材中包含音频解说，则可以利用剪映 App 的“识别字幕”功能自动识别字幕内容，检查字幕内容，并对字幕的样式进行适当美化，然后手动补充没有音频解说的视频素材对应的字幕；创作者还可以在适当位置添加贴纸，使短视频更加生动形象。

（5）添加并设置特效。创作者为视频添加特效，能够为观众带来震撼的视觉体验，如炫酷的文字动画、炸裂的爆炸效果、逼真的心跳特效等，也更容易引起观众的关注和分享，从而让视频传播得更广、更快。

（6）导出短视频。完成上述操作后，创作者可以预览短视频，若确认无误，就可以将其导出，保存到手机相册和剪映 App 的草稿中，还可以发布到抖音和西瓜视频平台上。

素质素养养成

（1）在短视频拍摄过程中，注意培养审美情趣，养成互联网思维意识。

（2）短视频剪辑过程中，注意养成严谨科学的专业精神。

（3）短视频团队在拍摄与剪辑过程中，要养成责任担当意识和团结协作的精神。

活动分组

活动分组如表 4－17 所示。

表 4－17　学生活动分配表

班级		组号		指导教师	
组长		学号			
组员	姓名	学号	活动分工		

合作研学

（1）根据活动一【合作研学】的短视频分镜头脚本进行视频拍摄与剪辑，记录拍摄过程与主要剪辑步骤，并对剪辑重点步骤的画面截屏，填写表4－18。

表4－18 拍摄过程以及主要剪辑步骤记录表

拍摄过程	剪辑步骤	剪辑画面截屏

（2）总结短视频拍摄与剪辑过程中遇到的问题和解决办法。

____

____

____

____

____

考核评价

填写表4－19所示的考核评价表。

表4－19 考核评价表

被评小组：__________ 小组成员：______________________

序号	评价内容	分值	自评	互评	教师评分	教师点评
1	团队组建是否合理	20				
2	短视频拍摄是否按照脚本完成	30				
3	剪辑的短视频是否精彩	30				
4	素质素养目标是否达成	20				

总分：__________

拓展训练

请根据活动一【拓展训练】撰写的短视频分镜头脚本，做好拍摄准备工作，并进行拍摄与剪辑，注意运用一定的拍摄技巧和基本的剪辑操作。

活动三 短视频运营推广

学习目标：

1. 知识目标

（1）掌握短视频发布前的主要优化内容。

（2）掌握短视频推广引流的基本方法。

（3）理解短视频账号矩阵运营的思想。

（4）掌握短视频粉丝运营的基本技巧。

2. 能力目标

（1）能优化和包装发布前的短视频。

（2）能对短视频进行推广引流。

（3）能够进行账号矩阵化运营。

（4）能够进行短视频粉丝运营。

3. 素质素养目标

（1）培养审美情趣，具有互联网思维、创新思维和数据思维意识。

（2）培养诚实守信的职业道德意识和遵纪守法的法律法规意识。

（3）培养文化自信和社会主义核心价值观，弘扬爱国主义精神。

重点难点：

1. 重点

（1）短视频发布前的优化、推广引流。

（2）短视频账号矩阵运营、粉丝运营和数据分析。

2. 难点

（1）短视频的优化和推广引流。

（2）短视频账号矩阵运营和付费推广。

活动描述

现在各类新媒体平台具有丰富的流量资源，短视频创作者要想实现快速推广、精准吸粉的目的，就必须采取合适、有力的推广方式。除了打造优质内容外，短视频创作者还要对短视频进行优化和包装，运用各种方式推广引流，做好粉丝运营，从而源源不断地扩大自己的流量池。

习近平总书记在中国共产党第二十次全国代表大会上的报告中指出，中华优秀传统文化源远流长、博大精深，是中华文明的智慧结晶，是中国人民在长期生产生活中积累的宇宙观、天下观、社会观、道德观的重要体现，同科学社会主义价值观主张具有高度契合性。增强文化自信，建设社会主义文化强国，发展面向现代化、面向世界、面向未来的，民族的科学的大众的社会主义文化，激发全民族文化创新创造活力，增强实现中华民族伟大复兴的精神力量。①

请在微信视频号上搜索并观看图 4－30 中视频号达人 B 的两条视频：清华国学四大导师之一——梁启超和励志楷模——范仲淹，再通过本节学习，从短视频发布前的优化、短视频的推广和短视频的运营等方面分析这两条视频引发 10 万＋点赞、转发、喜欢和 0.5 万＋评论的原因，并对活动二【合作研学】的短视频进行优化、包装和推广运营。

图 4－30 视频号达人 B 的视频

知识准备

一、短视频发布前的优化

在短视频创作中，虽然内容是核心，但是要想使短视频传播得更快、更广、更深入人心，短视频创作者就要在发布短视频之前对短视频进行优化包装，主要包括标题、文案、封面，这些元素会在很大程度上影响短视频的形象，进而影响短视频的传播效果。

短视频发布前的优化

（一）拟定吸睛标题

标题是短视频内容最直接的反馈形式，也是吸引用户关注和点击短视频的敲门砖。有的用户在观看短视频前会直接搜索标题，而现阶段的短视频平台对文字信息的解析能力和准确度都高于图片和视频，且文字信息在短视频中的数量很大，在优先级上

① 习近平：高举中国特色社会主义伟大旗帜 为全面建设社会主义现代化国家而团结奋斗——在中国共产党第二十次全国代表大会上的报告，新华网，2022 年 10 月 25 日。

也比较高，因此，应该重视短视频的标题。

拟定标题前，可以从火爆全网的热门短视频着手，认真分析这些短视频标题的特点，做好拆解和对比研究，并结合自己账号的定位和用户画像，做针对性的优化调整。通过抖音 PC 端后台直接发布的短视频为 40 字符；抖音 App 上直接点击“+”上传的视频为 55 字符。

常见的 8 种吸睛标题如下：

（1）蹭热度标题。在短视频标题中，添加与时下热点时间相关的关键词。如 2022 年上海疫情期间的热点“刘××女孩”，如图 4-31 所示。需要注意的是，蹭热度也是要有限度的，一些时政热点不要轻易尝试，因为尺度不好把握，如果遭到平台封禁，对账号的长期发展并不好。

（2）时效性标题。时效性标题对应的短视频内容，通常都是针对最新的时事和新闻进行第一时间报道，在时间上给用户一种突发感和紧迫感，满足用户的求知欲。如“刚刚中国发生了两件大事，××××”“最新消息：××××”等，如图 4-32 所示。通常，可以通过在短视频标题中加入一些代表时效性的关键词，来达到吸引用户眼球的目的。但是需要注意的是，想要用好时效性标题，必须要对最新的事件和消息来源进行确认，不要造成传谣。

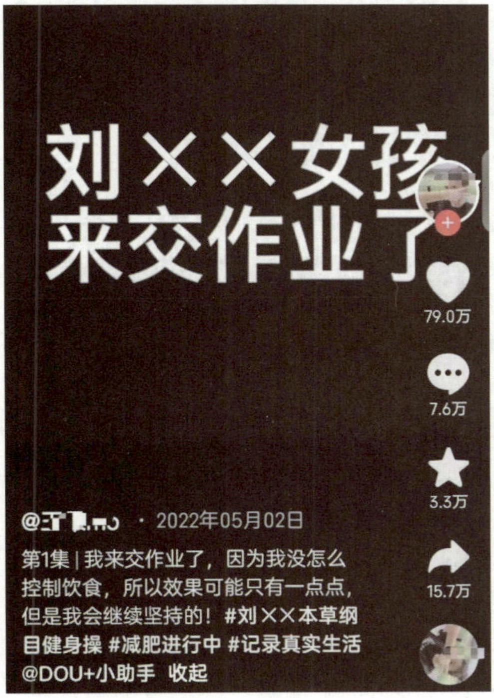

图 4-31　蹭热度标题

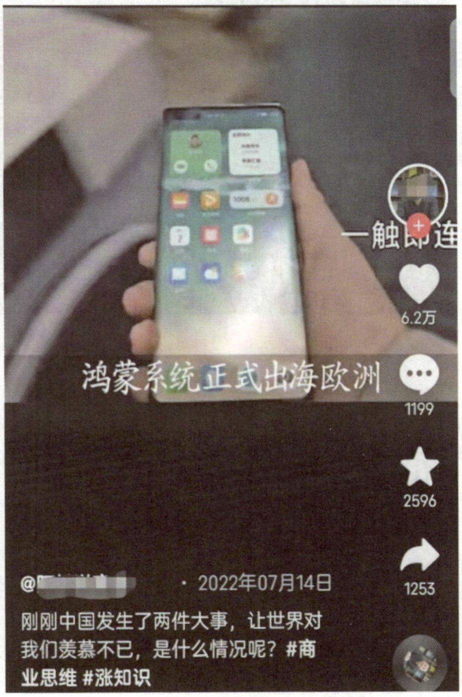

图 4-32　时效性标题

（3）名人效应标题。因为名人本身带有流量光环，在短视频内容上加上“名人”，往往会吸引很多用户的观看，如罗永浩、巴菲特、雷军、俞敏洪等，如图 4-33 所示。这些企业家本身在各自的领域内就具有很多粉丝，与他们相关的短视频内容自然也会拥有非常高的热度。需要注意的是，这类短视频内容要充分结合自己的账号定位和受众人群，比如你是科技类账号或者商业类账号，添加上面几位名人的标题自然是没问题的。但是如果你是美食博主，就要考虑其他更适合的“名人”。

（4）争议性标题。起这种标题的短视频内容，往往会在视频评论区引发大量的讨论和分享互动，进而吸引非常多的新用户关注。比如“北京和上海哪个好？或北京 VS 上海如何选择?”，如图 4－34 所示。需要注意的是，这种标题的短视频内容，一定要有充分的论据说明，不要随意煽动城市之间的盲目对比和引战情绪。

图 4－33　名人效应标题

图 4－34　争议性标题

（5）指向性标题。采用这种标题的短视频内容，往往针对的目标用户群体非常明确。用户在看到这类内容后，会很容易“感同身受”。这类标题特别适合专门做垂类内容的短视频创作者。例如，“学生党应该知道的化妆品”，如图 4－35 所示。

（6）疑问式标题。疑问式标题的短视频内容，往往能够调动用户的猎奇心理，如果给用户一个能够引发思考的反问，用户就会急切地想要知道问题的答案，进而点击视频把视频看完。比如，“听说你们想看我穿 × ×做的垃圾袋?”，如图 4－36 所示。

（7）列数字标题。“用数据说话”，已经成为大家衡量一件事情是否靠谱的关键之一。在标题中加入关键性的数字，可以让视频更加具有说服力，也能让用户快速捕捉到视频要点。如“40＋款热门面霜，到底买哪个?”“1 分钟让你学会侧边停车”等，如图 4－37 所示。

（8）悬念性标题。采用这种标题的短视频，往往给人留下的第一印象是“原来如此!”。我们经常见到很多短视频标题中，出现“最后结局亮了”“万万没想到”这些关键词，故意给用户设置悬念，引发用户的好奇心，如图 4－38 所示。需要注意的是，这类标题一旦使用，要确保短视频内容确实能够满足用户的期待，不要虎头蛇尾。如果因为设置悬念，在短视频内容里却没有足够的“料”，那么很容易引起用户的反感，造成用户流失。

图 4－35　指向性标题

图 4－36　疑问式标题

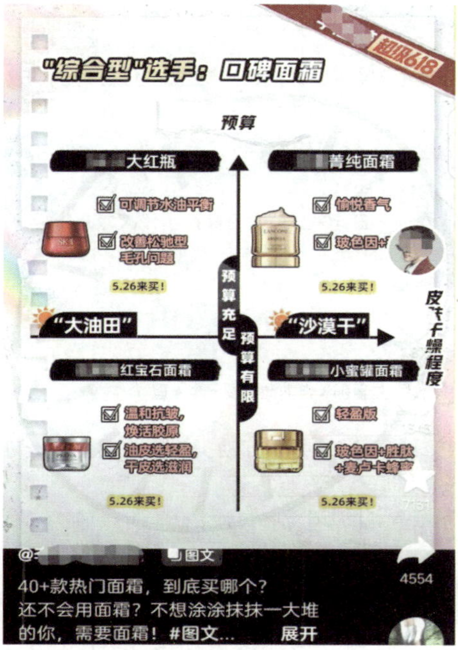

图 4－37　列数字标题

图 4－38　悬念性标题

（二）撰写“动人”文案

短视频文案是视频创作者阐述创作意图、宣泄情绪、倾诉心声、分享感悟最直接的渠道。短视频的文案结构分为标题、热词、开场、中间、收尾5个部分。而标题、热词属于总结性文字，需要非常凝练，要反复推敲。开场、中间、收尾属于叙事文字，开场和结尾需要简短有力，中间叙事部分是信息主要表达，重点在于逻辑的合理和表达正确。目前常见的短视频文案类型主要包括：共鸣类视频文案、互动类视频文案、叙述类视频文案、干货分享类视频文案、悬念类视频文案等。

（1）共鸣类视频文案。引发用户的情感共鸣，通过表现人物的状态，加上情感宣泄，来表达主题。如图4－39中的文案“如果知道那是最后一次见面，你会做什么”“很遗憾，真的很遗憾”“珍惜”，通过情感话题的引出，激发用户参与讨论，以情感共鸣潜移默化地获取视频流量。

（2）互动类视频文案。通过提出问题，勾起用户与自己互动的欲望。采用问句的形式撰写文案，用户想要分享答案，就自然而然地打开评论区留下自己的想法。如文案：“你从什么时候开始不爱发动态的”，很多人就会在评论区里留下自己的故事，写下自己的原因，也会回复别人的评论，如图4－40所示。自然而然，视频的热度就会上涨，那么视频的推荐也会更高。

图4－39 共鸣类视频文案

图4－40 互动类视频文案

（3）干货分享类视频文案。可以是一些知识分享、日常生活小妙招分享、健身分享等，在文案中写出视频里分享的内容，可以教会大家一些什么技巧。如抖音账号@××哥的文案“剪辑视频所用到的5个基本操作”，让看到视频的用户想要知道有哪5个基本操作能轻松剪辑完整短视频？自己能不能学会？产生认同后就会点赞、收藏。该文案就引发了31.2万+的点赞量，26.7万+的收藏量。

（4）叙述类视频文案。通过描述真实的场景，给人很强烈的代入感，反而更容易引起用户的关注。如图 4－41 所示的文案“凌晨 3：00 的长沙”，真实场景描述让用户产生代入感，带有场景性的文案引发用户产生探究的兴趣：长沙为什么晚上那么多人？并引发用户想去长沙体验的热烈讨论。

（5）悬念类视频文案。在文案中引发用户的好奇心，促使用户产生接着看下去的想法，想弄清楚到底结尾是什么样子的。留有悬念，让用户不得不接着往下看。如文案：“学了几年芭蕾砸了将近 10 万元了”，不禁会让人开始想象花费了近 10 万元学的芭蕾，到底学到了什么程度呢。同样，该文案也能引起用户的讨论，看完视频后会开始思考，这 10 万元是怎么花掉的，学习结果和 10 万元的成本到底成不成正比？从悬念到引发好奇再到产生讨论，一连串的动作下来，点赞量达到 188.6 万＋，评论量 37.3 万＋，收藏量 7.5 万＋，转发量 190.4 万＋，如图 4－42 所示。

图 4－41 叙述性视频文案

图 4－42 悬念类视频文案

（三）设置精彩封面

短视频的封面在很大程度上决定了用户是否观看该条短视频，封面有吸引力的短视频也比较容易上热门。如美食类短视频通常将最具诱惑力的菜品放在封面上，而不是人、餐具或厨房。短视频封面要有吸引力、有亮点、与内容领域相关、符合平台风格、原创、视觉效果好。设计优质封面的方法主要有以下 6 种：

（1）悬念封面。通过封面上吸引人的场景、画面、人物等元素让用户下意识地产生进一步了解的欲望，并且迫切想知道事实真相，洞悉事件走向，如图 4－43 所示大爷的手探进豪车的窗户是干什么呢？

（2）效果封面。将经过加工、美化、创作等过程呈现出来的最美、最吸引人、最好的画面作为短视频的封面，如图 4－44 所示的风吹草浪的美景。

（3）借力封面。借力即借助他人的力量，使自己受益。在短视频创作上，借力是指借助外界的热点、人物、事件等元素吸引用户观看短视频。

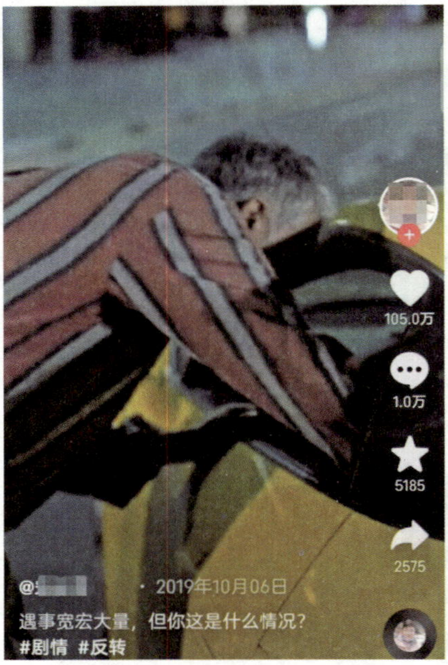

图 4－43　悬念封面

图 4－44　效果封面

（4）猎奇封面。人们一般有猎奇心理，它也是一种通过寻找、探索新奇事物满足好奇心的心理，如图 4－45 所示，“养 500 只猫狗是什么体验”并引发思考：谁来养？怎么养？

（5）故事封面。通过图片场景和文案信息向用户传递极强的情感力量，从而达到吸引用户注意力的目的，如图 4－46 所示，10 月龄宝宝气管卡入异物几乎窒息，医生们接力狂奔抢救的正能量新闻故事封面。

（6）人设封面。采用真人出镜的方式在封面中传递情绪、信息，以吸引用户观看短视频。

图 4－45　猎奇封面

图 4－46　故事封面

二、短视频的推广

短视频推广引流是指企业通过不同的渠道，将企业的短视频传播出去，获得更多的流量，吸引更多的客户群体来关注自身企业或产品，以达到提高企业和产品的曝光度或增加销售业绩的目的。

短视频推广

（一）短视频推荐机制

要想在发布短视频后获得超高的流量，短视频创作者在发布短视频前需要了解主流短视频平台的推荐机制，如表 4－20 所示。

表 4－20　主流短视频平台的推荐方式

平台	推荐方式	具体说明
抖音	冷启动＋叠加推荐	以内容导向为基准。在冷启动阶段，根据播放量、评论量、点赞量、完播率等判断内容质量；优质内容将会被再次推荐，进入更高级的流量池，层次递进
快手	社交＋兴趣	优先基于用户社交与兴趣分发内容。将内容优先推荐给“关注你的人”“有 N 位好友共同关注”“你有可能认识的人”“他在关注你”等用户，并根据播放量等各项数据再次分发内容
视频号	社交＋兴趣	优先基于用户社交与兴趣分发内容。将用户的微信好友产生点赞及互动行为的内容优先分发给用户，并根据热点话题、用户兴趣标签、地理位置等分发内容
哔哩哔哩	内容标签＋用户标签	利用内容与用户双重标签推荐。明确内容标签、用户标签（观看习惯、历史浏览、关注和订阅、消费行为、身份信息），以此进行推荐

（二）提升短视频推广效果的技巧

（1）添加话题标签。话题通常以“#＋短语”的形式体现。话题的种类多种多样，如与某个流行事件挂钩的事件话题，与某个活动挂钩的活动话题，或者与某个主题挂钩的主题话题等。如图 4－47 所示，在抖音 App 的“发布”页面中，标题编辑框下方有两个选项，即“#添加话题”和“@朋友”，点击“#添加话题”按钮，标题编辑框中就会出现“#”符号，然后输入主题关键词，页面上就会出现与关键词相关的话题，选择合适的、播放量高的话题，即可完成插入话题的操作。

（2）添加@好友。@功能是指在发布短视频时，添加@好友后，短视频 App 会在该好友账号中提示观看某个短视频，如图 4－48 所示，@××。如果关注者有兴趣，就可以直接点击“@＋账号”进入对方的账号，观看对方账号的视频内容，或者关注对方账号，进而转化成为对方账号的粉丝。通常@的这个目标都是自己关注的某个短视频达人，有可能该达人在收到提示后会观看该短视频，并可能进行转发，这样就能增加发布的短视频被更多用户观看的机会，从而获得更多的关注。还可以@抖音小助手等官方账号，如图 4－49 所示。

图 4－47　#添加话题

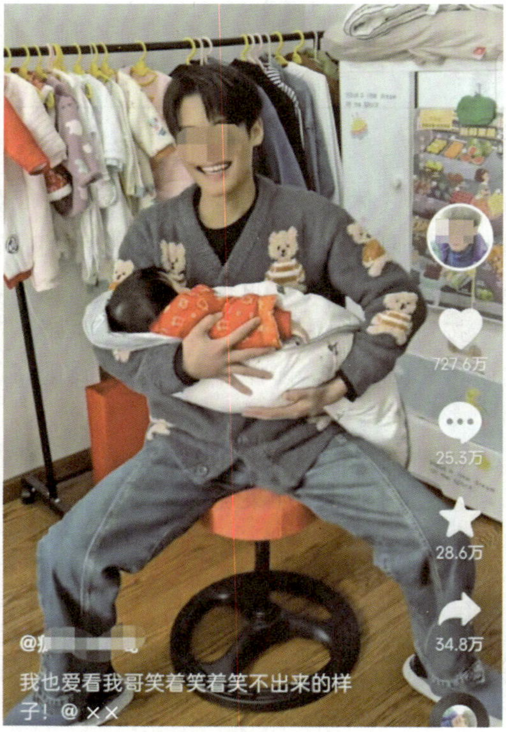

图 4－48　@个人账号

图 4－49　@官方账号

（3）添加地理位置。用户在浏览短视频时，有时会发现在短视频左下角的账号名称上方显示有地址信息。短视频创作者在“发布”页面中进行设置时，设置好标题、添加话题标签、添加@好友后，下一步就是设定“你在哪里”的位置信息，点击下方文字就会打开“添加位置”页面，然后根据需要进行选择即可。

（4）私信引流。私信引流是利用抖音的私信功能进行精细化的、一对一地引流“吸粉”，这种方法虽然效率比较低，但是精准度很高。

短视频创作者首先要找到定位相似的抖音账号，并选出粉丝量较多的账号，找到相关视频后浏览评论区，在评论区中选出需求比较强烈的用户，给对方发私信。

（5）参加挑战赛。各大短视频平台都有挑战项目，这些项目自带巨大流量，如抖音推出的“话题挑战赛”，每天都有各种主题的热门话题和挑战活动，鼓励用户积极参加。

参与话题挑战赛，主要是跟拍网友们的同款视频，最后看谁拍的效果更好。这是一种带有娱乐竞赛性质的活动，可以起到很好的推广作用，如图 4－50 和图 4－51 所示。

图 4－50　话题挑战页面

图 4－51　参与挑战页面

（6）选择合适的发布时间。巨量算数发布的 2020 年抖音用户画像报告显示，2020 年 1 月抖音用户工作日 vs 周末时间段活跃分布情况，如图 4－52 所示。

抖音短视频的发布时间通常为周一至周五的 9：00—23：00，因为这个时间段用户对短视频的搜索和使用较为频繁；无论是工作日还是周末，内容创作者发布视频的时间整体相差不大，短视频发布高峰期都出现在 11：00—12：00 和 17：00—19：00，其中傍晚时段表现更加活跃，这一时间段正好稍微提前于用户活跃时段，也是晚高峰20：00，更容易被用户所观看；与周末相比，在工作日 17：00—19：00 发布视频数量更多；短视频创作者在工作日

17：00—19：00 内发布的短视频数量接近全天总量的一半；借势热点的短视频通常最佳发布时间为节假日或者特殊节日的 23：00 到次日 7：00，因为这个时间段发布的短视频容易和第二天头版头条的热点事件相呼应，更容易得到用户的关注，宣传效果更加明显。

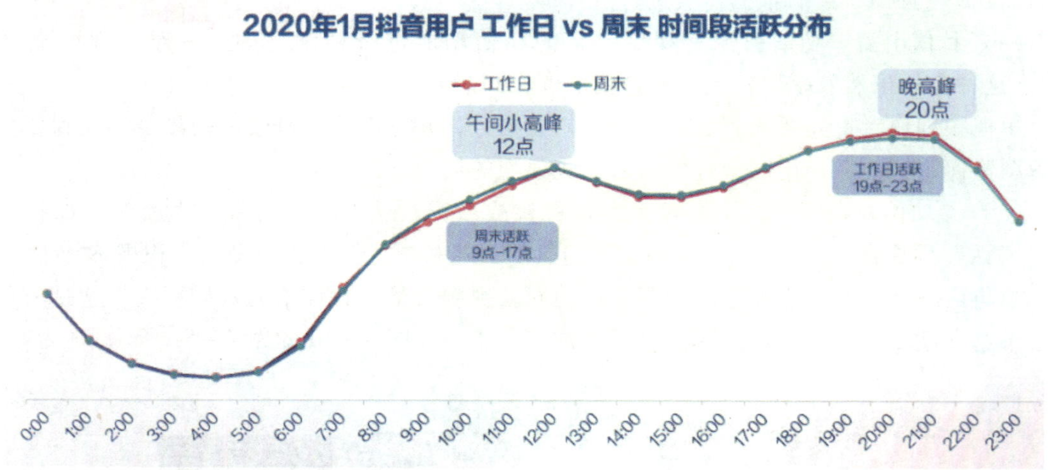

图 4－52　2020 年 1 月抖音用户工作日 vs 周末时间段活跃分布

需要注意的是，短视频创作者还应当根据短视频领域和以往经验对发布时段进行优化调整。

（三）短视频平台付费推广

为了更好地帮助短视频创作者推广自己的短视频作品，一些短视频平台相继推出了付费推广服务，如抖音的“DOU＋”、微信视频号的上热门等。

（1）抖音：投放“DOU＋”。“DOU＋”是抖音官方推出的一款视频助推工具，短视频创作者通过付费购买后，系统会将短视频推荐给更多的人，从而提高短视频的播放量，增强短视频的曝光效果。“DOU＋”的推广服务可以使用户在“推荐”模式观看短视频时，有很大概率观看到“DOU＋”服务推广的短视频。“DOU＋”推广分为速推版和定向版，其中定向版可以选择期望提升的指标和投放时长，有系统智能推荐和自定义定向投放两种推荐类型，如图 4－53 所示。

“DOU＋”投放的技巧：确保短视频符合投放要求、选择合适的投放时间点、精准确定目标用户群体、进行小额多次投放、优化调整投放方案。

（2）微信视频号：上热门。上热门是微信视频号官方推出的一款付费营销工具，短视频创作者购买并使用该工具后，能够将短视频快速曝光给更多的用户，提高短视频的曝光量、互动量、粉丝量。微信视频号上热门的加热方式分为智能加热和定向加热，如图 4－54 所示，优先提升目标可以选择点赞数、关注数或播放数，有商品链接的短视频还可以选择商品点击数或商品成交数。

微信视频号上热门的技巧：视频质量高、定位明确、封面吸睛、增加互动和评论、突出品牌和外部引流等。

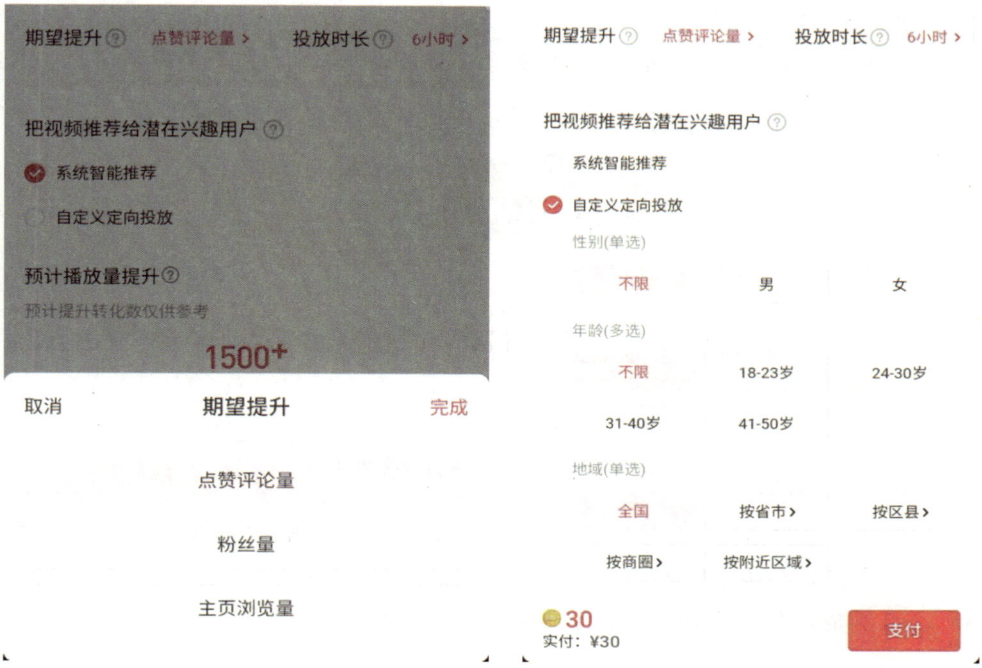

图 4－53　“DOU＋”推广

图 4－54　微信视频号：上热门

（四）短视频外部平台推广

以抖音为例，可以通过转发微信、微博和今日头条等外部平台进行分发引流，如图 4－55 所示。

图 4－55　抖音多平台分发推广

（1）微信平台：将短视频分享到微信朋友圈、微信群等或者通过微信公众号推广短视频。

（2）微博分发：利用微博的“@”功能话题推广短视频。

（3）今日头条：在今日头条上发布一些与热点相关的短视频。

三、短视频的运营

短视频创作者要想让自己的作品成为爆款，除了打造优质内容外，还要懂得利用各种方式为短视频“吸粉”，精心运营创作的短视频。

（一）粉丝运营

短视频创作者要做好粉丝运营，这样才能获得众多粉丝的关注和支持，让创作的短视频被更多人看到，使短视频账号被广泛关注和传播。

1. 保持稳定的更新频率

（1）保持每日更新。现在是一个信息爆炸的时代，各种网络事物层出不穷，热搜不断。如果短视频团队长时间不更新视频内容，就很容易被淘汰。而每日更新则可以保证账号持续活跃，避免被粉丝遗忘。

（2）固定更新时间。更新时间固定的时候，用户容易养成固定时段观看习惯，每到这个时间点，用户会准时上线观看视频内容，进而转化为粉丝，类似于电视日播剧或周播剧的忠实观众。

2. 引导粉丝点赞评论

（1）情绪驱动。在情绪上进行渲染。如果短视频的内容涉及温馨的小故事，就会让人的心情愉悦，激发人们转发和评论的欲望。

（2）“请教”粉丝。向粉丝“请教”是最直接的互动方式。向粉丝请教内容问题，会让粉丝在一瞬间产生成就感，从而愿意主动参与视频内容的生产。比如某个分享穿搭的视频创作者表示听了广大网友们的意见，买了几套衣服，请大家帮忙看看，哪种比较适合她，由此引发了用户在评论区进行积极的讨论，如图 4－56 所示。

（3）利益引导。利益的引导，就是为了让粉丝付诸行动，提高转化。例如，@ ×× 曾在其某一条视频评论区留言，表示可送评论区点赞前 10 位的用户每人一份鸭舌，如图 4－57 所示。这种评论互动方法，在吸引观众参与评论的同时，完成了从普通观众到主播粉丝的转变，这些粉丝们为了获得点赞而对视频进行主动传播，可谓一举两得。

图 4－56　“请教”粉丝

图 4－57　利益引导

（4）结尾“相邀”。与视频产生链接、互动，比如“下期想要听些什么，评论区里告诉我”，吸引粉丝评论、侧面提高短视频完播率。

3. 积极回复粉丝评论

短视频创作者要与粉丝做好互动，尽可能在第一时间回复粉丝的评论。

短视频在刚发布时，评论量比较少，这时短视频创作者可以自己撰写评论，用其他账号评论、好友评论等方式进行评论预埋。此外，并非作品的所有评论都是必须回复的，如广告信息，评论者往往只是无目的性地在所有平台与账号下面进行宣传，对于作品的传播没有积极意义，短视频创作者无须回复。而对于一些希望通过共同话题参与讨论，共同探讨作品，或者真心求教问题的评论，短视频创作者应及时回复。短视频创作者还可以将高质量的评论置顶，以引导粉丝产生更大范围的互动。

评论区中有时会出现粉丝言语过激、语气尖锐的情况，这时短视频创作者切不可“针尖对麦芒”地无情回击，而是要顺着粉丝的思路与其互动，显示出自己按照粉丝的期望不断改进的决心，增强他们的期待感。

除了在评论区回复，短视频创作者还可以对粉丝的评论信息进行整理，在下一条短视频中进行整体答复。当短视频账号发展到一定阶段后，短视频创作者可以就粉丝评论单独开通一个问答环节，这样做可以极大地增强粉丝的参与感。

（二）账号矩阵化运营

短视频账号矩阵，是指短视频创作者同时创建并运营多个短视频账号的形式，每个账号的运营侧重点有所不同，但账号与账号之间存在某种联系，能够实现相互导流，从而提高短视频创作者的粉丝总量。短视频账号矩阵主要包括单平台账号矩阵和多平台账号矩阵。

短视频创作者使用矩阵化运营，不仅可以提升自身或品牌的影响力，还可以形成链式传播，增加粉丝数量，进行内部引流。

1. 单平台账号矩阵

单平台账号矩阵是指短视频创作者在同一个短视频平台上创建多个不同的、存在某种关联的短视频账号的形式。单平台账号矩阵的运营模式主要有蒲公英矩阵、1+N 矩阵、AB 矩阵等。例如，京东的抖音矩阵就是蒲公英矩阵模式，主账号为“京东”，子账号有京东超市、京东客服、京东健康、京东家电、京东物流、京东母婴、京东科技、京东图书、京东保险、京东金融、京东手机等；小米、华为的抖音矩阵是 1+N 矩阵模式，矩阵中不同账号之间由不同的侧重，形成一个完整的体系，一旦能够在粉丝心中形成一个鲜明的形象，就能够最大限度地提高粉丝黏性；当当的抖音矩阵是 AB 矩阵模式，“当当网”主要负责塑造和维护品牌形象，而“当当图书”则主要负责当当图书的流量变现工作。

单平台账号之间可以通过以下方式进行引流：在账号简介中展示其他账号、在短视频内容简介中@其他账号、在评论区进行互动、在“关注”中关注矩阵中的账号等。

需要注意的是，每个账号要有不同的内容定位，账号之间要具有一定的关联，账号风格要一致。

2. 多平台账号矩阵

多平台账号矩阵是指短视频创作者在多个短视频平台上创建短视频账号，在发布短视频时，多个平台同步分发的形式。一般来说，多平台账号矩阵是多平台同账号矩阵，即短视频创作者在不同的短视频平台上创建名字相同的短视频账号，这样便于粉丝识别短视频创作者。比如，“疯狂××哥”账号拥有超过 5 000 个短视频账号，抖音账号粉丝 1 亿个，快手 0.56 亿个，B 站粉丝量 450 万+个，全网粉丝量超过 1.5 亿个。

3. 账号矩阵的管理

短视频创作者可以依据 PRAC 营销理论实施账号矩阵管理。

（1）平台管理（Platform）是指短视频创作者负责主账号的长期管理与规划，并通过控制管理其余账号的形式实现矩阵式发展，促进多个账号联动“涨粉”。

（2）关系管理（Relationship）是指短视频创作者除了管理自己控制的几个账号之间的关系，还要经营自身账号同其他短视频账号的关系，甚至包括与平台官方的关系。

（3）行为管理（Action）是指短视频创作者对“吸粉”引流、品牌推广、产品营销等行为进行有效管理和运营操作。

（4）风险管理（Crisis）是指短视频创作者要严格审核内容，有效引导舆论，及时疏解粉丝的不良情绪，处理不满言论，解决账号危机，避免危机进一步扩大。

（三）短视频营销数据分析

通过专业的数据分析，短视频创作者可以了解自己短视频账号的运营状况，根据数据分析结果调整与优化运营策略，同时还能了解竞争对手的运营状况，分析他们的运营策略，以指导自身运营。

获取短视频数据的渠道有短视频创作平台的账号后台和第三方数据分析工具。

1. 从短视频创作平台的账号后台获取短视频营销数据

图4－58和图4－59分别是抖音平台和微信视频号的“创作者中心”中同一舞蹈短视频的后台数据。

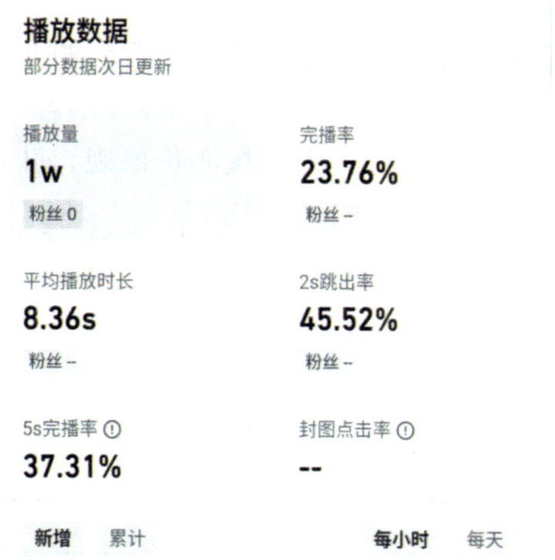

图4－58　抖音后台数据

图4－59　微信视频号后台数据

从播放数据可以看出，抖音播放量1万，完播率23.76%，平均播放时长8.4秒，而微信视频号播放量0.6万，完播率37.22%，平均播放时长12.24秒，其中抖音还有更为细节的2秒跳出率和5秒完播率等数据，这两个数据说明该条视频前2～5秒对用户的吸引度不够大，存在较大优化提升空间。

还可以根据该视频在两个平台上的粉丝画像，分析两个平台用户群体的差异性，进行精准视频营销。

2. 从第三方数据分析工具获取短视频数据

第三方数据分析工具主要包括新榜、飞瓜数据、卡思数据、蝉妈妈、灰豚等。

数据分析主要观察短视频基础性数据指标，如表4－21所示。

表4－21　短视频基础性数据指标

指标名称	释义/公式	所代表的意义
播放量	某个时段内被用户观看的次数，代表短视频的曝光量	衡量用户观看行为的重要指标。播放量越高，说明短视频被用户观看的次数越多
点赞量	短视频被用户点赞的次数	反映了短视频受用户欢迎的程度。点赞量越高，说明用户越喜欢这条短视频
评论量	短视频被用户评论的次数	反映了短视频引发用户共鸣、引起用户关注和讨论的热烈程度
转发量	短视频被用户分享的次数	反映了短视频的传播度。被转发的次数越多，短视频获得的曝光机会就越多，播放量也越多
收藏量	短视频被用户收藏的次数	反映了用户对短视频内容的喜爱程度，体现了短视频对用户的价值。用户收藏后很可能再次观看，从而提高短视频的播放量

素质素养养成

（1）在短视频封面优化和数据分析的过程中培养审美情趣，养成互联网思维、创新思维和数据思维意识。

（2）在短视频推广引流、账号矩阵和粉丝运营的过程中，养成诚实守信的职业道德意识和遵纪守法的法律法规意识。

（3）在短视频标题和文案策划时，要树立文化自信和社会主义核心价值观，弘扬爱国主义精神。

活动分组

活动分组如表 4－22 所示。

表 4－22　　学生活动分配表

班级		组号		指导教师	
组长		学号			
组员	姓名	学号	活动分工		

合作研学

（1）在微信视频号搜索并观看视频达人 B 的短视频：清华国学四大导师之一——梁启超和励志楷模——范仲淹，分析这两条视频引发 10 万＋点赞、10 万＋转发、10 万＋喜欢和 0.5 万＋评论的原因，填写表 4－23。

表 4－23　　短视频引爆流量原因分析表

视频	原因
清华国学四大导师之一——梁启超	
励志楷模——范仲淹	

（2）为活动二【合作研学】制作的短视频设计一份推广运营的策划方案并实施该方案。

____

____

____

____

____

____

考核评价

填写表 4－24 所示的考核评价表。

表 4－24　考核评价表

被评小组：__________　小组成员：______________________________

序号	评价内容	分值	自评	互评	教师评分	教师点评
1	是否分析了两条视频火爆的原因	30				
2	是否设计了短视频推广运营的策划方案	30				
3	短视频推广运营方案的实施是否达到预期	20				
4	素质素养目标是否达成	20				

总分：__________

拓展训练

请根据本节所学优化、发布并推广自己制作的短视频，分析短视频在不同平台的数据表现好、坏和造成差异的原因，并为下一个视频创作提供优化建议。

5 项目五 直播营销

知识概览

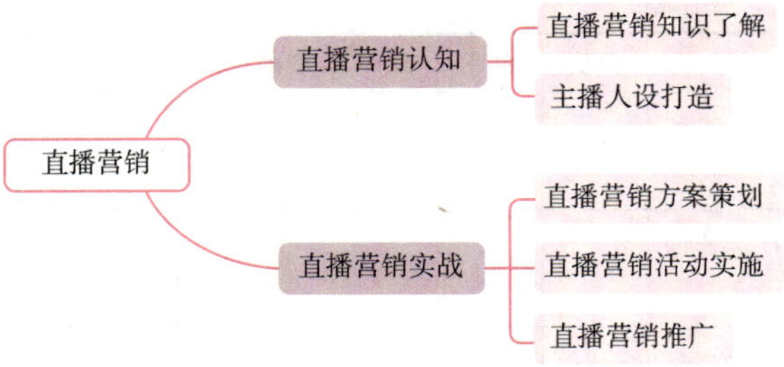

模块一 直播营销认知

活动一　直播营销知识了解

学习目标：

1. 知识目标

（1）了解直播营销的定义和优势。

（2）熟悉直播营销的常见形式和平台分类。

（3）掌握直播营销的收益分配模式。

2. 能力目标

（1）能准确分析每种直播营销形式的区别。

（2）能利用直播的收益分配进行变现。

3. 素质素养目标

（1）培养互联网思维、创新思维和数据思维意识。

（2）培养助力国家乡村振兴的战略意识。

（3）培养遵守行业规范、恪守职业道德意识。

重点难点：

1. 重点

（1）直播营销的优势。

（2）直播营销的平台分类。

（3）直播营销的表现形式。

2. 难点

（1）直播营销的平台分类。

（2）直播营销的收益分配模式。

活动描述

一场文化直播，让山西成为全网爆火的“网红省份”。2023 年 5 月 20 日，农产品直播电商平台“东方甄选”在太原古县城举办山西专场，展现了丰富精彩的山西非遗文化。主播激情讲解千年山西历史。这些力荐山西的文字、视频，让全国网友发现，原来山西不只是煤和醋，更有数不尽的文化底蕴。

据数据显示，5 月 20 日直播间单观看人次超过 2 400 万人，100 多个山西特产几乎全部售罄，全场销售额突破 7 500 万元，订单数超过 130 万单。受山西专场影响，“东方甄选山西行”“山西会是下一个淄博吗”“东方甄选能否带得动山西”等多个话题冲上抖音热搜。东方甄选山西行，6 天 20 余次上热搜，带货达 1.3 亿元，如图 5－1 所示。

图 5－1　东方甄选山西行

搜索并观看“东方甄选山西行”直播片段，分析其直播的形式、直播收益的分配模式以及该直播能够单观看人次超过 2 400 万人、销售额突破 7 500 万元的原因。

知识准备

一、直播营销的定义

直播营销是指企业/品牌商以直播平台为载体进行营销活动的一种活动形式，以达到提升品牌影响力和提高商品销量的目的。与传统媒体平台（电视、广播）的直播营销相比，网络直播不再受制于固定的电视台或广播电台，无论企业是否接受过专业的训练，用户都可以利用互联网进行户外旅行直播、网络游戏直播、发布会直播等，形式多种多样。

直播营销初识

直播营销发展势头迅猛，中国互联网络信息中心（CNNIC）第 51 次《中国互联网络发展状况统计报告》显示，截至 2022 年 12 月，我国网络直播用户规模达 7.51 亿人，较 2021 年 12 月增长 4 728 万人，占网民整体的 70.3%。

二、直播营销的优势

作为一种新兴的网络营销手段，直播营销具有以下 4 个优势。

（一）更低的营销成本

相对于传统的广告制作和发布方式，直播营销对场地、物料等需求较少，直播的制作和发布成本通常也较低。主播通过简单的设备和平台就能进行直播，而不需要高昂的制作费用和传播渠道。

（二）更快捷的营销覆盖

用户在网站浏览产品图文或翻看产品参数时，需要在大脑中自行构建场景。而直播营销完全可以将主播试吃、试玩、试用等过程直观地展示在观众面前，更快捷地将用户带入营销所需场景。

（三）更直观的营销效果

在直播过程中，直播运营团队可以看到直播间的实时数据，了解直播间内商品的售卖情况，及时掌握直播活动的营销效果，主播对商品的现场展示和介绍，以及直播间内很多人争相下单购买的氛围，很容易刺激其他用户直接下单购买商品。

（四）更有效的营销反馈

在产品已经成型的前提条件下，企业营销的重点是呈现产品价值、实现价值交换；但为了持续优化产品及营销过程，企业需要注重营销反馈，了解顾客意见。由于直播互动是双向的，主播将直播内容呈现给观众的同时，观众也可以通过弹幕的形式，分享体验。因此企业可以借助直播，一方面，收到已经用过产品的消费者的使用反馈；另一方面，收获现场观众的观看反馈，便于下一次直播营销时修正。

三、直播营销的常见形式

直播营销具有场景真实的特点，为了吸引用户观看直播，直播运营团队需要根据实际情况选择比较具有看点的直播营销形式。具体来说，常见的直播营销形式有以下 4 种：

（一）商品分享式直播

商品分享式直播是指主播在直播间里向用户分享和推荐商品，或者由用户在直播间的评论区留言，告诉主播自己需要的商品，然后主播按照用户的需求推荐并讲解相应的商品，整个直播的内容就是主播讲解并展示商品，如图 5－2 所示。

图 5－2　商品分享式直播

（二）基地直销式直播

基地直销式直播是指主播在商品的原产地、生产车间等场景进行直播，直接向用户展示商品真实的生产环境，同时，在直播间里现场对商品进行加工、制作，向用户展示商品经过加工后的真实状态，如图 5－3 所示。

（三）教学培训式直播

教学培训式直播是指主播以授课的方式在直播中分享一些有价值的知识或技巧，如提升英语口语能力的技巧、化妆技巧、甜点制作技巧、运动健身技巧等。这样不仅能让用户通过观看直播学习到某些知识或技能，也能让用户感受到主播的专业性，提高用户对主播推荐商品的信任度，如图 5－4 所示。

图 5－3 基地直销式直播

图 5－4 教学培训式直播

（四）才艺表演式直播

才艺表演式直播是指主播直播表演舞蹈、脱口秀、魔术等才艺，并在表演才艺的过程中使用某种商品，从而达到推广商品的目的，或者通过才艺表演获得用户的打赏，如图 5－5 所示。

图 5－5 才艺表演式直播

四、直播平台的分类

直播平台可以根据不同的分类方式进行分类。不同的平台在内容、功能和用户群体等方面有所不同，用户可以根据自己的需求选择适合的直播平台，如表 5－1 所示。

表 5－1 直播平台及特征举例

直播平台	常见平台	平台特点
综合类直播平台	一直播、映客直播 花椒直播、QQ 空间	平台通常包含较多的直播类目，用户进入直播平台后的可选择余地较多，包括游戏直播、户外直播、校园直播、秀场直播等
垂直直播平台——游戏	熊猫直播、虎牙直播、龙珠直播	主要是针对游戏的实时直播平台，游戏爱好者通常会较为规律地登录游戏直播平台，甚至追随某位游戏主播
社交直播平台	六间房、YY 直播 新浪秀场、腾讯视频	主播展示自我才艺的最佳形式，用户在秀场直播平台浏览不同的直播间，类似于走入不同的演唱会或才艺表演现场。用户可以在平台上与主播和其他观众进行实时互动和交流

续表

直播平台	常见平台	平台特点
商务类直播平台	快手直播、抖音直播 京东直播、天猫直播	具有更多的商业属性，通常带有一定的营销目的
教育类直播平台	网易云课堂、千聊、 荔枝微课	呈现形式足够丰富，但互动性不强，主播无法做到实时答疑与讲解

五、直播营销的收益分配模式

直播营销的收益分配模式主要有 2 种，即纯佣金模式和“佣金 + 坑位费”模式。

（一）纯佣金模式

纯佣金模式是指企业/品牌商根据直播商品的最终销售额，按照事先约定好的分成比例向主播支付佣金。例如，主播为企业/品牌商在直播中卖出了 100 万元的商品，事先约定的佣金比例为 20%，那么企业/品牌商则需要向主播支付 20 万元的佣金。在直播行业中，主播的级别不同，直播的商品不同，佣金比例也会有所不同。

（二）“佣金 + 坑位费”模式

“佣金 + 坑位费”模式是指企业/品牌商不仅要向主播支付固定的坑位费，还需要根据商品的最终销售额按照约定好的分成比例向主播支付相应的佣金。企业/品牌商的商品要想出现在主播的直播间里，需要向主播支付一定的商品上架费，这就是所谓的坑位费。

通常头部主播的坑位费较高，这是因为头部主播的人气较高，曝光量较高，在一定程度上能够保证商品的出单量，即使用户没有在主播的直播间里购买某企业/品牌商的商品，但主播的高人气、高曝光量，也能为企业/品牌商打响知名度，提升该企业或品牌的影响力。

不可避免地，部分头部主播或明星主播向商家收取高额坑位费，但销售量却极少，给商家带来巨大损失。为了促进直播电商行业持续健康发展，淘宝直播平台于 2021 年 4 月加强了对坑位费收取模式的管控，推出了坑位费等比例结算模式。“等比例结算”将原本一刀切的坑位费灵活调整为：商家在下单时，可在阿里 V 任务后台设定销量门槛。机构或者主播个人开播后，在第一个结算周期，如果实际销量 $<20\%$，那么坑位费将全额退款；如果实际销量 $\geq 20\%$，那任务将推进至第二个结算周期（T + 30）。在开播后第 30 天，平台会按照确认收货口径计算实际销量/目标销量，并向主播等比例结算坑位费。如超卖，商家无须支付更多坑位费给主播。坑位费从此不再由某一方说了算，这对主播的带货能力和直播的后续服务都提出了更高的要求。

此外，直播营销还有打赏收入、广告收入、会员增值服务收入等模式。

素质素养养成

（1）学习直播营销的优势和直播平台分类时，同学们要具有互联网思维、创新思维和数据思维意识。

（2）学习直播表现形式的过程中，同学们需增强助力国家乡村振兴战略意识。

（3）在学习直播收益分配模式时，应养成遵守行业规范、恪守职业道德的意识。

活动分组

活动分组如表 5 – 2 所示。

表 5 – 2 学生活动分配表

<table>
<tr><td>班级</td><td></td><td>组号</td><td></td><td>指导教师</td><td></td></tr>
<tr><td>组长</td><td></td><td>学号</td><td colspan="3"></td></tr>
<tr><td>组员</td><td colspan="5">
<table>
<tr><th>姓名</th><th>学号</th><th>姓名</th><th>学号</th></tr>
<tr><td></td><td></td><td></td><td></td></tr>
<tr><td></td><td></td><td></td><td></td></tr>
<tr><td></td><td></td><td></td><td></td></tr>
<tr><td></td><td></td><td></td><td></td></tr>
<tr><td></td><td></td><td></td><td></td></tr>
</table>
</td></tr>
<tr><td>活动分工</td><td colspan="5"></td></tr>
</table>

合作研学

（1）列举直播的表达形式并阐述特点，填写表 5 – 3。

表 5 – 3 直播的表达形式和特点

序号	直播表达形式	特点
1		
2		
3		
4		
5		

（2）阐述“东方甄选”的收益分配模式及其成功的原因。

考核评价

填写表 5－4 所示的考核评价表。

表 5－4　　考核评价表

被评小组：＿＿＿＿＿＿　小组成员：＿＿＿＿＿＿＿＿＿＿＿＿＿＿＿＿

序号	评价内容	分值	自评	互评	教师评分	教师点评
1	是否阐明直播的不同表达形式和特点	25				
2	是否识别出直播中的收益分配模式	25				
3	是否分析了“东方甄选”直播成功的原因	25				
4	素质素养目标是否达成	25				

总分：＿＿＿＿＿＿

拓展训练

查询网络资料，观看直播视频，分析直播打赏变现适用的条件。

活动二　主播人设打造

学习目标：

1. 知识目标

（1）理解主播人设打造的内涵。

（2）掌握直播中主播人设打造的方法。

2. 能力目标

（1）能识别主播人设的类型。

（2）能为新手主播提供主播人设打造的建议。

3. 素质素养目标

（1）培养政治认同和家国情怀，有理想、有信念。

（2）培养遵纪守法、合法直播的意识。

重点难点：

1. 重点

（1）主播人设定位。

（2）主播人设打造。

2. 难点

（1）主播独特属性的挖掘。

（2）主播人设的渲染。

活动描述

请根据图 5－6 所示蝉妈妈上东方甄选直播账号数据，结合网络调查，分析东方甄选主播的人设类型和特征，并为该领域新手主播提供主播人设打造的建议。

图 5－6　东方甄选蝉妈妈数据

知识准备

一、主播人设的定义

人设就是人物的设定。主播人设是指主播在直播中塑造的公众形象，包括人格、性格、外貌、行为习惯等多个方面。通俗地说，就是向用户展示一个独特的形象，可以吸引粉丝，实现裂变式传播。老国货品牌活力 28 衣物清洁旗舰店直播间，三位 50 岁以上的大叔因为可爱、真诚和诚信让直播间迅速圈粉，粉丝们手牵着手，将这个摇摇欲坠的国货品牌从坍塌边缘拉了回来，上了央视，建立了“活力老头”人设，而这种人设定位是深入人心的，如图 5－7 所示。

图 5－7　活力老头上央视

主播在直播的过程中不断输出专业内容，在内容中展现自己独特的风格，逐渐形成个性化标签，久而久之就会形成人物 IP（Intellectual Property），粉丝会特别信任主播，愿意购买主播推荐的商品。因此，主播人设的打造对直播带货起着决定性的作用。

二、主播人设打造

（一）主播人设分类

根据“与用户的关系”，主播的人设角色可以分为 4 种，即专家型、知己型、榜样型、偶像型。主播人设的分类实际上也是主播人设的定位。这 4 种角色所代表的意义如下：

主播人设打造

1. 专家型

专家型主播通常在某个领域具备极高的专业知识和丰富的从业经验。他们可能是行业内的权威人士，或者是拥有博士学位的知名学者，其人设定位既传递出高度可信赖性，也为观众提供了权威性意见和指导，使得购物过程更加科学和可靠。如图 5 – 8 所示的军事专家型主播人设陈 × ×。

2. 知己型

知己型是一种以建立亲密、信任和同理心关系为核心的主播形象，注重与观众建立真挚的友谊，倾听他们的需求和问题，并给予真诚的建议和支持。女性用户群的“女闺蜜”，男性用户群的“好兄弟”，都是知己型人设。如图 5 – 9 所示的知己型人设栗子 × ×。

图 5 – 8 专家型人设

图 5 – 9 知己型人设

3. 榜样型

榜样型是指在某个领域或某些方面能力突出，堪称榜样，也称作“达人”。榜样型主播人设是一种以展示积极向上、正面影响力的主播形象，他们通过自己的行为和言论，为观众树立榜样，传递正能量、积极向上的价值观。比如，图 5－10 所示的活力 28 衣物清洁旗舰店直播间的三个老头习惯称粉丝为“云股东”“粉丝宝宝”“孩儿们”，他们的真实赤诚以及积极向上的精神和公益捐款行为，获得了广大粉丝的信任和支持，短短 2 个月收获 750 多万粉丝。

4. 偶像型

偶像型是一种以年轻、时尚、有魅力为主要特点的主播形象，他们通常具有较高的颜值、良好的气质和独特的魅力，能够吸引大量粉丝的关注和喜爱。偶像型是指拥有比较突出的外在形象和才艺特长，拥有偶像型人设的主播更适合推广跟潮流相关的品类，如美妆、服饰、影音、运动、旅行商品或服务等。如图 5－11 所示美妆领域的主播程 × ×。

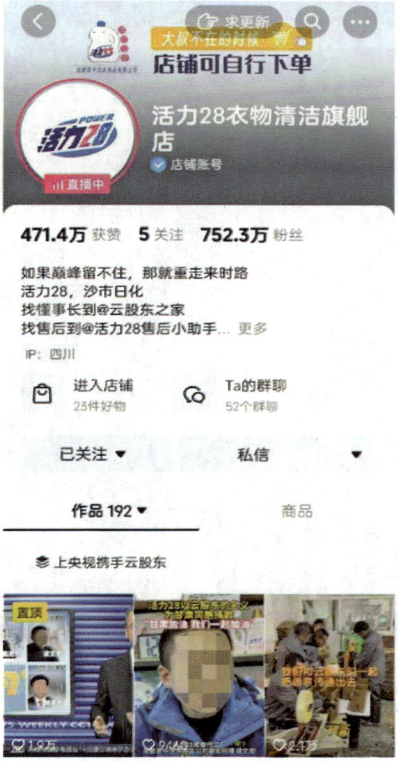

图 5－10　榜样型人设

图 5－11　偶像型人设

（二）挖掘主播独特属性

直播团队还需要为主播设计一些独一无二的属性，即挖掘主播的独特之处。挖掘主播的独特之处，可以通过以下 4 个方法来实现：

1. 提炼“闪光点”

提炼“闪光点”，即挖掘主播个人的核心优势，具体可以从主播的外表、性格、特长等方面入手，也可以从学习历程、工作经验、生活经历、独特技能、个人荣誉等方面寻找主播与其他主播的不同之处。不管从哪里找，关键是要找到一处能够让人记住的“闪光点”。

2. 添加“反差”属性

确定“闪光点”后，直播团队就可以再依据“闪光点”为主播添加一个“反差”属性。在不违背主流观念的情况下，为主播添加一个与众不同的属性，有助于提高主播“人设”的独特性和易记性。

如图5－12所示的抖音红人“××石榴哥”的最初人设是“在集市卖石榴的朴实小摊贩”，关注他的人在进一步了解后，才知道他是一位“白天教书，晚上摆摊”的“英语老师”。“朴实的外表”与“丰富的内在”的反差，给人一种“大智若愚”的感觉，因而再次成功吸引了用户的注意力，增强了用户的讨论度和关注度。

图5－12 ××石榴哥

3. 设计有辨识度的言行举止

确定主播的独特属性后，直播团队就可以根据要表达的独特之处，为主播策划和设计一些有辨识度的行为和语言，以打造其独具个性的人设。

其实，主播并不需要专门设计不符合自己特点的言行举止。每个人都有与众不同之处，或是外表，或是语言，或者是某些已经习惯的“缺点”。接纳与别人不一样的部分，从正向的、积极的角度去理解这个“不一样”之处，这一点“不一样”就是主播身上最有记忆点的个人特征。比如，知名电商主播李××非常有辨识度的直播口头用语：Oh，my god！买它买它买它！

4. 设置一个有趣易记的名字

直播团队可以为主播设置一个有趣、易记的名字。为主播设置名字，建议遵循 5 个原则：贴合人设、朗朗上口、用词简洁、寓意美好、无生僻字。

此外，还要注意名字的发音。看看名字有没有谐音，谐音的寓意如何，发音听起来是不是有力量。确定名字之后，不要轻易修改。

（三）渲染主播人设

人设是出于直播团队的精心策划；但人设的建立，则需要基于用户评价和网络互动。人设要想打造成功，需要“立得住”。直播团队还需要通过以下 2 个步骤积极渲染主播人设。

1. 策划一系列故事

策划一系列能够表达人设的故事。这样的故事包括 3 个方面：

（1）个人成长的故事。告诉用户主播个人的成长经历，让用户对主播的经历产生共鸣，进而对主播个人产生认同感。

（2）得到用户肯定的故事。主播和直播团队凭借什么原则坚持做了哪些事，在这个过程中克服了哪些困难才得到了用户的肯定。

（3）直播团队的趣事。日常趣事不同于前两者，而是轻松的、幽默的故事，是能够引人发笑的故事。

2. 打造自媒体的传播矩阵

对主播人设的宣传，直播团队不需要局限在直播间，可以利用与直播间相关联的微信公众号、微博、抖音、快手、社群等对主播进行人设的包装和造势。

要想大幅度提高直播间人气，就需要为主播在各个平台打造一个系统化的传播矩阵，定期频繁地输出符合主播人设的内容，增加主播的全网曝光度，为主播的直播间积累流量基础。

三、打造主播人设的技巧

主播在人设打造中应当掌握一些技巧和方法，以便塑造出具有吸引力和影响力的主播人设。

（一）设定明确的人设目标

主播应该明确自己的人设目标，包括想要塑造的形象、风格和特点等，这有助于主播在后续的直播中保持一致性，避免出现人设崩塌的情况，否则会影响观众对主播的信任和好感度。

（二）了解目标受众

了解目标受众的需求和喜好是打造主播人设的重要前提，主播应该明确自己的目标受众群体，并根据他们的特点和需求来塑造自己的人设。例如，如果目标受众是年轻人，主播可以塑造活泼、时尚的人设；如果目标受众是专业人士，主播可以塑造专业、权威的人设。

（三）与观众互动

与观众互动是打造主播人设的重要环节，主播可以通过直播、社交媒体等渠道与观众互动，了解他们的需求和反馈，从而不断调整和优化自己的人设。而且通过与观众的互动，主播可以建立更加紧密的联系，提高观众的忠诚度和黏性。

（四）学习和提升

主播要不断学习和提升自己的专业知识和技能，还要关注行业动态和观众需求的变化，及时调整自己的直播内容和策略，通过不断学习和提升，可以更好地满足观众的需求和喜好，同时也能提高自己在直播领域的竞争力。

在打造主播人设的过程中，还需要注意以下几个方面：

1. 真实性与可信度

主播人设的塑造必须建立在真实性的基础之上，虚假的人设可能会在短期内吸引观众，但长远来看，真实性和可信度是赢得观众持续支持和信任的关键。主播应该根据自己的真实性格、兴趣和专长来打造人设，而不是刻意模仿或虚构。

2. 持续性与稳定性

主播人设的塑造是一个持续的过程，需要保持稳定性和一致性，主播应该在人设的塑造上保持耐心和毅力，不要急于求成或频繁更改。同时，主播也应该在直播过程中始终保持自己的人设特点，避免出现人设崩塌的情况。

3. 多元化展示

主播可以通过多元化的方式来展示自己的人设特点。例如，除了直播之外，还可以通过社交媒体、短视频等方式来展示自己的才艺、生活和思考等。多元化的展示方式可以让观众更加全面地了解主播，加深对主播人设的印象。

素质素养养成

（1）在定位主播人设时，同学们要有政治认同和家国情怀，有理想、有信念。

（2）在打造主播人设时，同学们要注意坚持遵纪守法、合法直播的原则。

活动分组

活动分组如表 5－5 所示。

表 5－5　　学生活动分配表

<table>
<tr><td>班级</td><td></td><td>组号</td><td></td><td>指导教师</td><td></td></tr>
<tr><td>组长</td><td></td><td>学号</td><td colspan="3"></td></tr>
<tr><td>组员</td><td colspan="5">
<table>
<tr><td>姓名</td><td>学号</td><td>姓名</td><td>学号</td></tr>
<tr><td></td><td></td><td></td><td></td></tr>
<tr><td></td><td></td><td></td><td></td></tr>
<tr><td></td><td></td><td></td><td></td></tr>
<tr><td></td><td></td><td></td><td></td></tr>
<tr><td></td><td></td><td></td><td></td></tr>
</table>
</td></tr>
<tr><td>活动分工</td><td colspan="5"></td></tr>
</table>

合作研学

列举不同领域的直播账号，看看其主播人设属于什么类型？填写表 5－6。

表 5－6　不同领域主播类型分析表

序号	直播内容	领域	账号	主播人设	主播类型
1					
2					
3					
4					
5					

考核评价

填写表 5－7 所示的考核评价表。

表 5－7　考核评价表

被评小组：__________　小组成员：____________________

序号	评价内容	分值	自评	互评	教师评分	教师点评
1	是否阐明主播人设	25				
2	是否识别出主播擅长的类型	25				
3	直播内容与主播人设是否匹配	25				
4	素质素养目标是否达成	25				

总分：__________

拓展训练

搜一搜你知道的知名主播，说一说其直播团队是如何为主播宣传的。

模块二
直播营销实战

活动一 直播营销方案策划

学习目标：

1. 知识目标

（1）了解直播方案策划的基础知识。

（2）掌握直播整场脚本和单品脚本撰写的方法。

2. 能力目标

（1）能按照既定计划，在预计时间内，完成直播活动所有环节的执行。

（2）能撰写直播策划方案。

（3）能根据直播内容撰写整场脚本。

3. 素质素养目标

（1）培养全局意识和团队协作精神。

（2）培养用户营销意识、原创意识和诚实守信意识。

重点难点：

1. 重点

（1）直播简介撰写。

（2）直播整场脚本撰写。

（3）直播单场脚本撰写。

2. 难点

（1）直播整场脚本撰写。

（2）直播方案策划。

活动描述

观看一场“三农”主播的带货直播，记录直播中各个环节的开始时间和结束时间。对标学习如图 5－13 所示的蝉妈妈主流直播达人直播数据，设定下一场直播目标，再根据本节所学内容策划三农产品直播方案，并撰写一份农产品直播整场脚本。

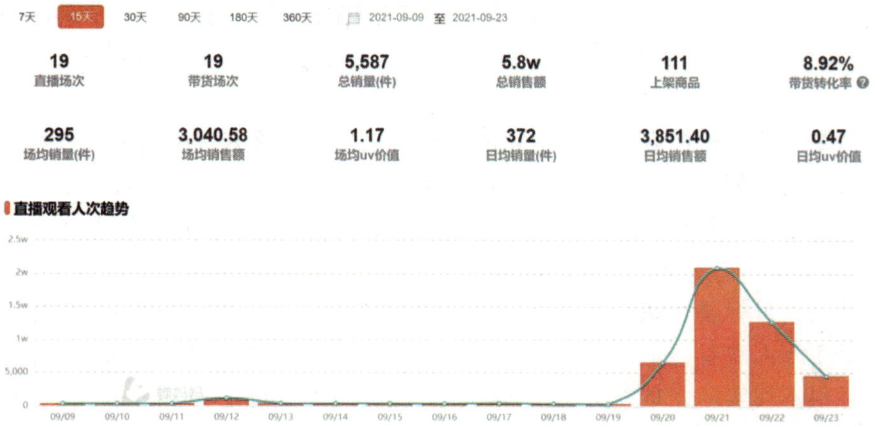

图 5－13 蝉妈妈后台数据

知识准备

一、策划直播方案

开展直播营销要有完整的营销思路，但仅靠思路是无法实现营销目的的。直播运营团队需要将抽象的思路转换成具象的文字表达，用方案的形式呈现出来，并将其传达给参与直播的所有人员，以保证直播活动的顺利进行。

直播方案策划

直播方案一般用于直播运营团队的内部沟通，以便让参与直播的人员熟悉直播活动的流程和分工。直播方案要简明扼要，通常来说，完整的直播方案包括 5 部分内容，如表 5－8 所示。

表 5－8　　直播方案的主要内容

直播方案要点	说明
直播目标	明确直播需要实现的目标、期望吸引的用户人数等
直播简介	对直播的整体思路进行简要的描述，包括直播形式、直播平台、直播特点、直播主题等
人员分工	对直播运营团队中的人员进行分组，并明确各人员的职责
时间节点	明确直播中各个时间节点，包括直播前期筹备的时间点、宣传预热的时间点、直播开始的时间点、直播结束的时间点等
预算	说明整场直播活动的预算情况，包括直播中各个环节的预算，以合理控制和协调预算

（一）明确直播目标

对于企业/品牌商来说，直播是一种营销手段，因此直播时不能只有简单的才艺表演或话题分享，而要围绕企业/品牌商的营销目标来展开。企业/品牌商可以参考 SMART 原则来制定直播营销目标，尽量让营销目标科学化、明确化、规范化。

1. 具体性

具体性是指要用具体的语言清楚地表明要达到的目标，营销目标要切中特定的指标，不能笼统、不清晰。例如，“借助此次直播营销提高品牌影响力”就不是一个具体的目标；而“借助此次直播营销提高品牌官方微信公众号的粉丝数量”就是一个具体的目标。

2. 可衡量性

可衡量性是指营销目标应该是数量化的或行为化的，应该有一组明确的数据作为衡量目标是否达到的标准。例如，“利用此次直播营销提高店铺的日销售额”就不是一个可衡量的目标；而“利用此次直播营销让店铺的日销售额达到50万元”则是一个可衡量的目标。

3. 可实现性

可实现性是指目标要客观，是通过付出努力能完成的。例如，企业/品牌商开展的上一场直播吸引了5万人观看，于是企业/品牌商将此次直播要吸引的用户人数设定为100万人，显然这个目标很不切实际，难以实现；而将吸引观看的人数设定为7万人或10万人则相对合理，是可能实现的。

4. 相关性

相关性是指直播营销的目标要与企业/品牌商设定的其他营销目标是相关的。例如，企业/品牌商将某次直播营销的目标设定为“网店首页24小时内的访问量提高80%”，这个目标是符合相关性要求的；而如果企业/品牌商将某次直播营销的目标设定为“将商品的生产合格率由91%提高至96%”，则这个目标是不符合相关性要求的，因为直播活动无法帮助商品的生产方提升合格率。

5. 时限性

时限性是指目标的达成要有时间限制，这样的目标才有督促作用，避免目标的实现被拖延。例如，“借助直播营销让新品销量突破10万件”，这个目标是缺乏时限的；而“直播结束后24小时内新品销量突破10万件”，这个目标则是符合时限性要求的。

（二）直播简介

1. 直播形式

直播的形式有多种，主要取决于内容和用途。常见的直播形式包括：商品分享式直播、基地直销式直播、教学培训式直播、才艺表演式直播等。直播形式的多样化使得观众可以选择自己感兴趣的内容进行观看和互动。

2. 直播平台

垂直直播平台、社交直播平台、商务直播平台、教育直播平台、综合直播平台等，需明确具体的平台。

3. 直播主题

直播主题的策划有3个角度，即根据用户需求来策划、根据时节来策划，以及根据电商活动来策划。3个角度的策划依据、策划要点和举例说明如表5-9所示。

表5-9 策划依据和策划要点

策划角度	策划依据	策划要点	举例说明
用户需求	用户的标签及消费需求	突出用户群的需求热点	“平价”5折购买
时节	用户在不同时节的消费需求	突出时节的消费亮点	冬季羽绒服全场半价
电商活动	用户在电商活动时的消费心理	突出促销力度	“双十二”预售

（三）人员分工

关于直播间的人员分工，直播团队在方案中需要做两处说明：小组分工说明和直播流程中的具体分工说明。

1. 小组分工说明

为了确保直播活动的顺利开展，直播团队需要先将与直播相关的工作内容进行分组，如“宣传组”“道具组”“商品组”等。

2. 直播流程中的具体分工说明

为了明确直播过程中每个细节的负责人及工作要点，直播团队还需要按照直播流程，对各个工作环节的负责人及其工作内容予以说明。

（四）时间节点

直播方案中需要明确体现的时间节点有两部分：直播的整体时间节点和直播中各个环节的时间节点。第一部分是直播的整体时间节点，包括前期准备、直播现场、直播进行时、直播结束后4个模块的时间节点，直播团队确定直播的整体时间节点可以便于所有参与者对直播的工作有一个整体的印象。第二部分是直播中各个环节的时间节点，即直播团队需要明确主要环节及每个环节的开始时间和截止时间，防止由于某个环节延期而导致直播的整体延误。

（五）直播预算

每一场直播活动都会涉及预算，整体预算情况、各环节的预算情况，都需要直播团队在直播方案中进行简要描述。一般情况下，一场直播活动可能需要4个方面的费用投入。基础投入费用、现场福利活动费用、前期宣传活动费用、后期宣传活动费用。当某个项目组可能出现预算超支的情况时，需要提前告知相关负责人，便于整体协调。

二、撰写直播脚本

直播活动的脚本方案，俗称“直播脚本”，可以理解为直播内容的策划方案，是直播团队通过结构化、规范化及流程化的说明，为主播在直播间的内容输出提供线索指引，以确保直播过程的顺利进行及直播内容的输出质量。

直播脚本撰写

（一）直播前策划脚本的准备工作

一场优质的直播是需要提前策划的，直播运营团队策划直播前的准备工作方案有利于提高直播的效率，降低直播中出现错误的概率。以淘宝直播为例，直播运营团队可以参考表5－10来设计策划脚本的直播前准备工作。

表5－10　直播前策划脚本的准备工作

时间	工作内容	具体说明
直播前15～20天	选品	选择要上直播的商品，并提交直播商品链接、直播商品的折扣价
	确定主播人选	确定是由品牌方自己提供主播，还是由直播运营团队提供主播
	确定直播方式	确定是用手机进行直播，还是用计算机进行直播
直播前7～15天	确定直播间活动	确定直播间的互动活动类型和实施方案

续表

时间	工作内容	具体说明
直播前 7 天	寄样品	如果是品牌方自己提供主播、自己做直播，则无须寄送样品；如果是品牌方请达人主播或专业的 MCN 机构做直播，则品牌方需要向达人主播和 MCN 机构寄送样品
直播前 5 天	准备创建直播间所需的相关材料	①准备直播间封面图：封面图要符合淘宝直播的相关要求；②准备直播标题：标题不要过长，要具有吸引力；③准备直播内容简介：用 1～2 段文字简要概括本场直播的主要内容，要重点突出直播中的利益点，如抽奖、直播专享优惠等；④准备直播间商品链接：直播时要不断地在直播间发布商品链接，让用户点击链接购买商品，所以要在直播开始前准备好直播商品链接
直播前 1～5 天	直播宣传预热	采取多种方式，通过微淘、微博、微信等渠道对直播进行充分的宣传

直播脚本包括整场直播活动的脚本和单品直播脚本。

（二）整场直播活动的脚本

一场直播通常会持续几个小时，在直播过程中的所有程序都要提前安排好。因此，直播运营者要提前撰写好整场直播活动的脚本。整场直播活动的脚本是对整场直播活动的内容与流程的规划与安排，其重点是规划直播活动中的玩法和直播节奏。整场直播活动脚本应该包括表 5－11 所示的内容。

表 5－11　　整场直接活动脚本的要点

直播脚本要点	具体说明
直播主题	从用户需求出发，明确直播的主题，避免直播内容没有营养
直播目标	明确直播要实现何种目标，是积累用户、提升用户进店率，还是宣传新品等
主播介绍	介绍主播、副播的名称、身份等
直播时间	明确直播开始、结束的时间
注意事项	说明直播中需要注意的事项
人员安排	明确参与直播人员的职责，例如，主播负责引导关注、讲解商品、解释活动规则；助理负责互动、回复问题、发放优惠信息等；后台/客服负责修改商品价格、与粉丝沟通转化订单等
直播的流程细节	直播的流程细节要非常具体，详细说明开场预热、商品讲解、优惠信息、用户互动等各个环节的具体内容、如何操作等问题。例如，什么时间讲解第一款商品，具体讲解多长时间，什么时间抽奖等，尽可能把时间都规划好，并按照规划来执行

优秀的整场直播活动脚本一定要考虑到细节，让主播从上播到下播都能熟练。表 5－12 所示为一场直播活动的脚本实例。

表 5－12　　护肤品直播活动概述

直播活动概述	
直播主题	护肤小课堂
直播目标	“吸粉”目标：吸引 10 万名用户观看
	销售目标：从直播开始至直播结束，直播中推荐的 3 款新品销量突破 10 万件
主播、副播	主播：××，品牌主理人、时尚博主；副播：××
直播时间	2023 年 10 月 8 日，20：00～22：00
注意事项	①合理把控商品讲解节奏；②注意对用户提问的回复

续表

直播流程					
时间段	流程安排		人员分工		
			主播	副播	后台/客服
20：00～20：10	直播开场	开场预热	暖场互动，介绍开场截屏抽奖规则，引导用户关注直播间	演示参与截屏抽奖的方法；回复用户的问题	向粉丝群推送开播通知；收集中奖信息
20：10～20：15		活动剧透	剧透今日新款商品、主推款商品，以及直播间优惠力度	补充主播遗漏的内容	向粉丝群推送本场直播活动
20：15～20：20	直播过程	讲解商品	分享护肤注意事项，并讲解、试用第一款商品	配合主播演示商品使用方法和使用效果，引导用户下单	在直播间添加商品链接；回复用户关于订单的问题
20：20～20：30		互动	为用户答疑解惑，与用户进行互动	引导用户参与互动	收集互动信息
20：30～20：40		讲解商品	分享护肤补水的技巧，并讲解、试用第二款商品	配合主播演示商品使用方法和使用效果，引导用户下单	在直播间添加商品链接；回复用户关于订单的问题
20：40～20：50		福利赠送	向用户介绍抽奖规则，引导用户参与抽奖、下单	演示参与抽奖的方法	收集抽奖信息
20：50～21：00		讲解商品	讲解、试用第三款商品	配合主播演示商品使用方法和使用效果，引导用户下单	在直播间添加商品链接；回复用户关于订单的问题
21：00～21：55		商品返场	对3款商品进行返场讲解	配合主播讲解商品；回复用户的问题	回复用户关于订单的问题
21：55～22：00	直播结尾	直播预告	预告下一场直播的时间、福利、直播商品等	引导用户关注直播间	回复用户关于订单的问题

（三）单品直播脚本设计

单品直播脚本是指针对单个产品的脚本。在一场直播中，主播通常会向用户推荐多款产品，为了帮助主播明确产品的卖点，熟悉每款产品的福利，直播运营者最好为直播中的每款产品都准备一份对应的单品直播脚本。直播运营者可以将单品直播脚本设计成表格的形式，将品牌介绍、产品卖点、直播利益点、直播时的注意事项等内容都呈现在表格中、这样既便于主播全方位地了解产品，也能有效地避免在人员对接过程中产生疑惑，如表5－13所示。

表5－13　　某品牌雨伞的单品脚本

项目	商品宣传点	具体内容
品牌介绍	品牌理念	××品牌以向用户提供精致、创新、健康的日用品产品为己任，该品牌主张以愉悦、创意、真实的生活体验丰富人生，选择××品牌不只是选择一个产品，更是选择一种生活方式
商品卖点	用途多样	具有遮阳、防雨等多种功能
	产品具有设计感	①采用自动收缩设计，解放双手；②大小适当，可以收起放在女士手提包里
直播利益点	“618”特惠提前享受	今天在直播间内购买此款雨伞享受与“双十一”活动相同的价格，下单时备注“主播名称”即可
直播时的注意事项		引导用户分享直播间、点赞等；②引导用户加入粉丝群

素质素养养成

（1）在策划直播方案时，同学们要注意团队协作，有全局意识。

（2）在撰写直播脚本时，要具备用户营销意识、原创意识和诚实守信意识。

活动分组

活动分组如表 5－14 所示。

表 5－14　　学生活动分配表

<table>
<tr><td>班级</td><td colspan="2"></td><td>组号</td><td></td><td>指导教师</td><td></td></tr>
<tr><td>组长</td><td colspan="2"></td><td>学号</td><td colspan="3"></td></tr>
<tr><td rowspan="6">组员</td><td>姓名</td><td colspan="2">学号</td><td colspan="2">姓名</td><td>学号</td></tr>
<tr><td></td><td colspan="2"></td><td colspan="2"></td><td></td></tr>
<tr><td></td><td colspan="2"></td><td colspan="2"></td><td></td></tr>
<tr><td></td><td colspan="2"></td><td colspan="2"></td><td></td></tr>
<tr><td></td><td colspan="2"></td><td colspan="2"></td><td></td></tr>
<tr><td></td><td colspan="2"></td><td colspan="2"></td><td></td></tr>
<tr><td>活动分工</td><td colspan="6"></td></tr>
</table>

合作研学

（1）策划三农产品直播方案。

（2）撰写一份时长 2 小时的三农产品整场直播脚本。

考核评价

填写表 5－15 所示的考核评价表。

表 5－15　　考核评价表

被评小组：__________　小组成员：______________________________

序号	评价内容	分值	自评	互评	教师评分	教师点评
1	直播策划方案是否完整	25				
2	是否撰写完整的直播脚本	30				
3	是否分析了直播流程的要点	25				
4	素质素养目标是否达成	20				

总分：__________

拓展训练

任选一款商品，撰写单品直播脚本。

活动二　直播营销活动实施

学习目标：

1. 知识目标

（1）掌握直播流程的基本知识。

（2）掌握主播的话术运用。

（3）了解完整的直播环节。

2. 能力目标

（1）能设置直播平台、调试直播账号、测试直播设备。

（2）能选择符合直播间要求的商品。

（3）能完成一场直播。

3. 素质素养目标

（1）培养团队协作、精益求精、劳模工匠的专业精神。

（2）培养行业自律意识，营造积极向上的直播间氛围。

（3）培养遵纪守法意识和风险防范意识。

重点难点：

1. 重点

（1）直播团队打造。

（2）直播话术应用。

（3）直播选品应用。

2. 难点

（1）直播选品应用。

（2）直播话术应用。

活动描述

观看活力 28 衣物清洁旗舰店直播间三位大叔主播的带货直播，从直播设备、场地选择、商品搭配、主播人设、话术整合等多角度进行学习，设计并完成一场三农产品直播，如图 5－14 所示。

图 5－14　活力 28 衣物清洁旗舰店直播间

知识准备

一、直播团队构建

无论是个人还是商家，要想真正做好直播带货，组建直播团队是非常必要的。根据直播工作岗位设置、工作内容、工作流程等要素，个人或商家可以组建不同层级的直播运营团队。一般分为：低配版（主播、运营）、标准版（主播、编导、助理、运营、选品）和豪华版（主播、编导、助理、运营、选品、场控、客服、拍摄、剪辑），常见的是如表 5－16 所示的标准版。

表 5－16　标准版直播团队

岗位	职能分工
主播	熟悉商品及直播话术、负责促销活动及商品展示、为用户答疑、营造直播间氛围，直播内容复盘总结
编导	策划直播方案、撰写直播话术、监测直播效果，直播内容复盘总结等
助理	上架及下架商品、调试直播设备、引导直播间用户关注、配合主播直播

续表

岗位	职能分工
运营	负责直播间选品、定价、制定促销方式等直播平台活动的运营，调试直播设备，监测直播效果，直播内容复盘总结等
选品	了解用户需求、招募品牌商和供应商、选择商品、开展价格谈判、维护供货商关系，以及协助处理售后事务等

二、直播设备

（一）直播基础设备

在直播筹备阶段，直播运营团队要将直播使用到的手机、摄像头、灯光、网络等直播基础设备调试好，防止设备发生故障，以免影响直播活动的顺利进行。

目前，直播的主流设备是手机。直播团队只需要在手机上安装直播软件，通过手机摄像头即可进行直播。使用手机进行直播，需要准备至少 2 台手机，并且在 2 台手机上同时登录直播账号，以备不时之需。不过，受手机电池电量、网络信号等因素制约，直播团队使用手机进行直播时，还需要借助以下辅助设备进行优化。如图 5－15 和图 5－16 所示是 2 种不同种类的摄像头，图 5－17 所示为带直播支架的环形美颜灯，图 5－18 所示为八角补光灯，图 5－19 所示为电容话筒。

图 5－15 有固定支架摄像头

图 5－16 可拆卸式摄像头

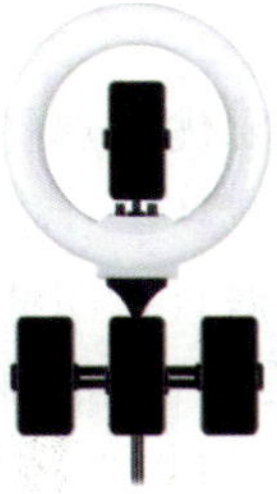

图 5－17 环形美颜灯

图 5－18 八角补光灯

图 5－19 电容话筒

（二）直播辅助设备

直播辅助设备包括直播商品、直播活动宣传物料、直播中需要用到的辅助道具等。直播活动宣传物料包括直播宣传海报、直播宣传贴纸等各种能够在直播镜头中出现的宣传物料。

辅助道具包括商品照片、做趣味实验要用到的工具、计算器等，巧妙地使用辅助道具能够帮助主播更好地展示商品，让用户理解直播内容和商品特性。

三、直播平台设置

未经设置的直播间，用户在进入直播间后可能无法直观地了解直播内容，很容易造成用户流失的情况。为了提升用户的留存率、减少现场跳出率，在选择直播间类别后，直播团队需要对直播间封面、直播第一幕画面进行设置，以满足直播需求。

（一）直播封面信息设计

直播封面是用户进入直播间之前了解直播内容的窗口，好的直播封面可以提升直播间关注度。直播封面中的信息包括直播主题、直播时间、直播商品名、主播等，直播团队具体可以根据直播平台规则及活动需求进行设置，配图不宜太过凌乱，色彩均衡，以达到能够让用户准确地抓住直播核心信息的目的。

（二）直播第一幕画面

直播团队应保持直播封面与直播第一幕画面的相关性，防止用户看到直播封面进入直播间后发现内容与直播封面不相关而产生心理落差，直播第一幕画面尤为重要，避免在直播前几分钟总是显示与内容无关或不和谐的杂乱画面。

四、直播场地的选择与布置

（一）直播场地的选择

1. 场地分类

直播营销活动的场地分为室外场地和室内场地。直播运营团队要根据直播营销活动策划的需要选择合适的直播场地，选定场地后要对场地进行适当的布置，为直播营销活动创造良好的直播环境。

室内场地，即主播在室内进行直播。直播团队可以在办公室、店铺、住所、会议场地等地方搭建直播间。室外场地，则是主播在公园、商场、广场、景区、农田等室外场所直接进行直播。

2. 场地选用方法

直播团队选择直播场地，有以下 2 个常用方法。

（1）根据商品场景选择直播场地。直播团队进行场地筛选时，要优先选择与商品相关的场景，以拉近与用户之间的距离，加深用户观看直播的印象。

（2）根据现场人数和直播内容确定场地大小。直播团队可以根据直播团队的人数确定场地大小。一般情况下，室内场地的大小为 8～40 平方米。如果是个人主播，那么，可以选择 8～15 平方米的房间作为室内直播场地；如果是直播团队，那么，可以选择 20～40 平方米的房间作为室内直播场地。而对于需要邀请很多嘉宾的大型直播活动，如粉丝见面会、新品发布会、年会直播等，直播团队可以选择面积较大的室内会议场所或室外封闭场地。

（二）直播场地的布置

直播场地的布置一般是指直播间的布置，直播间是一场直播传达视觉形象的重要途径。风格定位与用户需求、商品特点高度契合的直播间，更有助于提升用户对主播及直播间的好感度。直播间的布置主要包括 3 个要素：

1. 直播间的空间布局

直播间的空间布局是直播团队按照直播画面的需要进行设定的。在普通的室内直播间，一般出现在直播画面中的包括背景墙、主播及助理。其他工作人员和与所推荐的商品不相关的物品一般不会出现在直播画面中。因此，在空间的布局上，一般可以将直播间分为背景区、主播活动区（包含商品展示区）、硬件摆放区及其他工作人员活动区。其中，硬件摆放区包括提示区、摄像机摆放区、监视器摆放区。背景区和主播活动区域需要出现在直播画面中，而其他工作人员活动区不会出现在直播画面中。

在主播活动区中，主播要站在最合适的位置——既要出现在直播画面的主要位置，使主播的脸部在直播画面中能够被清晰地呈现；又不能距离摄像头太近，从而使直播画面更具层次感和立体感，如图 5－20 所示。

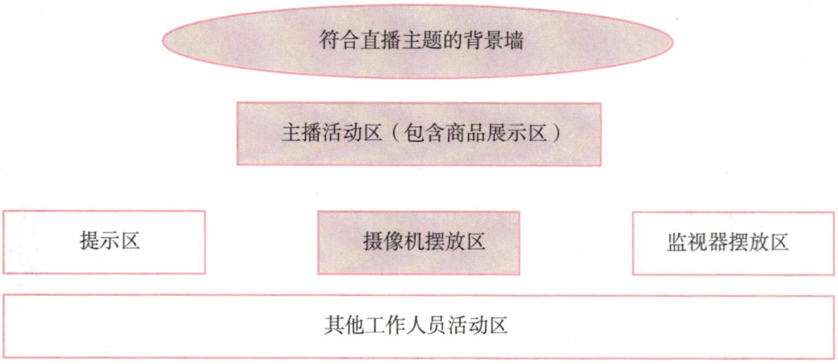

图 5－20　直播间的空间布局

2. 直播间的背景装饰

直播间的背景装饰需要符合直播的主题及主播的人设。同时，使用以下技巧来装饰直播间：

（1）背景颜色。如果主播的人设风格是有亲和力的，那么，直播团队可以使用暖色风格的背景墙或窗帘。如果主播的人设风格是成熟稳重的，则直播团队尽量设置纯色的背景墙。

（2）装饰点缀。如果直播背景区域比较大，为避免直播间显得过于空旷，可以适当地添加一些小物品来丰富直播背景。

（3）置物架。如果直播背景墙或窗帘样式不能体现直播主题，直播团队就可以用置物架来调节。

3. 直播间的光线布置

合适的光线能够提升主播的整体形象，从而起到提升商品展示效果的作用。一般情况下，直播间的光照布置有以下 6 个技巧。

（1）自然光利用：如果直播间有窗户，可以尽量利用自然光源。确保窗户旁边没有遮挡物，如窗帘或家具，使阳光能够充分照射到直播区域。但要注意避免强烈的阳光直射，以免造成过曝或阴影。

（2）主光源设置：选择适当的主光源来照亮主播或主要拍摄区域。可以使用吊灯、台灯或专业摄影灯具。主光源应该放置在高处，以避免阴影和眩光。根据需要，可以使用不同色温或亮度的灯光来达到期望的效果。

（3）补光灯设置：为了补充主光源的不足或去除阴影，可以添加补光灯。补光灯可以是柔和的光源，如环形灯、柔光板或柔光灯罩。它们可以放置在主播或物体的侧面或背后，以提供均匀的光照效果。

（4）背景光设置：通过设置背景光可以增加直播场景的层次感和视觉效果。背景光可以是柔和的光源或有颜色的灯光。可以将背景光放置在直播背景的上方或两侧，以突出背景或创造特定的氛围。

（5）色温和颜色控制：根据直播内容和氛围需求，可以选择适当的色温和颜色。暖色调可以营造温暖、舒适的氛围，适合某些主题直播。冷色调可以创造清爽、专业的感觉，适合某些商业或教育类直播。注意保持整体色调的统一和协调性。

（6）减少反光和阴影：使用光控制设备，如反光板、软光箱或遮光布，可以减少不必要的反光和阴影。这样可以提高画面的清晰度和观看体验。

五、直播间选品

（一）选品的三个维度

通常情况下，直播团队选品时需要从直播营销目标、市场需求、季节与时节 3 个维度进行考虑。

直播间选品

1. 直播营销目标

直播团队在不同的阶段可能会有不同的营销目标。例如，在缺乏影响力时，直播团队可能希望先通过定期的高频率直播来提升主播和直播间影响力；而已经拥有一定粉丝量的直播团队可能更希望尽快获取更多的营销收益。对于不同营销目标，直播团队采用的选品策略也不同。

2. 市场需求

市场需求，通俗而言，就是判断有多少人在多大程度上需要一个商品。判断市场需求有 2 个维度：一是需要使用的人数；二是需要使用的程度。需要使用的人数多，就是大众需求；否则就是小众需求。

3. 季节与时节

直播营销中的很多“大众刚需”型品类都会受到季节和时节的影响呈现旺季和淡季之分。对于这些商品，直播团队需要对以下问题予以判断：

多久更新一次商品？

在什么时间淘汰什么商品？

在什么时间进行直播间的清场促销？

在什么时间对直播间商品进行整体更新换代？

（二）选品的用户思维

不同的用户群体，有不同的消费偏好。直播团队只有把握直播间用户的消费偏好，按需选品，才能更容易实现营销目标。

1. 不同年龄用户群体的消费偏好及选品特点

如果按照年龄层的不同进行划分，可以把用户群体分为少年、青年人、中年人和老年人

4个群体，各自的消费偏好如下：

（1）少年：少年基本上没有消费能力，几乎所有消费需求都由父母来代为实现。但他们有自己的消费偏好，喜欢跟随同龄人的购买行为，且受视觉化宣传的影响较大。在进行商品选购时，不太考虑实际需求，更看重商品的外观，认为新奇、独特的商品更有吸引力。

（2）青年人：青年人追求时尚和新颖，喜欢购买能代表新生活方式的新产品。他们的自我意识较强，很多时候，都力图表现自我个性，因此喜欢购买一些具有特色的、体现个性的商品。青年人为人处世一般更偏重感情，容易产生冲动型消费。

（3）中年人：中年人的心理已经比较成熟，在购买商品时，更注重商品的内在质量和性能。由于中年人在家庭中的责任重大，他们很少会做出冲动型、随意型消费，多是经过分析、比较后才做出消费决定。在实际消费前，他们会对商品的品牌、价位、性能进行充分了解，在实际消费时，往往按照计划购买，很少有计划外的消费和即兴消费。

（4）老年人：老年人由于生活经验丰富，很少感情用事，消费也更偏向理性。他们量入为出，偏向节俭，在购买前，对商品的用途、价格、质量等方面都会进行详细了解，而不会盲目购买。他们已经养成自己的生活习惯，对于使用过的商品和品牌更加信任，因而会重复购买。

2. 不同性别用户群体的消费偏好

如果按照性别来划分，可以把用户群体分为男性用户和女性用户2个群体。2个群体的消费偏好分别如下。

（1）男性用户：男性用户的消费行为往往不如女性用户频繁，购买需求也不太强烈。他们的购买需求是被动的，如受家人嘱托、同事朋友的委托或工作的需要等。男性用户的审美往往与女性用户不同。对于自己使用的商品，他们更倾向于购买有力量感、科技感等男性特征明显的商品。如果直播间的目标用户群体是男性用户，那么，质量可靠、有科技感、极简风格的商品，可能更容易让他们做出购买决策。

（2）女性用户：女性用户是许多行业的主要消费群体，很多行业都非常重视女性用户的消费倾向。女性用户一般喜欢有美感的商品。她们在选购商品时，首先考虑的是这种商品能否提升自己的形象美，能否使自己显得更加年轻和富有魅力。因此，她们偏爱造型新颖别致、包装华丽、气味芬芳的商品。在她们看来，商品的外观（色彩、式样）与商品的质量、价格同等重要。

（三）选品的步骤

对于中小型的直播团队或新手直播团队，由于其缺乏自建品牌、自建供应链的能力，因而需要通过招商来进行选品。通过招商进行选品，一般有以下7个步骤。

1. 确定品类细节

在确定品类时，要注意用户需求。例如，对于服装类商品，用户偏爱什么风格、什么颜色、什么用途的服饰；对于家居用品，用户希望商品具有什么样的基本功能，喜欢什么样的商品造型，对商品包装有什么样的要求等。

2. 查看法律风险

对于某些商品品类，直播间是不允许销售的，直播团队应注意规避。

另外，对于涉嫌抄袭原创设计品牌的商品，如果直播间上架销售，会影响主播和直播团队的声誉。因此，对于看起来像爆款的商品或自称独家设计的商品，直播团队要注意审查是否会涉及侵权。

3. 查看市场数据

在当下，直播团队常用的专业数据平台有“新抖数据”“飞瓜数据”等。直播团队在选品环节，要注意查看的数据是商品的“直播转化率”，即了解商品销量和商品关联直播访问量的对比。这个数据能够帮助直播团队判断目标商品的市场需求有多大。

4. 了解专业知识

一方面，在竞争激烈的市场环境中，直播团队只有尽可能多地了解目标商品所属领域的专业知识，才可能把握商品的生命周期，在有限的时间内挖掘出商品的全部信息。另一方面，在当前市场几近透明的状态下，如果直播团队对商品有较强的专业认识，即使所销售的商品在直播平台竞争激烈，也能赢得用户的信任和支持。

5. 精挑细选，反复甄选

根据二八法则，20% 的商品一般能带来 80% 的销量。直播团队的甄选目标要尽可能地发掘出畅销的 20% 的商品。在这个筛选过程中，直播团队的专业程度决定筛选结果。

6. 品类升级

任何一款商品，都是有生命周期的。在直播间，今天的爆款商品，明天或许会被市场淘汰；今天发现的新品，明天或许就会被其他直播间跟风销售。对于直播团队来说，爆款商品被淘汰、被跟风销售是无法避免的。因此，直播团队在获得用户的支持之后，要及时地进行品类升级。

7. 商品搭配

按照商品在直播间功能的不同，直播间展示的商品可以被分为形象款商品、引流款商品、利润款商品 3 种类型，在整个营销的过程中，这 3 种商品发挥着不同的作用。

（1）形象款商品。形象款商品，一般是客单价比较高的商品，其价格、质量、特点都将会直接决定用户对主播、直播间及直播间商品的整体印象。因此，在为直播间选品时，需要认真挑选形象款商品。在直播间的商品配置中，形象款的比例可设置为 20% 左右，不宜过高。

（2）引流款商品。引流款商品，就是吸引用户在直播间停留的商品。为了吸引用户进入直播间并观看直播，引流款商品需要具有吸引力的低价。

在直播间，引流款商品一般在直播开始阶段被推荐。直播团队可以先用极低的价格吸引用户，再用限时秒杀的方式快速提升直播间的购物气氛，为直播营销打造一个效果良好的开端。

（3）利润款商品。利润款商品也叫“跑量”款商品，是指直播团队通过薄利多销的“跑量”方式来增加直播间的收益和整体利润。因此，利润款商品是直播间重点推荐的商品。在一场直播中，利润款商品可以多一些，达到 50% 以上。

六、直播商品定价

在直播间，商品的价格越低，用户的购买决策过程越短，越容易触发冲动型消费。那么，一款商品应该设置什么样的价格？

（一）价格锚点策略

价格锚点策略，即根据其他商品的价格来设定所推荐商品的价格。从用户的角度看，用户在不确定一个商品的价格是否“划算”时，就会参考其他同类商品的价格。如果有 3 款同类商品，且 3 款商品有 3 种不同的价格，用户一般倾向于选择价格居中的商品。因为对于最便宜的商品，用户会担心其质量不好或性能不高；而对于最贵的商品，用户会觉得其缺乏性价比，若购买就“吃亏”了。

（二）要素对比策略

用户购买一个价格更高的商品，往往会考虑各种因素。因此，若直播团队设定更高的价格，就需要为用户提供一个直观的关键要素对比表。例如，对于手机、计算机、生活电器产品，直播团队可以提供硬件配置对比表；对于服饰类产品，直播团队可以提供用料对比图、工艺对比图等。当用户看到差异时，就会倾向于购买“更好”的那款商品。

（三）非整数定价策略

非整数定价策略，即直播团队设定的商品价格以 9 或 8 结尾，而不是以 0 结尾。非整数价格，对用户有以下 3 方面的心理影响：

（1）非整数价格会让用户觉得这种价格经过精确计算。

（2）非整数价格与整数价格的实际差别不大，却会给人一种便宜很多的感觉。

（3）很多用户在看到商品价格时并不会认真去思考，多是“瞄一眼”，就会进入是否购买的决策环节。

（四）阶梯定价策略

阶梯定价策略，即用户每增加一定的购买量，商品的价格就降低一个档次。采用这种定价策略，可以吸引用户增加购买数量。阶梯定价策略适用于食品、小件商品和快消品。

此外，商品价格不是一成不变的，直播团队需要时刻分析市场动态，根据市场变化及时调整商品价格。

七、直播营销话术

（一）直播营销话术撰写原则

在直播中，直播营销话术的运用是否得当直接影响着直播的营销效果。直播营销话术是对商品特点、功能、效果、材质的口语化表达，是吸引用户在直播间停留的关键，也是促成商品成交的关键。主播在运用直播营销话术时，要注意以下要点。

直播营销话术

1. 用词规范

直播营销正在朝着规范化的方向发展，一系列规范直播参与者行为的政策、法规相继出台，因此主播的直播营销话术要符合相应的政策要求，在介绍商品时不能使用违规词，也不能夸大其词。主播在设计话术时，要避开争议性词语或敏感性话题，以文明、礼貌为前提，既能让表达的信息直击用户的内心，又能营造融洽的直播间氛围。

2. 话术专业

直播营销话术的专业性体现在 2 个方面：一是主播对商品的认知程度，主播对商品认知得越全面、越深刻，在进行商品介绍时就越游刃有余，越能彰显自己的专业性，也就越能让用户产生信任感；二是主播语言表达方式的成熟度，经验丰富的主播具有更成熟的语言表达方式，他们知道如何说才能让自己的语言更具有说服力，能以专业的语言表达能力来赢得用户的信任与支持。

3. 态度真诚

在直播过程中，主播要保持一种与用户交朋友的心态，以真诚的态度和语言介绍商品。真诚的力量是巨大的，真诚的态度和语言容易使用户产生共鸣，提高主播与用户之间的亲密度，这样用户才有可能配合主播进行互动。

4. 感染力强

为获得高成交率，直播营销话术的设计重点是主播在介绍商品时的语言要通俗易懂，并应搭配丰富的肢体语言、面部表情等，使自身的整体表现具有很强的感染力，能够把用户带入设置的场景中。

（二）直播营销话术撰写步骤

直播的不同环节，对应话术重点和操作要点有所不同，开场主要做打招呼、直播计划、直播活动、引导关注/分享等4个内容；直播过程主要涉及互动、商品讲解、促单；直播收尾主要是表示感谢、直播预告、引导关注。

1. 直播开场话术

直播开场话术示例如表5－17所示。

表5－17　直播开场话术示例

话术应用场景	话术技巧	示例
开播欢迎	介绍直播商品情况，介绍优惠或折扣力度	嗨，大家好，我是××，欢迎大家来到××直播间，今天是“618”，年中大促销，我为大家带来×款超值商品，今天直播间的朋友可以享受超低直播价哦
开播欢迎	制造直播稀缺感	嗨，大家好！欢迎来到直播间，今天晚上的直播有超多的惊喜等着你，超高品质的商品都是超低价“秒杀”，机会难得，大家一定不要错过哦
	引导用户互动留言，激发用户的参与感	感谢大家百忙中来看我的直播，大家今天晚上有没有特别想实现的愿望啊？大家可以在评论区分享哦，万一我一不小心就帮你实现了呢
开播暖场	设置抽奖活动，引导用户参与互动	话不多说，正式开播前先来一波抽奖，今天是七夕节，在评论区输入口号“我爱你”，我会随机截屏5次，每次截屏的第一位朋友将获得52元现金红包
引导关注	强调签到领福利	喜欢××直播间的朋友，记得关注一下直播间哦，连续签到5天可以获得一张10元优惠券
	强调直播内容的价值	想继续了解服装搭配技巧/美妆技巧的朋友们，可以关注一下主播哦！
邀请用户进群	设置福利，体现服务内容的价值	今晚我们为观看直播的朋友们专门建立了一个免费的美妆交流群，欢迎加入，我会不定期在群里为大家分享一些护肤方法和化妆技巧

2. 直播过程话术

直播营销的对象是消费群体，是形形色色不同类型的人。主播要设身处地地站在用户的立场上思考问题，深入了解目标用户群体的现状与内心感受，挖掘出其真正的需求，找到他们的“痛点”。直播过程话术示例如表5－18所示。

表 5－18　　直播过程话术示例

话术应用场景	话术技巧	示例
活跃直播间氛围	强调优惠	这款护发素市场价格是 79 元，今晚直播间的朋友们下单只需 59 元就能买到，可以送给妈妈、送给爱人，真的特别值
	强调价值	21 天绝对让你的 PPT 水平上一个新台阶
	使用修辞手法	啊！好闪，钻石般闪耀的嘴唇
转场引起下文	提问互动，引出下文	看了刚才的 PPT 演示，不知道大家以前是怎么做的呢，欢迎在评论区里留言哦
	说明商品特色，引出下文	下面我教大家如何在 15 秒内画好眼线，有人会说这怎么可能呢？因为我有这款非常好用的眼线笔
激发用户对商品的兴趣	提高商品的价值感	我给大家争取到了最优惠的价格，现在买到就是赚到
	灌输概念	买这个颜色的口红，是你驾驭口红的颜色，而不是口红的颜色驾驭你
	场景还原	穿着白纱裙在海边漫步，享受温柔海风的吹拂，空气里仿佛充满了夏日阳光的味道
	强调卖点	这款便携式榨汁机是我用过的榨汁机中最好的一款，它的外观设计和安全设计非常好！今天我为大家争取到了 8 折的优惠价，买了它绝对超值
引导用户下单	强调售后服务	我们直播间的商品都支持 7 天无理由退货，购买后如果对商品不满意是可以退货的，大家放心购买
	与原价做对比	这款商品原价是 × 元，为了回馈大家的厚爱，现在只要 × 元，喜欢这款商品的朋友请不要再犹豫了，错过今天只能按原价购买了
	限时、限量、限购，制造紧张感	最后 50 件，大家抓紧时间下单吧；库存还剩 40 件、26 件……今天的优惠力度是空前的，这款商品今天商家只给了 × 件，今后再也不会按这个价格卖了
	偷换心理账户，强调价格优惠	这个真的很划算，3 包方便面的钱就能买到；这款液体眼线笔真的值得买，一支能用一年，算下来一天不到 3 角钱

直播营销的终极目的是把商品销售出去，所以主播在直播时要做好对商品的全面介绍，展示商品的完整形象。主播在直播间进行商品讲解的时候，可以遵循 FAB 原则，巧妙地介绍商品信息，处理好用户关心的问题，从而增加用户对商品的满意度，最终促成下单。

F（Features）：解决“产品是什么”，指属性或功效，即产品有哪些特点和属性。

A（Advantage）：解决“产品怎么样”，指优点或优势，即自己与竞争对手有何不同，或者说在同类型的产品对比中它有什么优势。

B（Benefit）：解决“产品能为顾客带来什么”，指客户利益与价值，这一优点所带给顾客的利益。

FAB 陈述：在进行产品介绍、销售政策（进货政策）、销售细节等表述的时候，针对客户需求意向，进行有选择、有目的的逐条理由说服。常用的句式：因为 F，所以它可以 A，这就意味着 B。

以音符形状的饰品举例：因为此吊坠是音符造型，所以线条流畅，别致动感，同时音符象征浪漫和快乐，这就意味着吊坠线条自然流畅，整体造型看起来就像跳动的音符一样舞动，寓意着您拥有这个首饰就一定会拥有一个像音乐一样的快乐人生。

3. 直播收尾话术

直播收尾话术示例如表 5－19 所示。

表 5－19 直播收尾话术示例

话术应用场景	话术技巧	示例
直播预告	说明直播主题、直播时间、直播中的利益点	明天下午 7 点，七夕节来啦！一定要锁定 ×× 直播间，福利已经为你们准备好啦！转发并关注直播间，抽出 100 位幸运宝宝平分 2 万元现金红包哦
下播	表达感谢，引导关注	谢谢大家，希望大家都在我的直播间买到了称心的商品，点击“关注”按钮，明天我们继续哦
	引导转发，表达感谢	请大家点击一下右下角的转发链接，和好朋友分享我们的直播间，谢谢
	强调直播间的价值观	我们的直播间给大家选择的都是性价比超高的商品，直播间里的所有商品都是经过我们团队严格筛选，经过主播亲身试用的，请大家放心购买。好了，今天的直播就到这里了，明天再见
	商品预告	大家还有什么想要的商品，可以在交流群里留言，我们会非常认真地为大家选品，下次直播推荐给大家
	预告直播利益点	好了，还有 × 分钟就要下播了，最后再和大家说一下，下次直播有你们最想要的 ××，优惠力度非常大，大家一定要记得来哦

（三）单品直播话术示例

维达手帕纸

1. 场景还原

家人们，问你一个问题，你的包里有没有长期放着一包手帕纸？有的家人，评论区里打“有”，家人们，你们知道为什么叫手帕纸吗？因为它的作用相当于传统的手帕，起擦拭作用，是一种清洁纸。比如洗手之后，可以擦手，有的时候，我们在外面，还可以用来擦擦脸上的汗，尤其是现在炎热的夏天。

2. 提高需求

手帕纸能够吸水，除去灰质，可以擦脸、手等很多部位，因此成了家家户户爱用的生活用品，手帕纸以柔软的纸制成，其主要成分为漂白木浆。本次直播间选定的商品是维达手帕纸。

3. 产品卖点

一张 4 层，湿水都不易破，（水）展示，基本上能应对各种状况。而且，家人们看，它采用精致压边工艺，纸张不易分层，4D 压花设计，更显精致，精选进口原生木浆，黄金配比，长短纤维紧密交织，给家人们展示一下，一包 8 张，共 18 包 。

4. 灌输概念

手帕纸真的给我们的生活带来很多方便，而且它的外形小，方便携带，它一张 4 层，湿水都不易破，用起来非常方便、耐用。我自己就在用，出差也天天带着！真的特别好用！而且主播以前都是和 2～3 个朋友共享一张，你有没有过？

5. 活动介绍

市场价19.9元/袋，直播间专享价9.9元。

6. 促单1

家人们，你们想不想要这款产品，一张4层，一包8张，共18包，想要这款产品的话，把“想要”两个字打在公屏上面啊。好，321，上链接！

提醒：家人们，注意一下，产品包装进行了升级，因此新旧包装随机发货，请各位买家注意。

7. 抽奖

家人们要不要抽奖？想的扣1，让我看到你们的热情，热情越高我抽的人数就越高，抽奖口令“家清洁活动大促”，主播截屏抽取第5名幸运观众，免费送婴儿纸抽，来，给家人们看一下。家人们，口令甩起来！抽到奖的家人，全款下单，收到货后，联系客服，退差价。

8. 促单2

家人们，库存不多，没付款的家人不好意思，我们先清理一下，现在还有手帕纸还有100单，没抢到的家人，抓紧时间去抢。直播间的福利，主播下播后，就恢复正价了。

9. 关注引导

“今天的直播接近尾声了，明天晚上××点~××点同样时间开播/明天会提早一点播，××点就开了，大家可以点一下关注哦，各位奔走相告吧！

10. 总结致谢

“感谢××位在线粉丝陪到我下播，更感谢从开播一直陪我到下播的粉丝×××、×××（榜单上的，点名就行），陪伴是最长情的告白，你们的爱意我记在心里了。”

八、直播风险的防范

（1）环节设置。企业策划网络直播活动，必须对各环节进行反复推演，尤其是涉及“转发奖”“扫码领取红包”等各环节时，防止活动出现技术问题。

（2）软硬件测试。一方面，需要熟悉直播软件的使用及各环节软硬件的配合，防止操作失误；另一方面，需要对网站、服务器进行反复测试，防止由于大批用户涌入而造成服务器瘫痪。

（3）话术审核。企业必须对主持人或主播的主持词进行严格审核，防止由于主持人或主播“信口开河”而违反相关的规定。

（4）弹幕监控。弹幕是指观看直播的用户发送的简短评论，可以以滚动、停留甚至更多动作特效方式出现在屏幕上，要对弹幕进行试监控，避免出现不和谐的字眼，及时屏蔽和回应。

（5）侵权检查。企业在直播前必须仔细检查，防止涉及版权保护的物料，引发官司。企业在直播营销开始前，必须检查平台资质。

素质素养养成

（1）在直播活动实施的过程中，同学们要具有团队协作、精益求精、劳模工匠的专业精神。

（2）在直播销售过程中，注意行业自律，营造积极向上的直播间氛围。
（3）在直播营销过程中，要养成遵纪守法意识和风险防范意识。

活动分组

活动分组如表 5-20 所示。

表 5-20 学生活动分配表

<table>
<tr><td>班级</td><td colspan="2"></td><td>组号</td><td></td><td>指导教师</td><td></td></tr>
<tr><td>组长</td><td colspan="2"></td><td>学号</td><td colspan="3"></td></tr>
<tr><td rowspan="6">组员</td><td>姓名</td><td>学号</td><td colspan="2">姓名</td><td colspan="2">学号</td></tr>
<tr><td></td><td></td><td colspan="2"></td><td colspan="2"></td></tr>
<tr><td></td><td></td><td colspan="2"></td><td colspan="2"></td></tr>
<tr><td></td><td></td><td colspan="2"></td><td colspan="2"></td></tr>
<tr><td></td><td></td><td colspan="2"></td><td colspan="2"></td></tr>
<tr><td></td><td></td><td colspan="2"></td><td colspan="2"></td></tr>
<tr><td>活动分工</td><td colspan="6"></td></tr>
</table>

合作研学

观看活力 28 衣物清洁旗舰店的直播，学习总结其直播经验，再根据活动一策划的直播方案和直播脚本，结合本节所学知识，设计并完成一场“三农”产品直播，将开场、过程、收尾各环节的截图贴在表 5-21 里。

表 5-21 农产品直播营销活动实施过程

直播开场	直播过程	直播收尾

考核评价

填写如表 5-22 所示的考核评价表。

表 5－22　考核评价表

被评小组：__________　小组成员：______________________________

序号	评价内容	分值	自评	互评	教师评分	教师点评
1	直播流程是否完整	20				
2	团队配合是否完美	20				
3	商品卖点讲解是否到位	20				
4	直播话术运用是否恰当	20				
5	素质素养目标是否达成	20				

总分：__________

拓展训练

将农产品直播过程形成实践活动总结。

活动三　直播营销推广

学习目标：

1. 知识目标

（1）了解直播发布前的主要优化内容。

（2）掌握直播推广引流的基本方法。

（3）理解直播账号矩阵运营的思想。

（4）理解直播结束后二次营销的方法。

2. 能力目标

（1）能优化和包装直播前的引流内容。

（2）能对直播进行推广引流。

3. 素质素养目标

（1）培养正确对待商业竞争，遵循市场规律的意识。

（2）培养成本节约和效率提升的优化意识。

（3）培养互联网思维和数据思维意识。

重点难点：

1. 重点

（1）直播互动预热。

（2）直播粉丝运营。

（3）直播复盘分析。

2. 难点

（1）直播互动预热。

（2）直播粉丝运营。

活动描述

2022 年 9 月 3 日贵州外事办邀请东方甄选开始了贵州行的专场直播。不仅直播销售贵州农特产品，也特别推介销售湄公河国家特色产品。凌晨结束的东方甄选贵州行专场直播带货销售创新纪录，单日销售额达到了 7 800 多万元，超过东方甄选爆火出圈热度最高时期的 6 800 万元销售额记录。通过本节内容的学习，请从直播开始前的优化、推广引流、账号矩阵化运营、数据分析等方面，分析本场“东方甄选”农产品直播成功的原因，并根据活动二农产品直播的活动，对自己的直播预告进行优化，对直播进行包装和运营推广。

知识准备

一、设置直播标题

标题的最大作用是吸引用户不假思索地进入直播间观看。一个好的标题应该能够准确地定位直播内容，并引起用户的观看兴趣。直播标题的字数不宜过多，5 ~ 15 个为宜，用一句话来展示直播内容的亮点，一定要避免空洞无物，没有信息量。

（一）福利型标题

一般秒杀、折扣、活动等优惠力度较大时，会在标题里设置利益点，吸引用户，在标题里利用“低价”“补贴”“优惠”等字样，如图 5 - 21 所示。

（二）悬念型标题

标题设置悬念，引发用户好奇，一般大品牌或者有大咖出现在直播间时会采用，在标题里利用“?”“你知道吗”“××来了”等字眼，如图 5 - 22 所示。

图 5 - 21 福利型标题

图 5 - 22 悬念型标题

（三）热点型标题

借助社会的热点话题或者热点事件，在标题里利用“双节”“双十一”等字眼，如图 5－23 所示。

（四）紧迫型标题

在标题里利用“！”“库存有限”“限时限量”等字眼，制造紧迫感，如图 5－24 所示。

（五）数字型标题

标题里设置数字，直接点明用户利益点，在标题里利用“买一送一”“2 件 9 折”等字眼，如图 5－25 所示。

图 5－23　热点型标题

图 5－24　紧迫型标题

图 5－25　数字型标题

二、设置直播封面图

封面图是直播的门面，好的封面图可以勾起用户的观看欲望，因此封面图已经成为直播间流量高低的直接关联因素，这就要求直播封面图一定要足够吸引人。相关统计表明，精心设计了封面图的直播间，其流量要比使用默认头像的直播间大得多。直播封面图应符合以下原则：干净、清晰、整洁；图片尺寸合理；色彩构成合理；背景禁用白色；封面图要考虑固定信息的展现；禁用合成图；封面图不要雷同；符合直播主题；拒绝低俗；打标要规范。

三、直播过程引流

直播引流，即直播团队通过一些方式为直播预热，让用户提前了解直播的内容，以便对直播感兴趣的用户在直播开播后进入直播间，增加直播间的在线人数。直播团队可以采用如下引流方法和技巧宣传直播活动，快速提升直播间热度。

直播引流

（一）引流内容发布的时间

一般情况下，19：00—21：00 是大多数上班族的休息时间，他们更可能在这个时间段观看直播，因此，这个时间段往往是直播间人数较多的时候，也是很多主播首选的开播时间。

不过，直播预告并不需要直播团队在这个时间段发出。由于直播预告的目的是引流，因此，直播团队需要在直播开播前就让目标用户看到直播预告。直播团队发布直播预告的提前时间不能太长，否则很容易让用户遗忘；但也不能太短，否则可能会影响预热效果。直播团队可以在正式直播前 1 ~ 3 天发布直播预告，为直播间引流。

（二）引流内容发布的节奏

引流内容发布的节奏也影响着引流的效果，如表 5 – 23 所示。直播预告应逐步放出消息，不断激发用户的好奇心。

表 5 – 23 引流内容发布的节奏

平台	形式/内容	发布节奏/时间点	意义
微博	悬念式倒计时海报	每天 2 条	设置悬念，激发好奇心
	抖音视频同步分发		多平台分发，避免流量丢失
	合作品牌逐步官宣	临开播前 3 天	整合品牌资源，进一步造势
抖音	悬念问题真人解答	每天 1 条	多为反问句，激发好奇心
	抖音热门话题挑战		借助抖音话题，加大扩散
	抖音平台话题扶持	从入驻到开播前	引发自媒体大号的关注和讨论
	直播间推荐入口	开播前至结束	对直播间持续引流

（三）私域流量渠道

直播团队可以进行直播引流的私域流量渠道有：微信公众号、微信朋友圈和社群等。

1. 微信公众号

直播团队可以在微信公众号中以长图文的形式介绍直播信息，同时插入贴片或海报，更清楚地说明直播的时间和主题。

2. 微信朋友圈

直播团队可以在每个成员的微信朋友圈，提前 1 ~ 3 天发布与直播相关的图文动态，作为直播预告。

3. 社群

直播团队可以创建自己的粉丝群，在开播前，将直播开播信息发布在粉丝群内，以引导粉丝到直播间观看直播。预告方式可以是短视频，也可以是宣传图，还可以是文字，如图 5 – 26 所示。

（四）公域流量渠道

公域流量渠道，即平台渠道。常用的公域流量渠道包括抖音、快手、视频号等短视频平台，以及微博平台。

1. 短视频平台

在开播前 3 小时，直播团队可以在抖音、快手、视频号等短视频平台发布短视频来预告

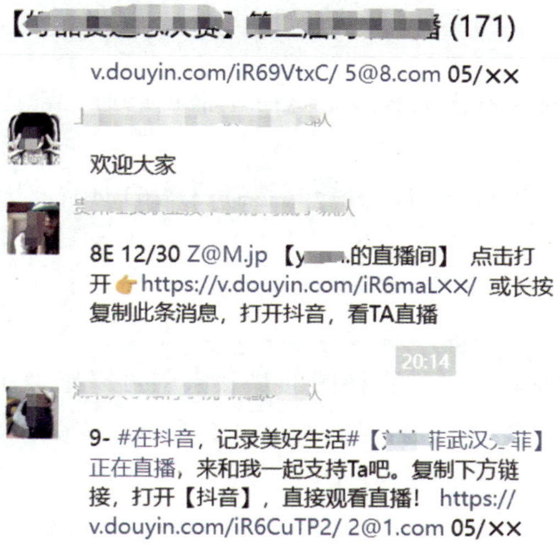

图 5－26　主播在社群发布的直播预热（网址虚拟）

直播信息。利用短视频发布直播预告的方式主要有以下 2 种。

第一种方式是由“常规的短视频内容＋直播预告信息”制成的短视频，即直播团队发布含有直播信息的短视频。

第二种方式是以直播预告为主要内容的短视频，即“纯直播预告式”的短视频。

2. 微博平台

一些电商平台的主播可以在微博平台进行直播宣传预热，吸引微博用户到直播间观看直播，如图 5－27 所示。

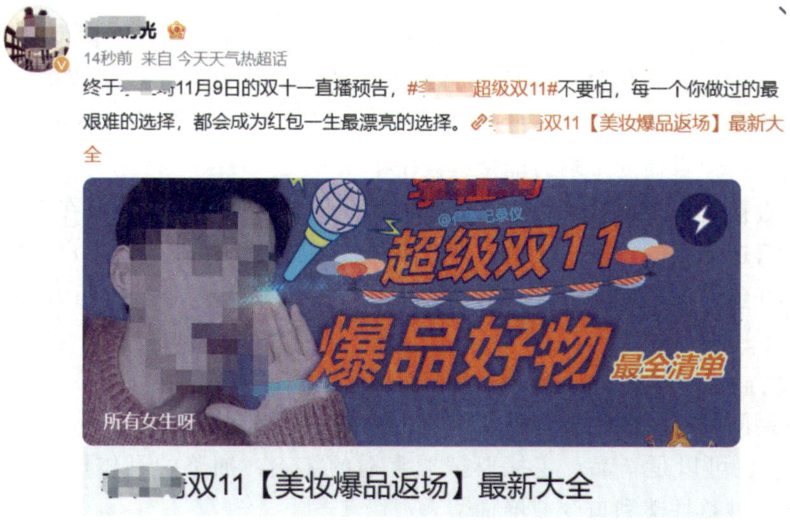

图 5－27　微博直播预热

（五）开展平台内付费推广

如果主播觉得自己的直播间人气不高，可以使用付费推广模式为直播间“引流”。抖音直播付费推广主要看 2 个维度：一是明确投放目的，精准投放；二是直接“加热”直播间。

四、直播互动预热

一般来说，开始直播时观看人数较少，这时主播可以通过剧透直播商品进行预热。

主播可以热情地与用户进行互动，引导其选择喜欢的商品。用回复口令进行互动的方式很快捷，直播评论区一般会形成“刷屏”之势，从而调动起直播间的气氛，为之后的直播爆发蓄能。

直播互动预热

在直播营销过程中，主播不能只顾着自己说话，还要引导用户热情地互动，以“炒热”直播间的氛围。直播间的热烈氛围可以感染用户，吸引更多用户观看直播。直播间的互动玩法有很多，如弹幕互动、派发红包或优惠券、设置抽奖环节、与知名人士合作等。

（一）弹幕互动

主播在直播过程中要随时关注弹幕的内容，并挑选一些能够渲染直播间气氛或能够促进商品销售的内容与用户进行互动，特别是用户的一些提问、建议、赞美等，如“能不能介绍一下这件商品的尺码、颜色”“能不能看一下商品的生产日期”“组合购买商品有没有优惠”等。

（二）派发红包或优惠券

给用户具体、可见的利益是主播聚集人气、与用户互动的有效方式之一。在直播期间，主播向用户派发红包或优惠券的步骤一般分为3步。

第一步，提前策划好派发时间。主播可以提前告诉用户派发时间，如5分钟或10分钟后准时派发，并引导用户邀请朋友进入直播间，这样不仅可以活跃气氛，还会增加直播间的流量。

第二步，让用户在站外平台抢红包或优惠券。除了在直播平台上派发红包或优惠券外，主播还可以在支付宝、微信群、微博等平台上向粉丝派发红包，或优惠券，并提前告知用户，但用户接收红包或优惠券的条件是加入粉丝群。这一步是为了向站外平台“引流”，便于在直播结束之后让直播的影响力能持续发酵。

第三步，直播过程中派发。到达策划好的时间后，主播或助理就要在平台上派发红包或优惠券。为了营造热闹的氛围，主播最好在发放之前进行倒计时，让用户产生紧张感。不同的直播间派发红包或优惠券的方式有所不同，每个主播都要找到适合自己的派发红包或优惠券的方式。

（三）设置抽奖环节

在使用直播间抽奖时要设计好抽奖流程，奖品一般是在直播间里推荐过的商品，可以是“爆款”商品，也可以是新品。主播要把握直播的节奏，抽奖的具体形式主要包括签到抽奖、点赞抽奖、秒杀抽奖和口令截屏抽奖。

抽奖要遵循以下2个原则。

（1）抽奖不能集中抽完，要将抽奖环节分散在直播中的各个环节。

（2）主播要尽量通过点赞数或弹幕数把握直播的抽奖节奏。

主播在抽奖环节要避免表5－24所示的错误。

表 5－24　主播抽奖环节常犯的错误

抽奖环节常犯的错误	正确方式
无明显告知，用户在进入直播间时无法在第一时间知道抽奖信息	通过口播、小喇叭公告、小黑板等多种组合方式说明抽奖规则和参与方法
无规则、随意	明确抽奖的参与方式，用点赞量达到某个标准为规则开始抽奖，避免整点抽奖
抽奖环节无任何互动	主播提醒用户刷指定的弹幕和评论，以活跃直播间的氛围，然后启动后台抽奖界面，提醒用户关注主播，提高中奖概率
抽奖只有一次，没有节奏	抽奖要有节奏，抽奖一次以后，需要先公布中奖用户，并告知下一次抽奖的条件，以延长直播时长，增加粉丝量

（四）与知名人士合作

主播要经常在直播间与其他主播或名人进行合作，一般分为与其他知名主播“连麦”和邀请名人进入直播间 2 种形式。

与其他知名主播“连麦”就是主播在直播间向其他知名主播发起连麦，也可以接受其他主播的连麦邀请，连麦成功后，直播界面一分为二，同时显示两个主播的视频互动画面。通过与其他主播连麦互动，可以增加直播的趣味性和互动性，为观众呈现更加多元、更加精彩的内容，吸引更多的观众停留直播间。

邀请名人进入直播间主要有“空降直播间”和“达人做客引流”两种方式，所起效果也有所不同。其中，空降直播间是指主播邀请明星空降直播间，加速直播前期曝光蓄水，提升直播可观性，这种形式在头部达人直播间已是常态；达人做客引流是指达人主播之间相互建联，对达人直播间的资源互换以及内容娱乐化效果起到双重利好。

此外，在直播间还可采用投票互动、游戏互动、促销互动等互动方式。

五、做好粉丝运营

主播通过直播吸引用户关注并不是最终目的，而是促进直播转化的一个重要途径。主播的粉丝数量增加可能会提升直播带货的数据，但要想一直维持下去，保持良好的运营效果，就必须做好粉丝运营，维持粉丝的黏性，给粉丝继续关注主播及其直播间的理由。具体措施包括：引导粉丝加入粉丝团；打造人格化账号；创作优质内容；实现高效互动。

六、直播活动二次传播

直播结束并不意味着整个直播工作的结束。在直播结束后，直播运营团队可以将直播活动的视频进行二次加工，并在抖音、快手、微信、微博等平台上进行二次传播，最大限度地放大直播效果。

为了保证直播活动二次传播的有效性和目的性，直播运营团队可以用 3 个步骤来设计直播活动的二次传播计划。

（一）明确二次传播目标

设计直播活动二次传播计划，首先要明确实施传播计划要实现的目标，如提高 100% 品牌知名度、提高品牌美誉度、提高商品销量等。

（二）选择传播形式

明确了传播目标以后，直播运营团队要选择合适的传播形式将直播活动的二次传播信息发布到网络上。目前常见的传播形式有视频、软文 2 种，直播运营团队可以选择其中 1 种形式，也可以将 2 种形式组合起来。

1. 视频

在直播结束后，制作直播活动视频，进行二次传播。包括录制直播画面、直播画面浓缩摘要和直播片段截取 3 种方式。

（1）录制直播画面。直播运营团队可以将直播画面全程录制下来，为其添加上片头、片尾、名称、主要参与人员等信息，制作直播回放视频，错过实时直播的用户可以通过观看直播回放视频来获取直播内容。

（2）直播画面浓缩摘要。直播运营团队选取关键的直播画面制作成视频，并为视频画面添加旁白或解说。

（3）直播片段截取。直播运营团队也可以从直播中截取有趣、温暖、有意义的片段，将其制作成视频发布到网上。

2. 软文

直播运营团队可以从分享行业资讯、提炼观点、分享主播经历、分享体验等角度切入，将直播活动的细节撰写成软文并发布到相关媒体平台上，用图文描述的形式向用户分享直播内容。

（1）分享行业资讯：对于严肃主题的直播，直播运营团队可以撰写行业资讯类软文来对直播活动进行二次传播。在行业资讯类软文中插入直播画面或直播视频片段，从而吸引更多的业内人士关注或回看直播。

（2）提炼观点：提炼观点是指将直播活动的核心内容，如新品的主要功能、企业未来的发展方向、产品未来的研发方向等提炼出来，并撰写成软文。

（3）分享主播经历：主播可以用第一人称撰写一篇类似日记、工作日志的软文，在软文中回顾直播过程。与用第三人称撰写的文章相比，用第一人称撰写的文章更有温度，也更容易拉近主播与用户之间的心理距离，所以采取这种方式来推广直播更容易引起用户的阅读兴趣。例如，“秋叶 × ×”在参加了一场直播后，就在自己的微信公众号上发表了一篇文章，在该文章中分享了他参加此次直播的感受和收获等。

（4）分享体验：分享体验就是从用户的角度出发，撰写一篇描述观看直播的体验或感受的软文。

（三）选择合适的媒体平台

确定了传播形式以后，直播运营团队要将制作好的信息发布到合适的媒体平台上。如果是视频形式的信息，可以发布在抖音、快手、秒拍、视频号、腾讯、爱奇艺、微博等平台上；如果是软文形式的信息，可以发布在微信公众号、知乎、百家号、虎嗅网等平台上。

七、直播复盘

直播复盘就是直播运营团队在直播结束后对本次直播进行回顾，评判直播营销的效果，总结直播的经验教训，并制定相应的改进优化策略，助力下一次的直播。

直播复盘

对于效果超过预期的直播活动，直播运营团队要分析直播各个环节的成功之处，为后续直播积累成功经验；对于效果未达预期的直播活动，直播运营团队也要总结此次直播的失误之处，并寻找改善方式，以避免在后续的直播中再次出现相同或类似的失误。

直播复盘主要有以下 5 个步骤：

（一）确定数据分析目标

直播营销活动复盘要依据数据进行分析，运营者首先要确定数据分析目标，才能有针对性地进行分析，从而使下一次直播营销活动的效果得到全面的优化。

通常来说，做数据分析的目标主要有以下 3 种：

（1）寻找直播间数据波动的原因，数据上升或下降都属于数据波动。

（2）通过数据分析寻找优化直播内容、提升直播效果的方案。

（3）通过数据规律推测平台算法，然后从算法出发对直播进行优化。

（二）搜集获取数据

有了数据分析目标，运营者接下来就要获取足够的数据。获取数据的渠道有直播账号后台，如图 5－28 所示的某账号抖音后台的直播数据，以及如图 5－29 所示的第三方数据分析工具“蝉妈妈”颜值达人今日直播榜单数据。

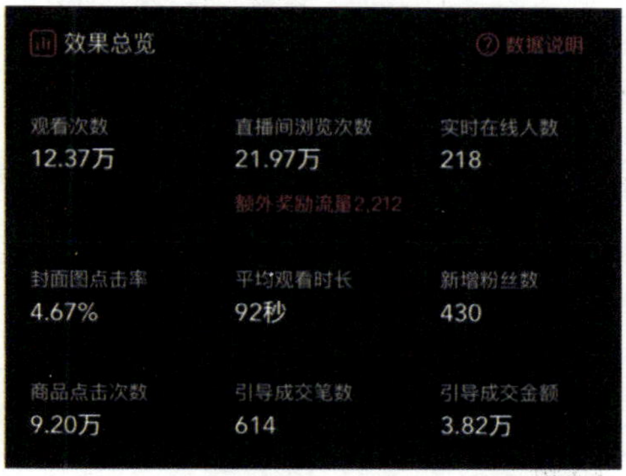

图 5－28　某账号抖音后台直播数据

达人	直播销量(件)	直播销售额(元)	带货热度	人气峰值	直播商品数	粉丝数
直播中	2.5w~5w	2500w~5000w	234.4w	2.4w	153	174.7w
	10w~25w	1000w~2500w	284w	2.9w	158	800.4w
	7.5w~10w	1000w~2500w	292.2w	3.2w	131	347.5w

图 5－29　“蝉妈妈”颜值达人今日带货直播榜单数据

（三）数据分析常见指标

1. 粉丝画像数据

粉丝画像数据包括性别分布、年龄分布、地域分布、粉丝活跃时间、观众来源等指标。图 5－30 所示为抖音某主播的粉丝年龄分布数据。

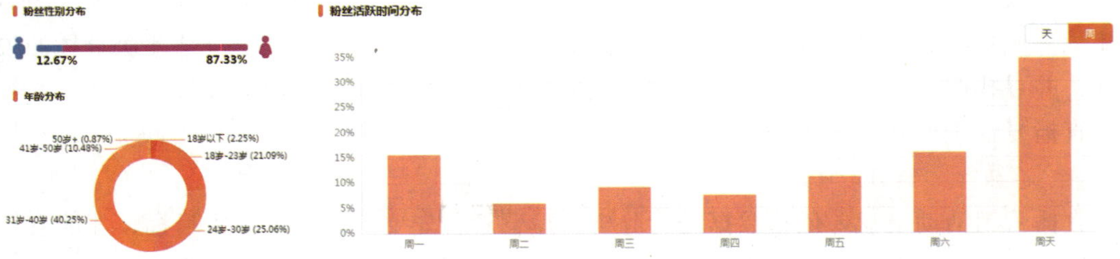

图 5－30 粉丝画像

2. 流量数据

流量数据，主要包括人气数据、在线流量、粉丝团人数等指标。

3. 互动数据

互动数据与弹幕热词相关联，在直播营销过程中，用户评论中出现次数最多的关键词会突出显示并反映在弹幕热词中，如图 5－31 所示。主播可以从中直观地看到用户的互动内容，了解用户都喜欢聊什么、对哪些商品的兴趣较高，发现其购买倾向和主要需求。这样在下次直播时，主播就可以准备更多的相关话题，以活跃直播间的氛围，或者在直播中持续推荐用户感兴趣的商品。弹幕热词数据包括弹幕总数、弹幕人数和观众互动率，观众互动率 = 弹幕人数 - 累计观看人数。

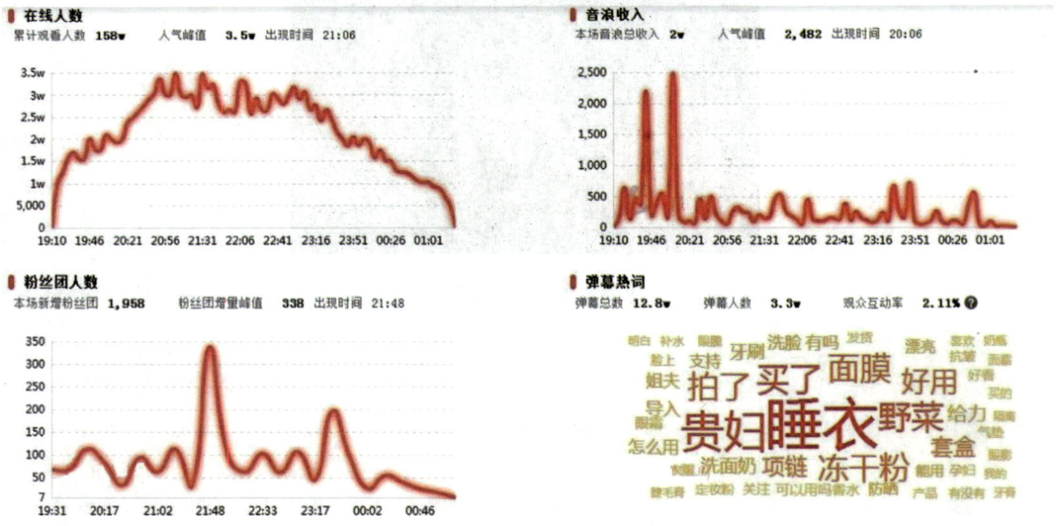

图 5－31 流量数据

4. 转化数据

转化数据主要有浏览互动数据、引导转化数据和直播“带货”数据。浏览互动数据包括商品展示次数和商品点击次数。引导转化数据包括商品详情页访问次数和我的橱窗访问次数。直播“带货”数据包括本场销售额、销量、客单价、上架商品等，如图 5－32 所示。

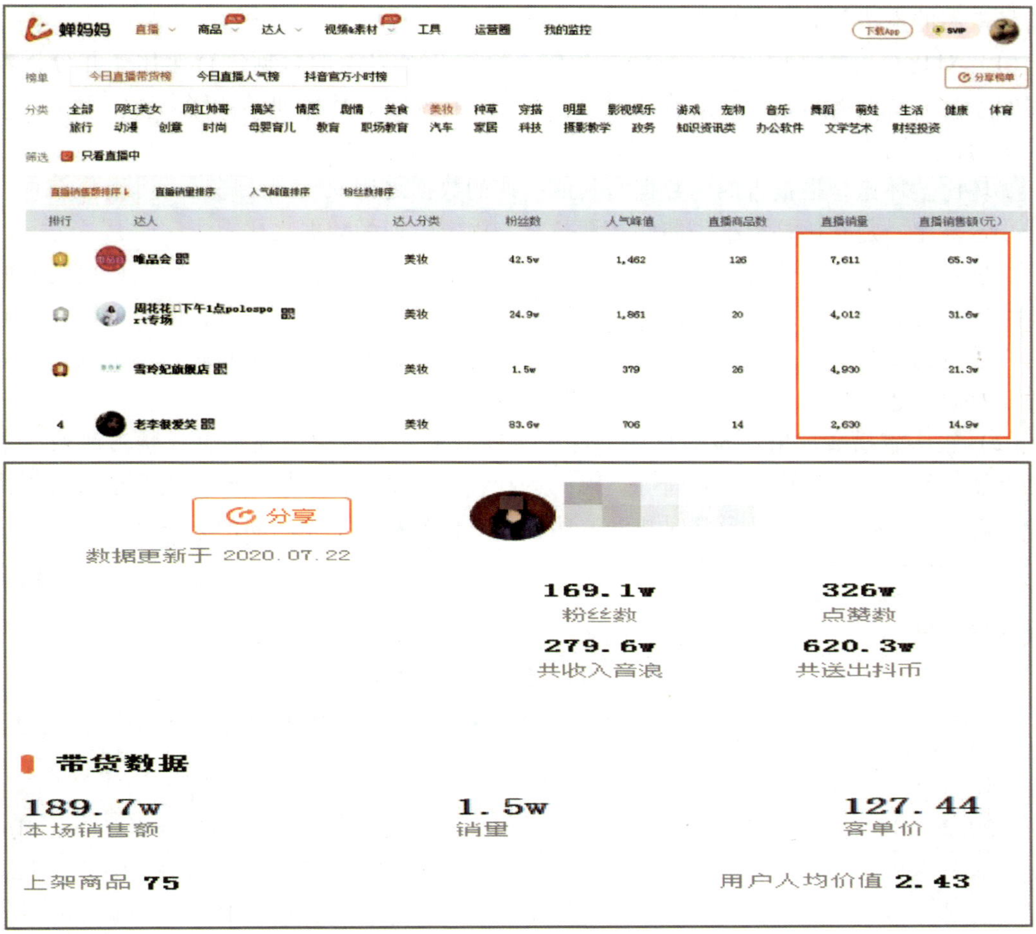

图 5－32　转化数据

（四）数据统计处理

数据统计处理是指对收集的数据进行排查、修正和加工，以便进行后续分析。直播目标不同，统计处理选取的数据也有所不同。例如，本场直播目标是卖货，可以选择收集销售额、订单量、客单价等带货数据；本场直播目标是吸引粉丝，可以选择收集粉丝画像数据、流量数据和互动数据等。通常，数据统计处理包括数据修正和数据计算。

（1）数据修正。无论是从账号后台或第三方数据分析工具获取的数据，还是人工统计的数据，都有可能出现异常，所以运营者要对收集的数据进行排查，发现异常数据后进行修正，以保证数据的准确性和有效性，保证数据分析结果的科学性和可参考性。

（2）数据计算。通过数据修正确保了数据的准确性以后，运营者可以根据数据分析的目标对数据进行计算，以获得更丰富的数据分析信息，激发更多的数据分析思路。数据计算包括数据求和、平均数计算、比例计算等。为了提高工作效率，运营者可以使用 Excel 等软件对数据进行计算。

（五）数据分析总结

在完成了数据的搜集获取与统计处理工作之后，运营者接下来就需要对数据进行分析，目前最常用的方法是对比分析法和特殊事件分析法。

（1）对比分析法又称比较分析法，指将 2 个或 2 个以上的数据进行对比，并分析数据之间的差异，从而揭示其背后隐藏的规律。对比包括同比、环比和定基比。

①同比。同比是指今年第 N 月与去年第 N 月的数据之比。

②环比。环比是指报告期的数据与其前一期的数据之比。

③定基比。定基比是指报告期的数据与某一固定时期的数据之比。

通过对比分析，运营者可以找出异常数据。异常数据并非指表现差的数据，而是指偏离平均值较多的数值。例如，某主播每场直播的新增用户数为 50～100 个，但某一场直播的新增用户数达到 200 个，这次的新增用户数与之前的相比偏差较大，因此属于异常数据。运营者需要对此类数据进行仔细分析，并查找其出现异常的原因。

（2）很多直播数据出现异常与某个特殊事件有关，如淘宝直播首页或频道改版、主播变更直播标签、主播变更开播时间等。因此运营者在记录日常数据的同时也要记录这些特殊事件，以便在直播数据出现异常时找到这些特殊事件与数据变化之间的关系。

知识链接

AIGC 在直播营销中的应用

AIGC 在直播营销中的应用主要体现在以下 3 个方面：

1. 数字人主播

2022 年以来，数字人几乎成为 AI 第一热门赛道，在诸多应用场景大放光彩。IDC 发布的《中国 AI 数字人市场现状与机会分析，2022》报告显示：中国 AI 数字人市场规模呈现高速增长趋势，到 2026 年中国 AI 数字人市场规模将达到 102.4 亿元人民币。

AIGC 技术可以创建数字人主播，实现 24 小时不间断的直播工作，为商家带来更多的曝光和销售机会。而且，相比真人主播需要场地、设备、团队，数字人主播可以降低直播运营成本，提高品牌竞争力。如图 5－33 所示的全国全媒体直播行业产教融合共同体数字人大使，正在宣读共同体成立章程。

图 5－33　全国全媒体直播行业产教融合共同体数字人大使

2. 直播文本生成

AIGC 技术可以为直播营销提供新的内容创作方式，包括直播方案策划、直播脚本生成等。如图 5-34 所示是百度文心一言基于文心大模型 3.5 的智能创作——生成汽车直播带货脚本，为品牌快速传播出圈注入全新动能。

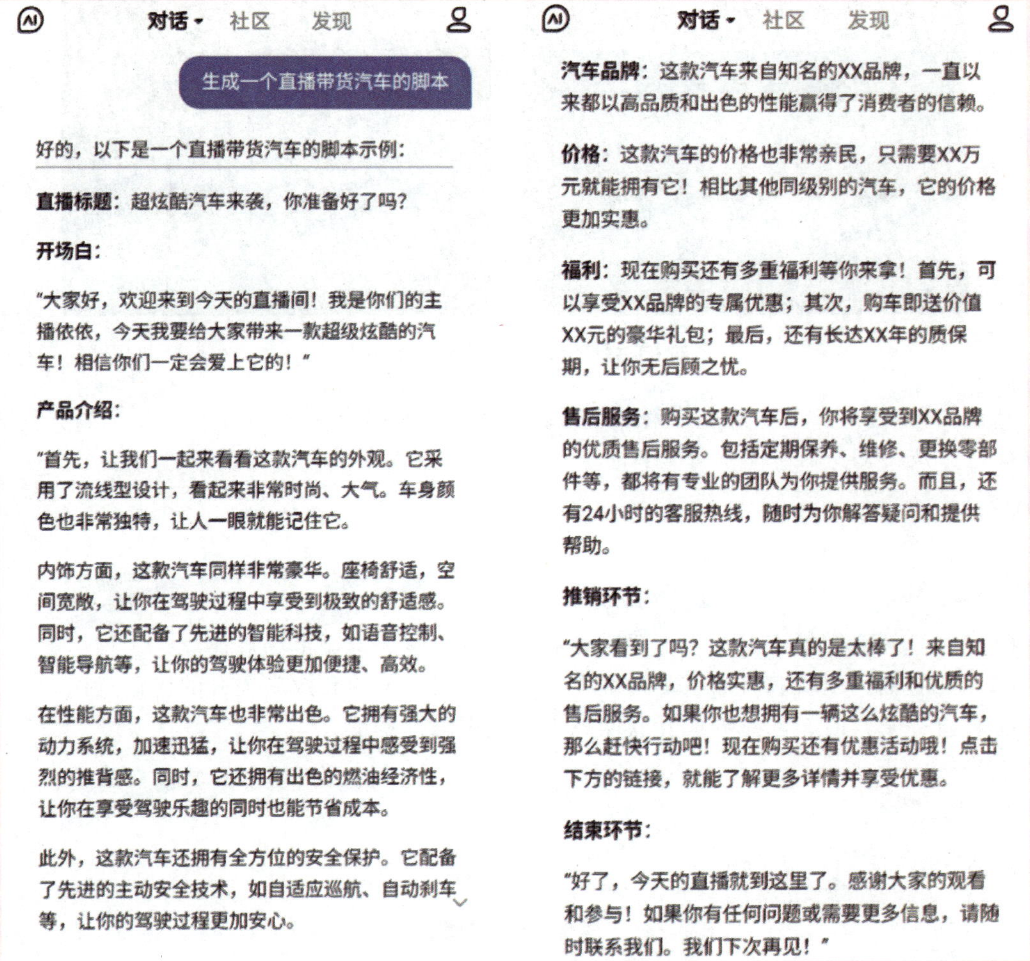

图 5-34　生成汽车直播带货脚本

3. 生成宣传海报

AIGC 生成宣传海报就是 AI 绘图，输入关键词就能生成精美图片。目前，已有众多公司开发出了 AI 绘图软件，如聪明灵犀、DreamGPT、AutoDraw、NovelAI、文心一格等，大多都有【AI 文生图】和【AI 图生图】两种 AI 绘画模式。如图 5-35 所示是百度文心一格的 AI 绘图界面。

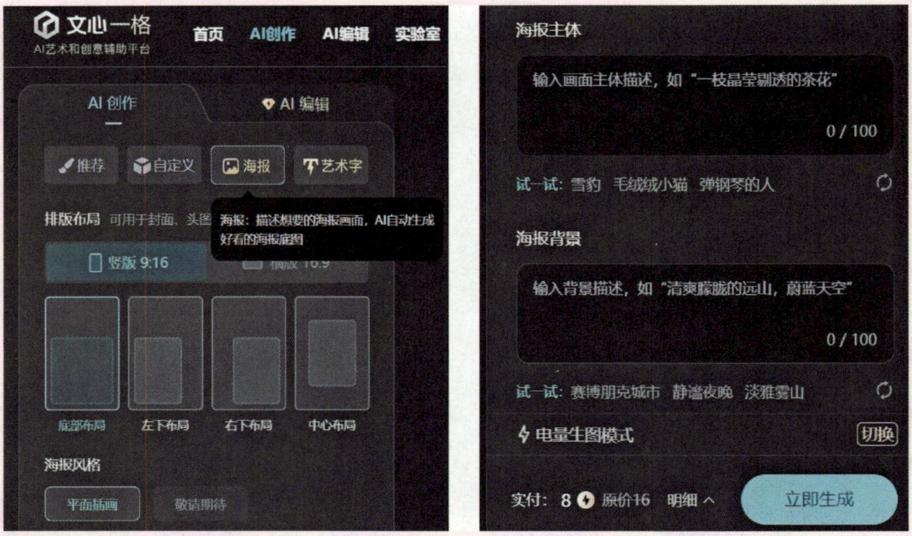

图 5-35 文心一格海报生成界面

显然，AIGC 应用在直播营销中，可以降低运营成本、创新内容创作方式、提高用户体验，从而提升品牌竞争力和销售额。

素质素养养成

（1）在直播营销推广过程中，要正确对待商业竞争，遵循市场规律。
（2）在直播间引流和直播互动过程中，要养成成本节约和效率提升的优化意识。
（3）直播复盘时，注意养成互联网思维和数据思维意识。

活动分组

活动分组如表 5-25 所示。

表 5-25 学生活动分配表

班级		组号		指导教师	
组长		学号			
组员	姓名	学号	姓名	学号	
活动分工					

合作研学

（1）观看一场东方甄选的直播，分析直播引流、在线人数、直播销售额、商品配置等环节，阐明本项直播成功的原因。

（2）对活动二的直播进行推广，并进行数据分析。

____

____

____

____

____

____

考核评价

填写表5-26所示的考核评价表。

表5-26　　考核评价表

被评小组：__________　小组成员：______________________________

序号	评价内容	分值	自评	互评	教师评分	教师点评
1	是否分析了直播各环节并阐述其成功原因	20				
2	是否完成了直播推广活动	30				
3	是否进行了数据复盘	30				
4	素质素养目标是否达成	20				

总分：__________

拓展训练

根据【合作研学】中的数据分析结果，形成Word版复盘报告。

项目六

6 微工具营销

知识概览

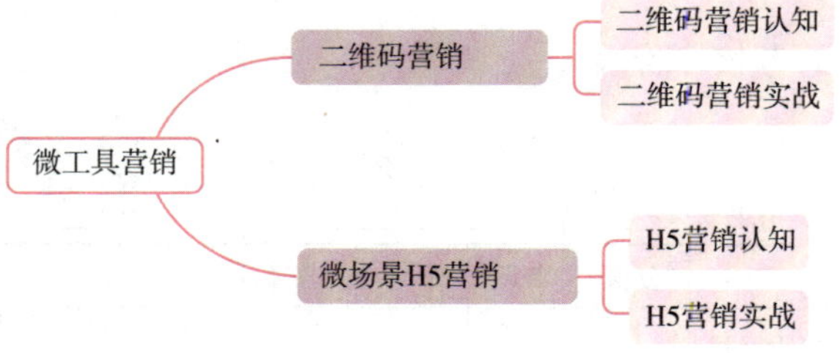

模块一
二维码营销

活动一　二维码营销认知

学习目标：

1. 知识目标

（1）了解二维码营销的概念。

（2）理解二维码营销入口设计的意义。

（3）掌握二维码营销的应用场景。

2. 能力目标

（1）能分析二维码营销和其他新媒体营销的区别。

（2）能进行二维码营销入口的创意设计。
（3）能够拓展二维码营销的应用场景。

3. 素质素养目标

（1）培养互联网思维和数据思维意识。
（2）培养审美情趣和创新思维意识。
（3）培养和践行社会主义核心价值观。

重点难点：

1. 重点

（1）二维码营销的优势。
（2）二维码营销的入口设计。
（3）二维码营销的应用场景。

2. 难点

（1）二维码营销的创意入口设计。
（2）二维码营销应用场景拓展。

活动描述

二维码是近年来移动设备上非常流行的一种编码方式，相比传统的条形码能存储更多信息，也能表示更多数据类型，已经广泛应用于我们生活中的方方面面。其中，二维码较为火热的应用是二维码与O2O（Online to Offline）模式的结合，即利用二维码的读取将线上的用户引流给线下的商家。腾讯公司创始人、董事会主席马化腾称“二维码是线上线下的一个关键入口。”

不论是线上还是线下渠道，用户都可以扫描企业或个人的二维码，以获取联系方式、加入社群、参与活动。比如，用户扫描并关注图6－1所示的相宜本草官方微信公众号二维码不仅能获得企业及产品信息，还可以进入官方商城购买产品以及会员服务。几乎所有新媒体平台都支持用户使用二维码进行身份验证及内容获取、传播和分享。

图6－1 相宜本草二维码（仅示意）

通过本节的学习和日常生活应用，谈谈二维码营销与其他新媒体营销的区别，并且规划一个二维码创意营销的入口设计方案。

知识准备

一、二维码营销的概念

（一）二维码营销的定义

二维码是用某种特定的几何图形按一定规律在平面（二维方向上）上分布的、黑白相间的、记录数据符号信息的图形。

二维码的特点主要有：信息容量大，比普通条码信息容量约高几十倍；误码率不超过千万分之一；编码范围很广，可以把图片、声音、文字、签字、指纹等可数字化的信息进行编码；易制作、成本低、持久耐用。

二维码营销认知

二维码营销是指通过对二维码图案的传播，引导消费者扫描二维码，推广相关的产品资讯、商家推广活动，刺激消费者进行购买行为的新型营销方式。

二维码营销的核心功能就是将企业的视频、文字、图片、促销活动、链接等植入在一个二维码内，再选择投放到名片、报刊、展会名录、户外、宣传单、公交站牌、网站、地铁墙壁、公交车身等。当企业需要更改内容信息时，只需在系统后台更改即可，无须重新制作投放，可方便企业随时调整营销策略，帮助企业以最小投入获得最大回报。用户通过手机扫描即可随时随地体验浏览、查询、支付等，达到企业宣传、产品展示、活动促销、客户服务等效果。

（二）二维码营销的优势

1. 运营成本低廉

二维码营销相比媒体广告、传单广告等，有着绝对的成本优势。二维码的呈现大大削减了版面数量，降低了印刷成本，不管企业的规模还是企业经营的方向，都可以使用二维码进行营销，可以给企业提供的物品、服务做宣传，提升企业的影响力。

2. 营销内容多样

单调的平面广告已经成为历史，现在只要在很小的地方印上一个二维码，就能在顾客面前展现无限多的文字、精巧的图片，乃至明晰的声音、动画及视频等。企业宣传不再受到版面、传播形式的限制，尤其是家电产品的纸质操作说明书，讲解不够清晰，还容易丢失，给用户使用产品带来不便。如图 6 – 2 所示为方太水槽式洗碗机上贴的二维码和扫码后展示的产品操作界面，客户扫描左侧的二维码，就能通过视频 + 图文形式展示的产品使用教程进行操作，清晰直观，方便易上手。

3. 互动效果增强

二维码营销能够盘活、整合、优化传统媒介资源，带动线上线下互动营销，又能丰富微信、微博等互动营销的形式，增强营销的效果，还能帮助广大传统企业通过智能手机这个重要媒介将大量的客户群进行线上线下的转化。

4. 广告效果精细

企业投放广告后，经过对每个二维码扫码数据的比较，能够轻松判别出性价比最高的推

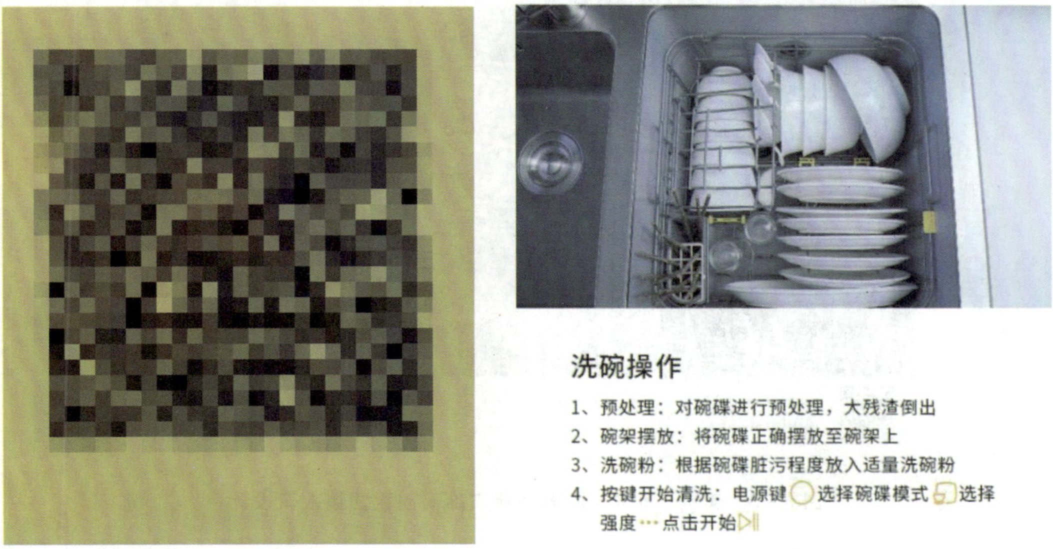

图 6－2 方太水槽式洗碗机产品使用说明二维码（仅示意）

行方法和推行时段，协助企业把钱花在刀刃上。二维码是根据智能手机媒体的营销，能够准确地盯梢和剖析每一个媒体、每一个扫码者的记录，包含消费者的扫码时刻、扫码地址、扫码方法以及扫码总量等，为企业挑选出最佳营销方式，这是其他媒体无法做到的。

5. 线上线下空间立体营销

商家使用各种优惠措施引导用户扫描自己的二维码，用户扫码后立刻浏览，经过流量转化，其间一部分潜在消费者就会变成线下的实际消费者，商家也可以依据流量转化率，及时调整营销方向。因此，二维码变成了实体店和线上消费的重要入口，跨过了实体、虚拟空间，拉近了商家和消费者之间的间隔。

6. 与传统媒体宣传完美结合

当前，许多广告或许多电视节目都会结合二维码，来吸引客户对二维码进行扫描；在举行企业活动的时候，可以将印有二维码的广告展现在显著的地方。因此，二维码可以与传统的广告媒体以及企业活动完美结合。

二、二维码营销的入口设计

（一）二维码创意性营销入口设计

二维码创意性营销入口设计就是将企业营销计划制订过程中所产生的创新理念或创意活动等融入二维码设计中，以实现营销目标。

2022 年“618”购物节到来之际，美的空调在广州发起了一场以旧换新的营销活动，即用旧的空调组装成一个巨大的二维码。市民扫描二维码之后，可以在线了解到“美的空调以旧换新”的全部活动细节。

在这个案例中，品牌方借助一个“网址链接二维码＋巨型的二维码＋旧空调”拼成的二维码，如图 6－3 所示，成功地吸引到了全网用户的注意力，为品牌的年中大促造足了声势！

图 6－3　美的“618”以旧换新二维码创意营销入口设计

（二）二维码内容营销入口设计

二维码内容营销入口设计是指通过设计有价值或有趣的内容，引导用户扫码并进行多媒介平台分发传播，以此来影响特定人群的关注，从而实现营销推广目的的一种二维码入口设计。

2022 年 6 月，首饰品牌 JIANTI 简缇的小红书账号发表主题为“可打开的二维码宝宝牌！刻画真实亲子视频片”的笔记，用 18K 金打造迷你纪念二维码宝宝牌，采用可抽取的机关设计，引发大量用户咨询如何定制、什么价格等的评论，如图 6－4 所示。首饰、印章、蛋糕、水杯、扇子、盘子等这些商品都可以为消费者提供比如亲子纪录片、情侣的美好回忆、亲人的美好记录等的个性化定制服务，将用户 DIY 的视频或者照片纪念二维码刻画在商品上，记录生活中的美好瞬间。

图 6－4　内容营销入口设计

（三）二维码传播性营销入口设计

二维码传播性营销入口设计就是针对消费者不自觉地在二维码扫描过程中，通过使用示范、语言或肢体动作等行为，影响到其他潜在消费者，使其产生购买欲望并实现购买的一种二维码入口设计。

2020 年 8 月，贵州雪花啤酒针对非现饮市场，选择“勇闯天涯 superX”500 听装做起了盖内码营销，消费者用微信扫描瓶盖内的二维码即可获得优惠奖励，奖励可能是红包、实物（音乐节门票、明星周边礼品、终端代金券等）、超勇币积分等，如图 6－5 所示。针对现饮场景，为鼓励整件下单消费，贵州雪花策划开展了“一物一码”活动，简称箱内码，消费者按瓶点单消费的现饮习惯极大地影响了容量和饮酒范围，只要通过微信扫码就有可能获得雪花高端产品或礼品（中奖率 100%），而且消费者可现场获得奖励。

图 6－5　传播性营销入口设计

案例中，“勇闯天涯 superX”500 听装从 2020 年 8 月到 2021 年 12 月，共售出 200 万听，2022 年 1～2 月销量同比又增长 175%。扫码率也从最初推出时的 1% 增加到了 2021 年 12 月的 82%，取得了极大的成功。

三、二维码营销的应用场景

当今互联网已渗透到线下场景的方方面面，许多生活中刚需的场景都需要借助移动端来进行体验或补充，二维码的存在成为打通线上和线下的入口，设置二维码的巧妙之处就在于需要营造出强烈的情境感，在适当的时间适当的地点实现引流。

（一）资讯信息类应用场景

二维码是一种可以存储大量信息的图形码。它具有信息容量大、易于识别、易于传播等优点，因此在各行各业各种场景中得到了广泛的应用，比如，商品溯源、资讯阅读、证照应用和预约签到等应用场景，如图 6－6 所示。

（a）商品溯源

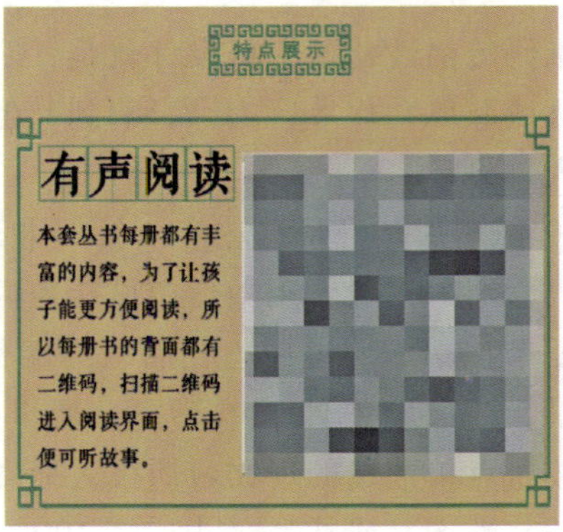

（b）咨讯阅读（仅示意）

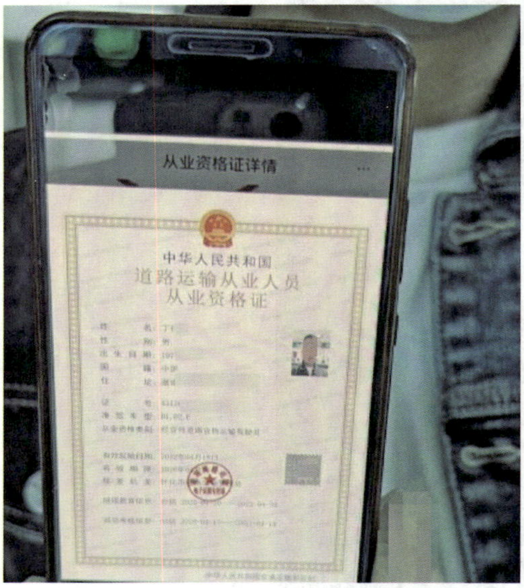

（c）证照应用

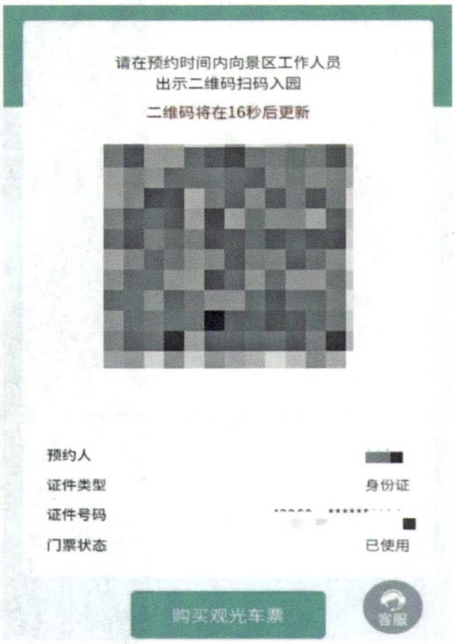

（d）预约签到（仅示意）

图 6－6　资讯信息类应用场景

（二）交易促销类应用场景

线下实体店或商品、外卖等场景，可以通过印在产品身上的专属二维码来连接线上，进一步展示详情、口碑、优惠、甚至引导私域流量。如图 6－7 所示，图 6－7（a）是红花郎推出“绽放全国 20 年，开盖扫码赢大奖”活动，购买活动指定产品，开盖扫码即有机会获得红花郎限量珍藏酒、现金红包、积分等奖品，最高可领取价值 26 800 元的 15L 红花郎限量珍藏大酒 1 瓶；图 6－7（b）是奶茶大王香飘飘在线下渠道布局的“一杯一码”，利用二维码强大的链接能力，实现全场景触达门店、采集多维度终端数据，深度精耕用户，其扫码赢 49 999 元的大型促销活动还极大地促进了终端门店动销，提升销量。

（三）宣传推广类应用场景

通过对二维码图案自身的传播，引导人们扫描二维码，来宣传产品和企业，增加“粉丝”，进而提升企业品牌知名度。图 6－8（a）是 2021 年 12 月 17 日昆明空中出现的无人机二维码，广大用户以为是浪漫的爱情表白，没想到扫进去竟然是“终结诈骗服务平台”公众号，网友称其为宣传界的天花板；图6－8（b）是上海博物馆展出的内部黑白格由大英博物馆100件展品构成的二维码，扫描以后，指向的是上海博物馆的微信公众号页面。此外，还有创吉尼斯世界纪录的世界上最大的各种二维码等，能引起世界范围的广泛关注。

（a）红花郎开盖扫码促销　　（b）香飘飘“一杯一码”促销

图6－7　交易促销应用场景（仅示意）

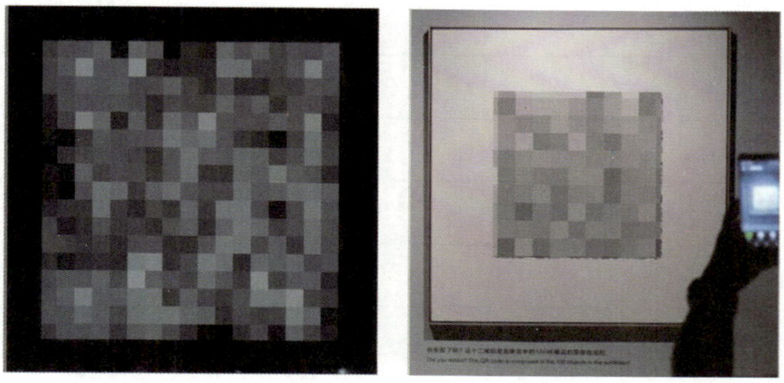

（a）服务平台无人机二维码宣传　　（b）博物馆展品二维码宣传

图6－8　宣传推广类应用场景（仅示意）

素质素养养成

（1）在理解二维码营销的概念和优势时，同学们一定要养成互联网思维和数据思维意识。

（2）在规划二维码营销入口设计时，同学们要具有审美情趣，养成创新思维意识。

（3）在拓展二维码营销应用场景的过程中，注意践行社会主义核心价值观，传播正能量。

活动分组

活动分组如表6－1所示。

表 6－1　学生活动分配表

班级		组号		指导教师	
组长		学号			
组员	姓名	学号	活动分工		

合作研学

（1）谈谈二维码营销与其他新媒体营销的区别有哪些？

（2）自选一款国潮产品，并为其规划一个二维码创意性营销的入口设计方案。

考核评价

填写表 6－2 所示的考核评价表。

表 6－2　考核评价表

被评小组：____________　小组成员：____

序号	评价内容	分值	自评	互评	教师评分	教师点评
1	二维码营销与其他新媒体营销的区别阐述得是否清楚	35				
2	二维码创意性营销入口设计方案是否新颖、实用	40				
3	素质素养目标是否达成	25				

总分：____________

拓展训练

在网上查找一个知名的二维码营销案例，分析其成功的原因。

活动二 二维码营销实战

学习目标：

1. 知识目标

（1）理解二维码生成的意义。

（2）掌握二维码生成和美化的基本操作。

2. 能力目标

（1）能利用公共样式生成一个具有特定意义的二维码。

（2）能对二维码的颜色、参数、背景等进行美化。

3. 素质素养目标

（1）培养互联网思维和数据思维意识。

（2）培养审美情趣，提升审美能力。

（3）培养动手实践能力。

重点难点：

1. 重点

（1）二维码的生成。

（2）二维码的美化。

2. 难点

（1）二维码的高级编辑。

（2）二维码的美化。

活动描述

二维码在品牌宣传和产品营销中具有重要作用，不仅可以帮助企业提高品牌知名度和用户互动性，还能提高销售效率和市场竞争力。制作一个美观、易读的微信二维码，可以让用户更方便地扫描关注，提高关注率；可以通过分享二维码，增加曝光度和粉丝数量；还可以展示出品牌的形象和风格，提高品牌认知度和辨识度，提升品牌的形象和价值。如图 6－9 所示的旅游行业二维码，分别与线下活动现场签到和企业网站建立营销接口，同时美观地展示了企业宣传活动和形象风格。

图 6－9 旅游行业二维码

根据活动一中规划的二维码创意性营销的入口设计方案，制作一个商业二维码活码并进行颜色、参数、背景等美化操作。

知识准备

一、二维码的生成

二维码的生成器软件有很多，如草料二维码、二维彩虹、联图网、二维工坊等。其中，草料二维码非常有名，能够提供二维码生成、美化、印刷、统计、管理等技术支持和行业解决方案。草料二维码非常容易上手，制作过程非常简易，且大部分功能都是免费的，无论是静态码还是动态码即活码，页面干净，功能齐全。

二维码营销实战

下面以草料二维码为例，介绍二维码的生成步骤。

第一步，在 PC 端浏览器中输入 https：//cli. im，打开草料二维码官网，如图 6－10 所示。草料二维码可将文本、名片、微信生成静态二维码，可将网址生成静态码或网址跳转活码，可将文件、图片和音视频生成活码，可将表单生成静态或动态活码，也可批量生码。其中，窗口右侧可预览生成的二维码并进行美化。

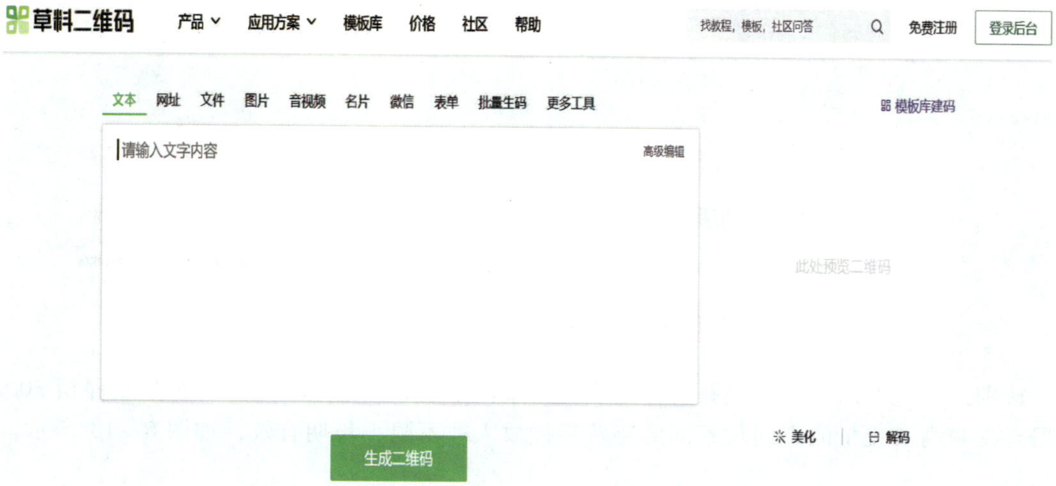

图 6－10　草料二维码首页

第二步，点击“网址”标签，选择“网址跳转活码”选项，输入网址，点击“生成跳转活码”就可以生成免费的、长期有效的网址跳转活码。在二维码图案不变的情况下，随时修改目标网址并统计扫描量，扫码时会有网址安全提示，如图 6－11 所示。

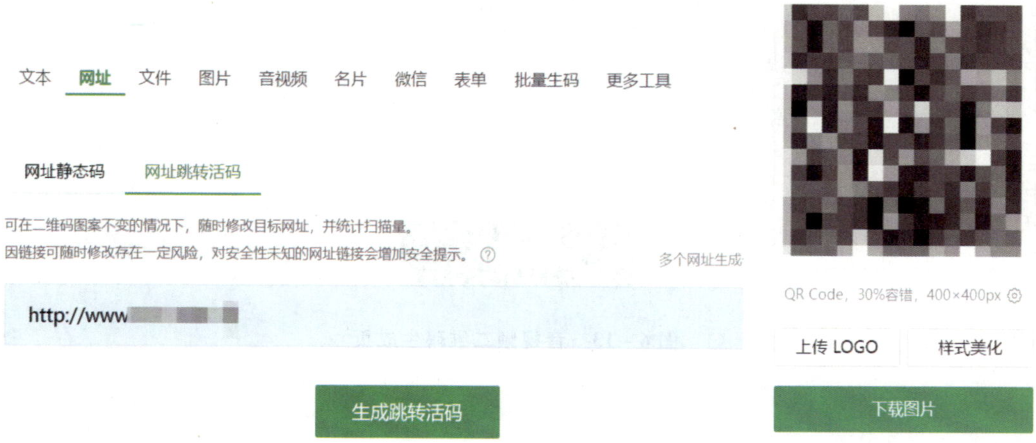

图 6－11　网址跳转活码生成（仅示意）

登录后台，可以看到所有已经生成并保存的二维码，选择对应的码，并点击“统计”按钮，可以查询如图 6－12 所示的统计数据。

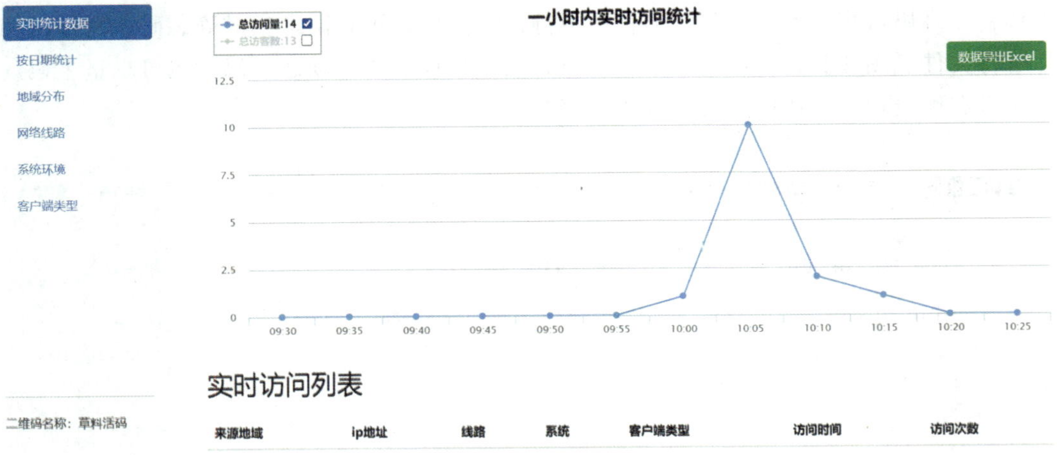

图 6－12　网址跳转活码统计数据

特别地，免费用户的音视频文件生成的二维码限前 5 人播放试用，音视频仅保留 30 天；根据音视频高清流量的不同付不同的年费后播放人数不限，长期有效，如图 6－13 所示。

图 6－13　音视频二维码生成页

二、二维码的美化

图 6－11 生成的网址二维码，可以点击“下载图片”直接使用，也可以上传 LOGO 或进行样式美化后再保存并使用，下面介绍二维码的美化步骤。

第一步，点击“上传 LOGO”按钮，弹出如图 6－14 所示的二维码样式编辑器，上传 LOGO 图片之后，右侧的二维码居中位置就添加了 LOGO。

图 6－14　上传 LOGO 二维码样式编辑器（仅示意）

第二步，点击编辑器左侧的“公共样式”标签，可以选择使用物品标签、展示宣传、签到登记、线上分享、人员管理、设备/区域管理等样式模板，并对模板中的图片、文字、二维码等进行修改，如图 6－15 所示的线上分享模板。

图 6－15　线上分享模板

第三步，点击编辑器左侧的“二维码”标签或直接点击右侧活动宣传单上的二维码，可以对码的颜色和参数进行设置，如图 6－16 所示。

图 6－16　二维码颜色和参数设置

第四步，点击编辑器左侧的“字段”标签或直接点击右侧活动宣传单上的字段，可以对活动页面的内容修改重新生码，还可以在码的顶部、中间和下方添加文字，如图 6－17 所示。

图 6－17　二维码字段设置

此外，还可以点击编辑器左侧的“背景”标签，则可以上传背景图，生成特定背景的二维码。

素质素养养成

（1）在生成二维码的过程中，同学们要增强互联网思维和数据思维意识。

（2）在美化二维码及其页面的过程中，要具有审美情趣，提升审美能力。

（3）在生成和美化二维码的实战中，提升动手实践能力。

活动分组

活动分组如表 6 – 3 所示。

表 6 – 3　学生活动分配表

<table>
<tr><td>班级</td><td></td><td>组号</td><td></td><td>指导教师</td><td></td></tr>
<tr><td>组长</td><td></td><td>学号</td><td colspan="3"></td></tr>
<tr><td rowspan="6">组员</td><td>姓名</td><td colspan="2">学号</td><td colspan="2">活动分工</td></tr>
<tr><td></td><td colspan="2"></td><td colspan="2"></td></tr>
<tr><td></td><td colspan="2"></td><td colspan="2"></td></tr>
<tr><td></td><td colspan="2"></td><td colspan="2"></td></tr>
<tr><td></td><td colspan="2"></td><td colspan="2"></td></tr>
<tr><td></td><td colspan="2"></td><td colspan="2"></td></tr>
</table>

合作研学

根据活动一中规划的二维码创意性营销的入口设计方案，制作一个商业二维码活码并进行美化操作，并在表 6 – 4 中填入制作的二维码活码和推广 1 个小时之后的后台统计数据。

表 6 – 4　二维码统计数据表

二维码	统计数据

考核评价

填写表 6－5 所示的考核评价表。

表 6－5　　考核评价表

被评小组：__________ 小组成员：______________________________

序号	评价内容	分值	自评	互评	教师评分	教师点评
1	是否生成了一个商业二维码活码	35				
2	是否进行了二维码的美化操作且美观、有吸引力	40				
3	素质素养目标是否达成	25				

总分：__________

拓展训练

请为家乡某个特色旅游景点制作具有广告宣传作用的二维码，并进行美化。

模块二
微场景 H5 营销

活动一　H5 营销认知

学习目标：

1. 知识目标

（1）了解 H5 营销的概念。

（2）理解 H5 营销的类别。

（3）掌握 H5 营销的策略。

2. 能力目标

（1）能分析二维码营销和 H5 营销的区别。

（2）能识别 H5 营销的类别。

（3）能够策划 H5 营销方案。

3. 素质素养目标

（1）培养互联网思维意识。

（2）培养学习能力和创新能力。

重点难点：

1. 重点

（1）H5 营销的优势。

（2）H5 营销的类别。

（3）H5 营销的策略。

2. 难点

（1）H5 营销类别的识别。

（2）H5 营销方案设计。

活动描述

2018 年年初，一支名为“Micheal 王今早赶飞机迟到了”的 H5 正式上线。该 H5 以 Micheal 王为第一视角，讲述了其遭遇早上迟到、手机被撞掉、赶飞机跑错机场、发文件电脑没电、喝咖啡洒在身上等倒霉事件，最后却峰回路转，Boss 不仅没怪罪他还帮忙叫了神州专车的故事，部分界面如图 6－18 所示。“Micheal 王今早赶飞机迟到了”仅 10 多个小时，就收获了 300 多万的浏览量，引起了用户的广泛讨论，神州专车也成为“放下焦虑”的好选择。

图 6－18　“Micheal 王今早赶飞机迟到了”H5 界面

该 H5 文案有普通职员对职场的牢骚和感叹，也有来自领导层的自嘲，这些场景都与当今的职场紧密相关，文案描绘的情形好像就发生在我们周围。如果不了解现实中消费者的真实处境和心情，就无法为其提供适合的产品和解决方案。

通过本节学习，对比分析微场景营销和二维码营销的异同，探讨“Micheal 王今早赶飞机迟到了”H5 文案采用了哪些 H5 营销策略？结合案例运用 H5 营销策略设计一个某种类别的 H5 营销方案。

知识准备

一、H5 营销的概念

（一）H5 营销的定义

微场景就是 HTML5，简称 H5，是基于 HTML5（HyperText Markup Language 5）技术制作的网页，可以翻页，可以呈现各种动态、3D 效果、简单交互效果，是比较好的兼容移动端的手机访问，目前多用在微信上分享。

H5 营销认知

微场景利用 H5 便捷、兼容的特性在移动端实现“麻雀虽小，五脏俱全”的广告宣传模块或者讲解功能，充分利用了当今移动传媒的便利性，具备很强的传播力度。对于商家来说，通过微场景将融入图片、视频、音频、地图、导航、会议报名、产品链接等元素，可以让用户更直观地体验互动，同时也方便用户通过扫描二维码或者转发链接，形成更强的传递宣传效应。

H5 营销，是指利用 HTML5 的编码技术将营销内容制作成一种带有特效、互动体验和音效的 H5 形式，发布到微信朋友圈、微博等不同平台，以吸引用户查看内容、参与互动等，达到提高品牌知名度、营销产品的目的。H5 营销大多运用在邀请函、产品宣传、企业形象宣传和招聘等方面。

（二）H5 营销的优势

H5 自 2014 年诞生以来，以迅雷不及掩耳之势迅速占领了各大移动端，归根结底在于 H5 所具有的如下优势。

1. 成本低

企业或品牌利用 H5 进行营销时，需要支付的仅有 H5 页面设计和维护成本，其投入成本较低，并且不需要特意进行宣传推广。

2. 易开发

H5 的开发可直接在浏览器中完成，没有各种复杂的应用平台，且其开源库的调用及制作方法都较为简单。微场景 H5 无须编程也能一分钟轻松制作移动广告，即不编程就可以制作含各种特效和交互的移动手机页面，让人人都能轻松做出电影特效一般炫酷的广告单。

3. 运营效率高

利用 H5 进行营销时，由于其开发优势，能够使 H5 开发的效率更高，快速实现 H5 的更新。此外，营销人员只需要通过 H5 开发平台的后台就可以查看 H5 营销的数据。

4. 应用简单

H5 支持大部分设备、平台进行浏览，人们可以在任何地方获取，不需要安装，即点即开，在应用时也比其他应用更简单方便。

5. 易维护

H5 代码可以进行全部加密，在维护时，只需将其解密就可以了，并且其提供了本地数据库的支持，可以对临时资料进行存储。

6. 易推广

H5 营销可以借助各大平台，其流量入口用户基数足够大，且随着 H5 内容的强化，用户的主动分享率、转化率均有所提升。而且 H5 能够结合电视、印刷和广播的特征，把文学、图片、音频和视频技术结合在一起，共同设计出最新的话题场景，让消费者由关心的话题进入，从而引爆品牌。

二、H5 的类别

（一）展示型 H5

展示型 H5 常常表现为静态页面，在制作时，只需将单独制作的静态页面，利用动态效果连接起来即可，具有制作简单、成本低廉、加载速度快的特点。展示型 H5 主要依托简单的图文来展现动态的内容，全面细致地展现产品的调性，简洁明了地阐述主题，是进行产品推广、品牌宣传的极佳方式。如图 6－19 所示是“浪琴表——优雅是时间的礼物”H5 展示页面。

图 6－19 浪琴表展示型 H5 页面

（二）交互型 H5

交互型 H5 常常以动态的视频、动画等形式，来加强 H5 的交互性，并通过引导用户的自发分享，将营销信息传递给更多用户，吸引用户了解并参与进来。交互型 H5 适用于品牌宣传、产品上新、活动推广、刺激购买等不同营销目的的营销活动。如图 6－20 所示拼多多现金大转盘互动型 H5，提现的途径需要邀请大量好友或新用户来扫码助力，进而达到提现额度 200 元。

（三）游戏型 H5

游戏型 H5 强调用户的互动性，通过将产品或品牌信息植入到 H5 中，以趣味性的游戏吸引用户参与并转发，提高产品或品牌的影响力。游戏型 H5 常常具有高参与度、易连接性、强分享性、低成本和易转化的特点。如图 6－21 所示是人民日报新媒体和抖音发布的关于项目“2022 冰雪动物城”的 H5，用户以卡通小动物头像在冰雪城参加 5 项不同的冬奥体育项目比赛，通过游戏获得满足感。

游戏型 H5 的互动和趣味性很强，通过简单有趣的规则激发用户的成就感和胜负欲，容

图 6－20 拼多多交互型 H5 页面

图 6－21 游戏型 H5 页面

易形成传播，但转化和留存相对较低。常见套路是以奖品为吸引点，利用闯关挑战激发用户胜负欲，再通过分享增加游戏次数来增强传播效果。成功的关键在于简单易上手、即时反馈、形成竞争、奖励驱动。

（四）技术型 H5

技术型 H5 可以通过不同的技术展现不同的动态效果，吸引人们的关注和使用。技术型 H5 常用的技术有动态展示技术和交互行为技术两种，其中，动态展示技术包括不同的切换特效、菜单、效果等，交互行为技术包括全景展示、AR、VR、指纹解锁、一镜到底等。其中，“VR 全景展示新时代之美”H5 和一镜到底“1 分钟漫游港珠澳大桥”H5 如图 6－22 所示。

图 6－22 技术型 H5 页面

（五）模拟型 H5

模拟型 H5 是指通过营造某种真实的特定场景，将产品或品牌融入场景中，提高用户查看 H5 时的代入感，以增强 H5 的推广效果。模拟型 H5 较为常用的场景有朋友圈场景、微信群聊场景和指纹解锁场景 3 种，如图 6－23 所示。

图 6－23 模拟型 H5 页面

三、H5 营销的策略

（一）H5 营销的思维

1. 流量思维

流量思维是指营销人员从流量的角度考虑 H5 营销的方向，利用用户的分享、展示等不同需求，调动用户的分享欲望，将 H5 分享到朋友圈、微博、知乎等不同平台，为 H5 营销带来更多流量。此外，还可以邀请好友助力，获得相应奖励和抽奖资格等，引导用户邀请新的用户进来，扩大 H5 营销的影响力。如图 6－24 所示的“还是朋友吗？测测就知道”H5，就是通过邀请好友测试音乐默契的方式，吸引用户将 H5 分享给其他用户。

2. 游戏思维

游戏思维是指借助用户的兴趣点，通过游戏互动的方式吸引用户注意，从而提高 H5 的浏览量，提高产品或品牌的知名度。需要注意的是，游戏应具有简单、趣味性等特点，在游戏开始前，应以简单易懂的语言介绍游戏规则。如图 6－25 所示的“月饼保卫战”就是通过控制月饼弹跳、躲避屏幕四周出现的玉兔、拾取道具、获得积分的方式进行游戏，并对单次得分为 1 300 分以上的用户送出专属头像框，以吸引用户参与游戏。

图 6－24　还是朋友吗？测测就知道 H5

图 6－25　月饼保卫战 H5

3. 奖励思维

奖励思维是指在 H5 中设置丰厚的奖励，以诱人的奖励吸引用户点击、参与、分享 H5，使更多用户关注 H5，扩大 H5 的传播范围，提高企业或品牌的知名度。还可以设置多层不同奖励，只有达到最终要求，才可获得营销活动的终极大奖。

4. 借势思维

借势思维是指将营销目的与节日、热点、热门事件等相结合，引起用户的好奇心，以提高H5的点击率，增强营销效果。比如“2020来了”H5就是借助元旦、跨年的热度发布的祝福H5，用户通过选择5个不同问题的答案，生成属于自己的2020关键词及可能发生的3件事。

5. 生活思维

生活思维是指将营销信息融入用户的日常生活中，根据日常生活场景制作H5，引发用户共鸣，提高营销效果。例如，“当代年轻人扎心回忆图鉴”H5就是结合用户的成长对比，唤起用户对高中时代年轻的自己的回忆，引发用户共鸣，提高用户分享H5的概率，增强营销效果。

（二）H5营销的重点

1. 有泪点

泪点是指能够打动用户，使用户产生情感共鸣、落泪的某件事情、某段文字、某首歌曲或者某个人物等。H5营销人员可将现实生活中感人的故事、某个时代的特有产物等，构建成一个真实的虚拟情景，加强用户的参与感，通过引发用户感悟，触动用户的泪点。如图6－26所示，光明日报出品的“爱比病毒跑得更快”H5，将疫情期间的感人事件整理成作品，以“快”为主题，表现全国上下紧密团结在一起与疫情赛跑的勇气和决心。通过“快！要快！尽早把菜送到武汉去”“快！要快！司机们动起来，不能让医生没车坐”“快！要快！到武汉的快递，我来送”等文案展示与病毒、与时间赛跑的“行动硬核”，感人至深，戳中用户泪点。

图6－26　爱比病毒跑得更快H5

2. 有触点

触点是指能够触发用户某种回忆或情感的场景、事物等。营销人员可借助容易使人触景生情的情景、事物、语言等，制作H5，并通过H5内容引发用户的某种情感、情怀等，形成话题效应，产生口碑营销效果。如图 6－27 所示“假如送你回到 1999 年旅行”H5，通过 20 世纪 90 年代特有的产物和《至少还有你》背景音乐，唤起用户关于那个时代的记忆，触动用户内心，引发用户感慨，提高 H5 分享的概率。

3. 有痛点

痛点是指用户关于某个方面，急需解决的某种需求。将痛点运用到 H5 营销中，就需要通过有实际价值的 H5 内容获得能够看到的某种利益，引导用户分享、传播 H5，提高营销信息的传播范围，形成病毒式传播效果。需要注意的是，营销人员在进行 H5 营销之前需要分析目标用户，找出其痛点所在，并根据痛点策划营销方案，以用户痛点为切入点，对产品或品牌进行推广宣传，将营销信息传递给更多用户。如图 6－28 所示的“以 fa 之名，测测你的脱发概率”H5 就是抓住当代年轻人脱发的痛点，吸引用户点开 H5，回答测试问题，并分享自己的脱发测试结果，达到营销目的。

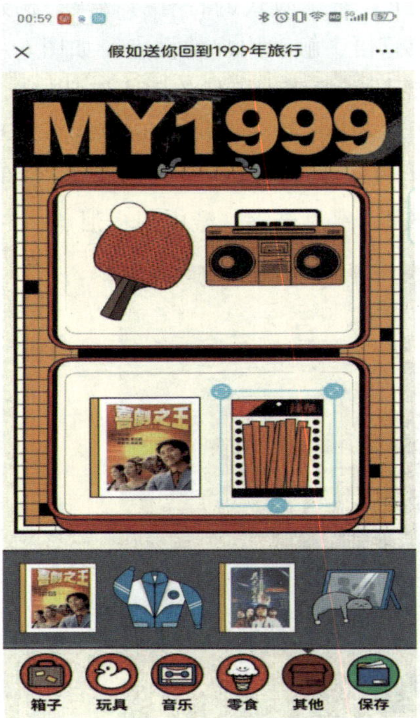

图 6－27 假如送你回到 1999 年旅行 H5

图 6－28 以 fa 之名，测测你的脱发概率 H5

4. 有故事线

故事线是指故事型 H5 的情节发展主线，能够将整个故事串联起来，避免故事走向偏离 H5 主题，使故事更加立体，更容易调动用户的情感，提高企业或品牌的影响力和知名度。在制作故事型 H5 前，要根据营销目标，确定故事线，围绕故事线拓展故事情节，加强故事的逻辑性，使故事情节紧扣营销主题，提高 H5 营销的效果。比如，网易新闻联合丝芙兰美印社区出品的“速来围观美妆届大型翻车现场”H5，以插画加旁白的方式讲述了新入职员工“摸泥卡”在化妆方面被前辈碾压，为了一周后的公司团建自学化妆，却屡次踩雷，效果惨不忍睹，不但皮肤遭殃还浪费了大量金钱，最后在美印社区了解到丝芙兰 App，发现教程实用且推荐的宝贝也非常好用，最后学得美妆大法并在团建活动中闪亮登场，气坏“绿茶”，得到老板青睐，最后用户可点击下载 App 或分享作品。H5 提高了 App 的下载量和使用量，达到了营销的目的。

素质素养养成

（1）在了解 H5 营销优势和类别时，同学们一定要养成互联网思维意识。

（2）在理解 H5 营销策略的过程中，要提升学习能力和创新能力。

活动分组

活动分组如表 6－6 所示。

表 6－6　学生活动分配表

<table>
<tr><td>班级</td><td></td><td>组号</td><td></td><td>指导教师</td><td></td></tr>
<tr><td>组长</td><td></td><td>学号</td><td colspan="3"></td></tr>
<tr><td rowspan="6">组员</td><td>姓名</td><td>学号</td><td colspan="3">活动分工</td></tr>
<tr><td></td><td></td><td colspan="3"></td></tr>
<tr><td></td><td></td><td colspan="3"></td></tr>
<tr><td></td><td></td><td colspan="3"></td></tr>
<tr><td></td><td></td><td colspan="3"></td></tr>
<tr><td></td><td></td><td colspan="3"></td></tr>
</table>

合作研学

（1）对比分析微场景营销和二维码营销的异同。

（2）探讨“Micheal 王今早赶飞机迟到了”H5 文案采用了哪些 H5 营销策略？结合案例，运用 H5 营销策略设计一个具有特定风格的 H5 营销方案。

考核评价

填写表 6－7 所示的考核评价表。

表 6－7　　考核评价表

被评小组：____________ 小组成员：____________________________________

序号	评价内容	分值	自评	互评	教师评分	教师点评
1	是否分析清楚二维码营销场景和 H5 场景营销的异同	20				
2	是否阐明“Micheal 王今早赶飞机迟到了”H5 文案营销策略	25				
3	是否设计了一个易于推广的 H5 营销方案	35				
4	素质素养目标是否达成	20				

总分：____________

拓展训练

体验山东卫视出品的“一秒魂穿古代，测测你是谁”H5，分析该 H5 营销成功的原因。

活动二　H5 营销实战

学习目标：

1. 知识目标

（1）了解 H5 常用制作工具和制作步骤。

（2）理解 H5 营销策划关键点和推广要点。

2. 能力目标

（1）能利用 H5 模板制作满足特定需求的 H5。

（2）能对 H5 页面内容进行编辑和美化。

3. 素质素养目标

（1）培养创新思维和数据思维意识。

（2）培养审美情趣，提升审美能力。

重点难点：

1. 重点

（1）H5 制作。

（2）H5 营销推广。

2. 难点

（1）制作满足特定需求又吸引眼球的 H5。

（2）H5 营销策划与推广。

活动描述

饿了么与口碑网和清明上河图合作出品的“跟我到古代云逛庙”H5是一场完美结合的交互活动，将饿了么上面的商家植入进清明上河图中的商铺，以动态的形式呈现，既有趣味性，也有古风美感。

标题页面的进度条加载完毕后，用户随着镜头穿过云雾，来到清明上河图中，左滑浏览，熙攘街头有许多热门店面和零星分布的讲解，以及人物对话框，如图6－29所示。店面包括外婆家，来伊份，麦当劳，奈雪的茶，海底捞等100多个各类店铺，店铺上面有招牌、LOGO和广告语；零星分布的讲解内容有超级品牌日，顾客对美食的感慨，蜂鸟配送，口碑直播等平台活动和服务内容；人物对话有外卖员送餐，顾客取餐，老板感慨加入饿了么以后订单很多等生活化内容。用户点击喜欢的店铺，会有小二报出店名和欢迎词，可选择进店抢货或继续逛街。

图6－29 跟我到古代云逛庙H5

该H5还原了清明上河图的风格，进行手绘呈现，既有古风美感，又有很多熟悉的现代美食店铺罗列，点开后各个品牌均有优惠可以领取，对用户来说都是实打实地省钱，精准迎合需求，同时很详细地宣传了平台各方面的品牌优势和贴心服务。

通过案例资料的介绍，谈谈H5营销内容策划和营销推广需要考虑的因素有哪些？再根据活动一【合作研学】设计的具有特定风格的H5营销方案制作一个受欢迎的H5。

知识准备

一、H5的制作

（一）常用的制作工具

H5营销实战

（1）易企秀。易企秀是一个基于智能内容创意设计的数字化营销软件，主要提供H5创景、海报图片、营销长页、问卷表单、互动抽奖小游戏和特效视频等各式内容的在线制作，且支持 PC、App、小程序、WAP 多端使用，用户可以根据自己的需要自由选择使用端进行创意制作，并快速分享到社交媒体开展营销。

（2）MAKA。MAKA 是一个集在线设计、活动营销于一身的全平台工具，用户可以通过 MAKA 轻松制作 H5、海报、视频等多种设计品类，以及策划报名预约、接力、在线投票、抽奖、趣味答题、收款、拼团等丰富的活动场景。

（3）人人秀。人人秀也是一个数字化活动营销平台，主要提供互动营销、H5、问卷、小程序、海报和画册的 6 合 1 产品营销矩阵、丰富的场景解决方案以及技术开发能力，且适配企业微信、小程序、App、PC 等多端使用。

（4）意派 Epub360。Epub360 是一款通过浏览器在线使用的 H5 交互设计工具软件，可以在线制作专业测试答题、视频 H5、微信邀请函、H5 小游戏、合成微信头像海报、表单收集、抽奖 H5、招聘、节日祝福贺卡、微杂志等创意营销互动网页。

（5）兔展。兔展，是深圳兔展智能科技有限公司旗下产品，是一站式企业营销增长平台，H5 概念定义者，在 2014 年率先定义出“H5”这一内容表现形式。兔展具有 H5、短视频、互动游戏、小程序等多种表现形式。

（二）制作步骤

电子邀请函是最常见的一种 H5 表现形式，下面以在 MAKA 平台上制作邀请函为例讲解 H5 制作过程。

第一步，在浏览器输入网址 https://www.maka.im，进入 MAKA 网站首页，点击“H5”标签下面的“会议邀请函”，如图 6－30 所示，挑选邀请函模板。

图 6－30　挑选模板

第二步，挑选科技风会议邀请函翻页 H5 模板，进入图 6－31 所示的免费制作页面，点击右侧“免费制作”按钮，即可对中间编辑区中模板页面的任何图片、文字、背景、音乐等元素进行替换与活动配置。

图 6－31　科技风邀请函免费制作页面

在制作过程中，可以选择图 6－32 左侧栏目上的任意元素，将其添加到页面中，并对这些元素进行内容替换，页面上所有元素属性的编辑操作均可以在右侧的功能框中进行设置。

图 6－32　H5 页面编辑

第三步，将制作好的页面以 H5 分享或视频分享，并设置微信分享的封面、标题和简介。商业使用［去水印］需要付费，个人/公益使用［带水印］免费，VIP 会员可以去水印。H5 分享之后提示：作品发布成功。这时，扫码分享或复制链接就可以分享制作好的电子邀请函，如图 6－33 所示。

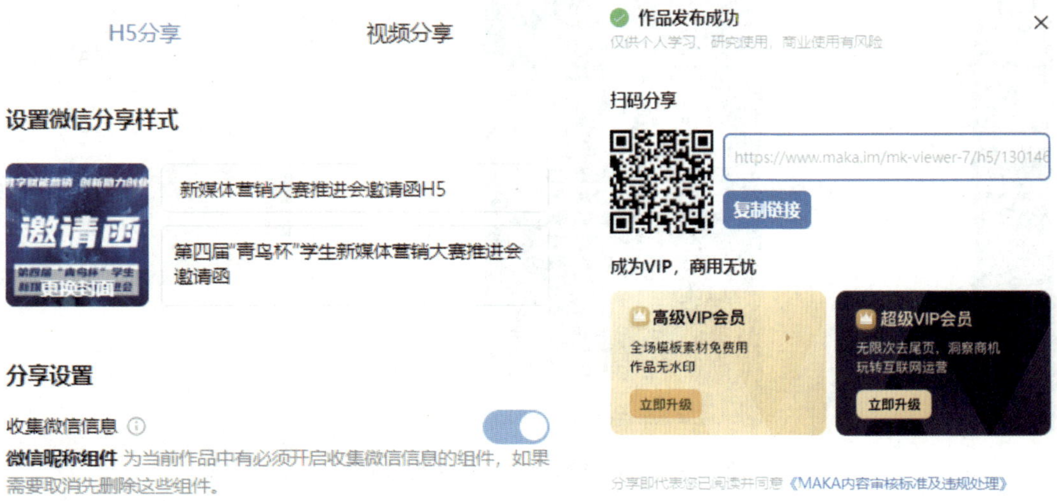

图 6－33 H5 发布与分享

二、H5 营销推广

（一）H5 营销策划关键点

（1）标题设计。标题要求与 H5 内容紧密联系，且合理地将重点信息呈现出来，以引起用户的好奇，进而点开 H5 查看相应内容。

（2）视觉效果设计。H5 的视觉效果，包括界面中文字、图片、多媒体或按钮等的排版设计，以及整体颜色设计。

（3）交互动作设计。交互设计将两个或多个互动的个体之间交流的内容和结构进行定义，从“可用性”和“用户体验”两个层面进行分析，关注用户的基本需求，使不同的动作相互配合，达到营销目的。

（4）视觉流程设计。视觉流程是指 H5 页面设计对用户的视觉引导，能够通过不同的视觉元素的合理构图和版式，引导用户浏览 H5 时的视线移动顺序，引导用户将视线焦点集中于营销信息上。

（二）H5 营销推广要点

1. 有创意

创意是 H5 营销必不可少的推广要点，一个好的创意，可以引起用户的好奇心理，吸引用户点开 H5，进行互动。如果这个创意足够有趣，那么还能增加用户分享 H5 的概率，邀请好友参与进来，提高产品或品牌的知名度和影响力，如图 6－34 所示的 H5 将饿了么上的商户植入到秘密花园中，凸显“爱什么来什么”的口号。还原了《秘密花园》本来的色彩元素和手绘风格，色彩丰富、元素繁密，各个场景都很温暖美好，又有生活气息，都是生活中人们经常遇到的外卖需求，用户点击发光图标领取优惠券。

图 6-34　秘密花园 H5

2. 有价值

对用户来说，只有信息能够为自身提供一定的价值，才更愿意将信息分享出去。一般来说，该价值可以是满足心理需求、获得相关知识、得到实际奖励等。如图 6-35 所示的腾讯微视出品的“解密你的 2020” H5，借新年节日节点，以“2020 我最在乎的事情会实现吗?”引起用户好奇心，拉新 App 下载量。喜欢塔罗牌或星座的伙伴，通常会喜欢并分享这个 H5 来测试人际、情感、事业方面的分析，结果并不重要，主要是测试过程的交互和对结果的期待。

3. 有趣味

互动和趣味性很强的 H5 游戏，可以通过简单有趣的规则激发用户的成就感和胜负欲，容易形成传播，像羊了个羊、围住神经猫、合成大西瓜等，都是抓住游戏好玩、简单易上手的特点，即便没有利益驱动，也能获取大量的用户传播。“羊了个羊” H5 如图 6-36 所示。

4. 有噱头

使用一定的噱头可以吸引用户对 H5 的注意力或者提高 H5 的吸引力。图 6-37 所示的由上海美术电影制片厂联合腾讯公司推出的中国动画 100 年回忆 H5 作品《百年梦想家》，仅以中国百年的动画历史这个主题，就足以吸引那些会看动画的用户，看看有没有自己了解的、观看过的动画，也能勾起数代人的童年回忆。

5. 视觉

视觉相比单纯的文字，图文、动画及视频形式能够传递的信息更多，对用户的吸引力更大，且获得的效果也更好。因此，在进行 H5 营销时，营销人员应多结合 H5 的主题和风格，选择不同的表现形式，增加 H5 营销的趣味性，降低用户的视觉疲劳程度，提高营销效果，如图 6-38 所示 H5 界面。

图 6－35　解密你的 2020H5

图 6－36　羊了个羊 H5

图 6－37　百年梦想家 H5

图 6－38 有视觉享受的 H5 界面

6. 规则清晰

再常规的活动流程，再常见的活动玩法，都需要用户从活动规则中去了解，因此活动规则介绍必须要简单清晰，否则会直接劝退用户。规则说明首先要获取用户信任，避免夸大造假和各种套路，然后就是展现用户可获取的利益，特别是在成本允许的情况下，将高价值奖品罗列出来，也能吸引到不少的用户。比如，在荣耀的 2023 年春节 H5 活动中，仅用一个简单的标题就概况了整个 H5 的玩法流程，几乎没有学习成本，大大提升了用户的参与积极性。

素质素养养成

（1）在选择 H5 创作模板和 H5 营销推广时，同学们要养成创新思维和数据思维意识。

（2）在 H5 页面制作过程中，要具有审美情趣，提升审美能力。

活动分组

活动分组如表 6－8 所示。

表 6-8 学生活动分配表

班级		组号		指导教师	
组长		学号			

组员	姓名	学号	活动分工

合作研学

（1）谈谈 H5 营销内容策划和营销推广需要考虑的因素有哪些？

（2）根据活动一【合作研学】设计的 H5 营销方案制作一个受欢迎的 H5，并在表 6-9 中粘贴 H5 分享二维码和制作完成的 H5 主页截屏。

表 6-9 H5 分享二维码及主页截屏

H5 分享二维码	H5 主页截屏

考核评价

填写表 6－10 所示的考核评价表。

表 6－10 **考核评价表**

被评小组：__________ 小组成员：______________________________

序号	评价内容	分值	自评	互评	教师评分	教师点评
1	能否阐明 H5 营销内容策划和营销推广需要考虑的因素	25				
2	是否按照设计方案制作了相应特点风格的 H5	35				
3	制作的 H5 是否美观、受欢迎	20				
4	素质素养目标是否达成	20				

总分：__________

拓展训练

请根据自身情况制作一份内容较为详实的 H5 求职简历。

参考文献

［1］肖凭．新媒体营销实务［M］．北京：中国人民大学出版社，2018.

［2］李光明，黄永春．网络营销［M］．北京：人民邮电出版社，2020.

［3］唐磊．新媒体营销精华［M］．北京：中国水利水电出版社，2020.

［4］高功步．新媒体运营与推广（微课版）［M］．北京：人民邮电出版社，2021.

［5］华迎．新媒体营销［M］．北京：人民邮电出版社，2021.

［6］解鹏程，赵丽英．新媒体营销（慕课版）［M］．北京：人民邮电出版社，2022.

［7］IMS（天下秀）新媒体商业集团．新媒体营销学［M］．北京：清华大学出版社，2022.

［8］郭晓斌，袁欣．新媒体运营（慕课版）［M］．北京：人民邮电出版社，2022.

［9］倪泽寒．微信小程序营销与运营实战［M］．北京：化学工业出版社，2019.

［10］鲍玉成．微信软文营销实战技巧［M］．北京：化学工业出版社，2020.

［11］周小福．微信涨粉与公众号、小程序、朋友圈、微信群运营推广实战一本通［M］．北京：民主与建设出版社，2021.

［12］IMS（天下秀）新媒体商业集团．新媒体用户分析与运营［M］．北京：清华大学出版社，2022.

［13］林亮景，佟玲．短视频创作（微课版）［M］．北京：人民邮电出版社，2021.

［14］王翎子．短视频创作：策划、拍摄、剪辑（全彩慕课版）［M］．北京：人民邮电出版社，2021.

［15］IMS（天下秀）新媒体商业集团．新媒体内容策划［M］．北京：清华大学出版社，2022.

［16］王冠宁，张光，张瀛等．短视频创作实战（微课版）［M．北京：人民邮电出版社，2022.

［17］徐骏骅，陈郁青，宋文正．直播营销与运营（微课版）［M］．北京：人民邮电出版社，2020.

［18］韦亚洲，施颖钰，胡咏雪．直播电商平台运营（微课版）［M］．北京：人民邮电出版社，2021.

［19］蔡勤，李圆圆．直播营销（第2版 慕课版）［M］．北京：人民邮电出版社，2021.

［20］IMS（天下秀）新媒体商业集团．新媒体产品定位与运营［M］．北京：清华大学出版社，2022.